高学歴中国人移民女性のライフコース

仕事・家族・ジェンダー規範

賽漢卓娜

[編著]

明石書店

まえがき

　日本では少子高齢化が一層深刻になるなかで、外国人労働者は欠かせない存在となった。そこで問題となるのは、いかなる種類の外国人労働者をどのように処遇していくのかという外国人受け入れ政策のあり方である。日本政府は、従来の「技能実習」制度の問題点を是正するとともに、外国人労働者の受け入れ拡大に向けた取り組みを加速させ、「入管法」（出入国管理及び難民認定法）を次々と改正していった。2019年の改正では新しい在留資格「特定技能」が創設され、さらに2024年の改正には「技能実習」に代わる「育成就労」制度の創設などが盛り込まれた。大枠として、産業界の要請に応えて有能な人材確保を進めると同時に、外国人が望む永住への道も開くという方向での改正となっている。

　こうした在留外国人政策の急展開のもと、2024年6月末時点の日本に在留する外国人の数は過去最高を更新し、その数は358万8,956人に達した。つまり在留外国人は総人口の2.6％を占めている。さらに、国立社会保障・人口問題研究所の将来推計人口によると、2067年には人口の1割超を外国人が占めると試算されている。在留資格別に見ると、永住者が25.1％と最大の構成比となっている。

　ここで三つの大きな問題が浮上する。第一に、政府が依然として「移民政策」は取らないと明言しているのと裏腹に、在留外国人の増加は実質的には「移民」国家への移行を意味しており、建前と現実のあいだに乖離が生じている。それゆえ、政府の政策はどうであれ、今や「移民」の現実に注目すべき局面に差しかかっている。

　二つ目は、高度人材（高度人材も高度専門職もどちらも日本政府が正式に用いる

表現であり、英語ではhighly skilled migrants（高技能移民と訳されている）がよく使用されている）の受け入れの進展に伴う問題である。これまでは、主として単純労働を担っていた日系人や技能実習生のような出稼ぎ労働者と、知識層を軸とする留学生や技術者に、移民のタイプが二極化してきた。その背景にあるのは、専門職と見なされる高い技能レベルの移民の受け入れ政策である。その代表例が、2012年に導入された高度人材ポイント制度である。高度人材としての在留資格は、学歴や職歴、年収や日本語能力、職業に関する資格などの合計のポイントによって認定される。しかし、制度の設立当初は数々の優遇措置にもかかわらず、利用するのは少人数にとどまった。そのため、認定要件の緩和や優遇措置の見直しが行われた。これらの制度的見直しが功を奏し、認定者が増加し、2020年末までに1万人、2022年末までに2万人の認定という成果目標を達成し、法務省統計によると2024年6月に累計51,289件に上った。ここで注目すべきは、その3分の2を中国籍者が占めている点である。

　このように高度人材の受け入れは順調にみえるが、日本が高度人材の獲得に成功しているとは言えないとの指摘もある。先進諸国と比較するとまだ絶対数が少なく、来日した人材の流出も続いている。しかも、高度人材の資格は、もともと長期滞在していた在留外国人が申請・取得する傾向が強く、国外からの高度人材の獲得のためというよりも、すでに日本に滞在している移民の定住化政策としての機能を果たしているという実態がある。

　日本政府は高度人材の受け入れと並行して、高度人材の予備軍である留学生も積極的に受け入れてきた。1983年に政府が発表した「留学生受入れ10万人計画」は国際交流や発展途上国の人材育成を意図したものであったのに対し、2008年に打ち出された「留学生受入れ30万人計画」は高度人材の獲得のためという側面を強調している。人数の面からみたマジョリティは中国人留学生であり、2022年の全留学生に占める割合は44.9％（103,882人）に達した。さらに、2021年に日本の高等教育機関を卒業・修了した外国人留学生53,840人（国内進学者を除く）のうち、国内企業等に就職した者は46.5％に達している。そのうち、中国人が全体の32％を占め、日本国内就職の最大グループとなっている点にも着目したい。

　このように、政府は海外から高度人材の獲得から留学生の国内就職促進まで、

専門職移民を戦略的かつ積極的に受け入れようとしてきた。ところが、日本国内の高学歴で専門的な技能・知識を備え、定住志向も強い移民たちが日本社会に溶け込んでいるのか、活躍しているのかについては、いまだ十分に探究されていない。とりわけ、結婚移住者や元留学生に多く含まれる高学歴の移民女性についてはほとんど実態が把握されていない。彼女たちは2019年の入管法改正の前も後も、熟練度の低い業務に従事する「人手」である「管理の対象としての外国人労働者」と、専門性の高い業務に従事する「人材」である「積極的に呼び込むべき高度人材」の間にすっぽりと落ち込んで、政策立案の対象になっていないのである。これは、たとえ高度な学歴や専門的な技能・知識を備えていたとしても、結婚した移民女性は「活動に基づく在留資格」ではなく、「妻」という「身分に基づく在留資格」の有無のみを基準として国家と社会の「チェック」を受けることと無関係ではなかろう。

　このように眺めてくると、三つ目の問題に気づく。定住志向が強く、かつ高学歴の既婚移民女性は、まさに「高度人材の先輩」である。彼女たちは、日本で結婚、出産、育児などのライフステージをどのように経験し、各々の人的資源は日本社会でどのように生かされているか。これを検証する意義と、そこから学ぶ大切さについて異議を挟む者はいないだろう。

　今日、日本社会が高度人材の獲得および定住化率の向上を目指すためにも、これまで受け入れてきた高学歴移民、特に重要なライフステージである出産・子育てを経験した高学歴移民女性が、職業的キャリアを日本で築き上げる際、家庭内のケア責任をどのように果たしてきたのかを検証する必要がある。その成果は今後の高度人材を含む包括的な政策を検討する際の土台となるはずである。

　以上の三つの問題を踏まえたうえで、本書は、在日外国人のなかで最多であり、いまや84万人を超え、全体の23.5％を占めている中国人に焦点を当てる（法務省出入国在留管理庁 2024）。特に、子どもをもつ高学歴中国人移民女性については、出生コーホート、居住地、学歴、結婚相手の出身国、婚姻状況（婚姻継続／離婚等）を指標として、できる限り綿密に検討する。日本社会で長期間にわたって居住している高学歴移民女性の経験と現状を明らかにし、そこからみえてきた問題をいかに解決するかという道筋を示したい。というのも、移民の統合に関する取り組みはすでに各地で始まっているが、いまだ試みの段階

であり、課題の解決への明確な見通しについてもいまだ十分に得られてはいないという認識を本書の執筆者は共有しており、それは高学歴移民女性に関しても例外ではないからである。

　本書は以下の四つの目的を視野に入れている。ただし、これらの目的がカバーする研究領域を余すところなく論じると、個々の論点の掘り下げが困難になるため、高学歴中国人移民女性のおかれた社会背景や、高学歴中国人移民女性の仕事と家族に力点を置いて議論する。

　第一に、日本における移民の現状の全体像を明らかにすること。具体的には、経済と社会の観点から移民統合の状況を提示し、外国人の家族形成と就労状況を確認したうえで、中国人移民の主要エスニック・グループにおける位置づけを明確にする。

　第二に、高学歴中国人移民女性の国際移動の様相が時代とともにどのように変遷してきたかを検討すること。すなわち、現代中国社会の歴史的な変容およびそれに連動する高等教育の段階的な変遷を、受け入れ社会としての日本社会の変容および政策の推進と関連づけて議論する。

　第三に、高学歴女性のケアワークと就業の道筋を検討すること。日本と中国は、東アジアの儒教文化圏とひとくくりにされることが多いが、実際には異なる社会制度を取ってきた。両国の社会における高学歴女性の就業と家族ケアの道筋を見通し、それによって、各社会で直面している課題を整理する手掛かりを得る。

　第四に、コーホート、所在地の地域、学歴などからみた高学歴中国人移民女性のキャリア形成における格差と家族ケアの関係を探求すること。すなわち、質的研究によって、高学歴中国人移民女性のキャリア形成と育児・家事などの家族内のケアワークの実態を明らかにし、各世代の移民女性が、異国でキャリア獲得したり、育児したりする際に、どのような資源を調達し、どのように交渉し、どのような戦略を用い、そしてどのように妥協し、調整し、さらにどのように悩み、どのように連帯するかを生き生きと描き出す。

　以上の四つの目的を実現するために、包括的な「ライフコース」の視点から検討してみたい。

共著者11名は法学、移民研究、家族社会学のディシプリンに基づいて、「移民」「女性」「高学歴」「母親」「就労」「ケア」といった研究テーマを設定し、上の4つの目的にアプローチしている。日本在住の日本人研究者および中国出身研究者と、中国在住の中国人研究者による共同研究であるが、全員が日本の高等教育機関で博士学位を取得しているという共通点を有している。

　なお、本研究および本書の出版は、科学研究費助成金21K01879の助成を得て実現した。付記して感謝したい。

2025年2月24日

賽漢卓娜

高学歴中国人移民女性の
ライフコース
——仕事・家族・ジェンダー規範

目 次

まえがき　3

序　章　高学歴移民女性研究の地平線
――仕事・家族・ジェンダー規範の視点から ……………………………… 15

賽漢卓娜

第1節　はじめに　15
第2節　移民社会・日本の現在　17
第3節　高学歴移民女性のモビリティ　22
第4節　女性の高学歴化における仕事と家庭　25
第5節　マイノリティ研究からインターセクショナリティ研究へ　28
第6節　調査研究方法と本書の構成　31

■■■■■　第Ⅰ部　移民を取り巻く社会、移民が結びつく社会　■■■■■

第1章　日本の移民統合 ……………………………………………… 39

近藤　敦

第1節　はじめに ――移民統合の指標　39
第2節　国における共生施策とともに外国人全体と中国人の状況　41
第3節　いくつかの自治体における外国人の状況と多文化共生施策　43
第4節　おわりに ――国と自治体レベルの外国人の全体像　49

第2章　在日外国人における家族形成と就業状況
――中国、朝鮮・韓国、フィリピン、ブラジル籍者に着目して ………………… 55

李　雯雯

第1節　はじめに　55
第2節　移民の仕事と家族　56
第3節　データの分析　57
第4節　考察　68

目　次

第3章　海外留学という国際移動の様相の変化
　　　──選抜されたエリートから大衆へ ……………………………………… 73

松下　奈美子

第1節　はじめに　73

第2節　データでみる外国人の日本留学　75

第3節　1978年以降の改革開放政策による国費留学生の海外派遣　77

第4節　1980年代の私費留学生の増加　81

第5節　1990年代以降の中国の高等教育の拡大　86

第6節　おわりに　90

第4章　日本における高学歴母親の就業と子育て ………………………… 95

西村　純子

第1節　はじめに　95

第2節　1990年代以降の労働市場の趨勢と子育て支援政策の展開　96

第3節　1990年代以降の母親たちの就業行動　102

第4節　高学歴の母親たちの就業と子育ての諸相　109

第5節　おわりに　112

第5章　理想と現実、均衡と衝突
　　　──中国の高学歴女性の役割意識とライフコース ……………………… 115

鄭　楊

第1節　はじめに　115

第2節　幻想的な中国女性像　──職業と家庭を両立する女性　116

第3節　ライフコースの制度化　──差異化、個人化、標準化　119

第4節　計画経済期　──「上から下へ」実施された中国の「婦女解放」　121

第5節　市場経済期　──経済改革による中国女性の自分探し　127

第6節　グローバル経済期　──教育機会の拡大と役割の変容　134

第7節　女性の三重の役割　──70後、80後、90後の選択と思惑　139

第8節　おわりに　145

11

第Ⅱ部　日本における高学歴中国人移民女性のライフコース

第6章　高学歴移民女性の学歴別キャリア獲得 …………………… 155
賽漢卓娜

第1節　はじめに　155

第2節　移民女性の「学歴過剰」と「経済活動における不本意な不参加」　156

第3節　先行研究　159

第4節　調査概要　162

第5節　分析結果 ──高学歴中国人移民女性のキャリア形成　164

第6節　学歴別・結婚類型別・出生コーホート別の考察　177

第7節　おわりに　181

第7章　高学歴中国人移民女性の教育戦略とキャリア ……………… 187
施　利平

第1節　はじめに　187

第2節　先行研究
　　　　──高学歴中国人移民女性の就労と中国人移民家族の子どもの教育　190

第3節　調査方法と調査対象者　194

第4節　分析結果
　　　　──高学歴中国人移民女性のキャリアと教育戦略のせめぎあい　196

第5節　おわりに　212

第8章　高学歴子育て女性のキャリア
──夫との権力関係を手がかりに ……………………………………… 219
孫　詩彧

第1節　はじめに　219

第2節　先行研究 ──キャリア・家族・外国人　220

第3節　日本の都市部で暮らす中国人家族　224

第4節　在日子育て女性のキャリア形成　226

第5節　おわりに　237

目 次

第9章　在日中国人家族の育児支援利用に関する分析 ……………… 241

田　媛

第1節　はじめに　241

第2節　日本の子育て支援政策の現状　242

第3節　中国人移民の子育て支援サービス利用現状　243

第4節　中国と日本における子育て支援の支援効果　245

第5節　分析方法　246

第6節　中国人移民の育児サポート資源の利用プロセス　249

第7節　育児サポート資源の利用の3つのモデル　255

第8節　おわりに　258

第10章　産後うつのオートエスノグラフィー
——日本人夫をもつ中国人妻の事例 …………………………………… 261

劉　楠

第1節　はじめに
——疾患は人生の一頁だが、人生を狂わせることもある　261

第2節　先行研究　262

第3節　分析方法　268

第4節　分析的なオートエスノグラフィーの試み　268

第5節　おわりに
——要介抱状態になっても自分らしく生き抜くために　281

第11章　中国人結婚移民女性の離婚経験と「居場所」の再構築 … 287

大野　恵理

第1節　はじめに　287

第2節　先行研究の整理　288

第3節　分析の視点　291

第4節　研究手法　292

第5節　中国から日本へ ——結婚移民女性のライフヒストリー　294

第6節　中国人結婚移民の「居場所」の再構築　304

第7節　おわりに　307

13

終　章　高学歴中国人移民女性の生き方
　　　——交差するアイデンティティのなかで ……………………………………… 311

松下　奈美子・賽漢卓娜

第1節　はじめに　311

第2節　本書で何が明らかになったのか　313

第3節　複雑な交差性のなかで生きる高学歴中国人移民女性　318

第4節　日本におけるパイプラインの漏れはなぜ発生するのか　320

第5節　今後の課題と展望　321

あとがき　323

序　章

高学歴移民女性研究の地平線
――仕事・家族・ジェンダー規範の視点から

賽漢卓娜

第1節　はじめに

　2040年には「8がけ社会」がやってくるという話題が、人口に膾炙するようになった。たとえば2024年に朝日新聞が、「8がけ社会とまちの未来」と題した連載を組んでいる。「8がけ社会」とは、社会を支える働き手が中心となる現役世代（15～64歳）の割合が8割になる社会のことで、2040年には、日本の高齢化率が35%に迫り、現役世代が現在の約2割減に、実数で1,200万人も減ると推計されている（朝日新聞 2024年1月1日）。

　高齢者世代がさらに増え、社会を支えるサービスの必要量は増えるにもかかわらず、その支え手は減っていく。社会のあらゆる分野で、これまで通りのやり方が通用しなくなる。朝日新聞が2024年に実施した世論調査でも「人手不足を実感する事柄」を複数回答で尋ねたところ、「セルフレジの増加」とともに、「外国人店員の増加」が上位に並んだ。このように、人口減少と少子高齢化に直面する日本で、定住外国人、つまり移民の存在感が増している。

　本書のねらいは、「移民の存在感」を最新のデータや調査結果に基づいて詳細に解明し、実態を広く深く掘り下げることである。もちろん、定住外国人の現状についてはすでに多くの研究が蓄積されているが、本書が特に注目するのは、いまだ十分に検討されていない高学歴移民であり、とりわけこれまでほとんど注目されてはいない「高学歴中国人移民女性」である。

15

「高学歴中国人移民女性」の経験とは何かについて、本書は三つの角度から検討する。まず、従来の受動的で商品化された「再生産労働」や「親密性労働」に従事する、いわゆる「アジア移民女性」との異同を明らかにする。続いて、労働市場における高学歴女性就業の位置づけ、家庭における女性の役割を確認する。最後に、高学歴移民女性のライフコースを異なる世代の中国人女性の経験を通じて研究することの重要性に鑑み、移民女性個人の就業を組み込んだ社会システムにおけるワーク・ライフ・バランスについて検討する。

　ここでいう「ライフコース」は、以下のように個人に着目するだけではなく、社会的なパターンや各個人の差異、空間的要素を結びつけている。ライフコース研究の先駆者であるグレン・H・エルダーによると、ライフコースとは、「個人が年齢別に分化した役割と出来事（events）を経つつたどる行路（pathways）」である（Elder 1977）。つまり、歴史的・社会文化的文脈を反映した個人の発達や加齢パターンである（目黒 2007）。ライフコース・アプローチによって、たとえば出生時期の異なる複数の出生コーホート（同時出生集団）を比較し、ある歴史的事件を異なる年齢で経験することが、その後の人生に異なる影響を及ぼす様態を分析する道が開かれた（目黒 2007）。またライフコース研究においては、こうしたコーホート間の差異に注目すると同時に、社会経済的地位などによる同一コーホート内の多様性を析出することにも関心が向けられてきた。一方、地理学において、ライフコースはその空間的側面が重要な要素として扱われる。本書においては、移民女性のライフコースを考えるに当たって、個人の一生を家族経歴、職業経歴、居住経歴などのさまざまな経歴の束として捉え、それらがコーホートごとに特有の性質を帯びると同時に、差異が生じる側面にも注目し、個人が年齢別の役割や出来事を経つつたどる行路を社会的なパターンと個人の生活を結びつけて説明することにする。以上により、標準的ライフコースと比較して、決して一様には把握できない移民女性像を描き出したい。

　移動、労働市場、家庭からみる高学歴移民女性の就業と家庭内のケアといった多彩な論点を網羅的に扱う本書は、学際的なアプローチの性格を帯びており、一言で言えば、移民研究と家族社会学と労働社会学をクロスオーバーさせる試みである。

序　章　高学歴移民女性研究の地平線

第2節　移民社会・日本の現在

　日本に居住する外国籍者は、1990年の出入国管理及び難民認定法改定を皮切りに、在日コリアンを例外として、急速に増加した。1990年末には107万5,317人だったが、2024年6月末には3.34倍の358万8,956人に達し、過去最高を更新した。そのうち、中国籍者は2007年から韓国・朝鮮を上回り最上位に位置し、いまや84万人を超えて、全体の23.5％を占めている（2024年6月末現在　法務省出入国在留管理庁）（図0.1）。

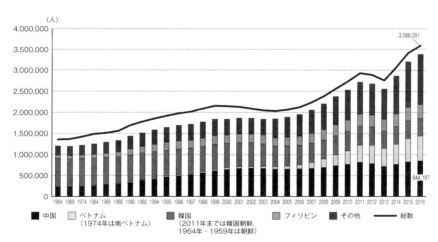

出典：入管庁【在留外国人統計（旧登録外国人統計）統計表】に基づいて筆者が作成した。

図0.1　日本における在留外国人数の推移（国別・地域別）

　移民の受け入れについての世論は賛否両論に分かれている。反対派は移民の増加は国民の分断や対立を助長しかねない、欧米社会を見てもそれは実証されていると主張する。欧州への移民や難民の流入増加は、各国で右派ポピュリストや極右政党の対応をもたらすなど、政治的な波紋を引き起こし、欧州諸国の結束を揺るがしている。ただ、日本は欧米社会と比較すると移民の数が少なく、その比率も格段に低い。人口の大半が移民から構成される中東湾岸諸国は措く

17

としても、伝統的な移民受け入れ国であるオーストラリアは全人口の3割、カナダは2割強、英国、フランス等の欧州主要国と米国はいずれも全人口の1割以上が移民よって構成される移民社会になっている。これに対して日本では、2024年6月末時点で在留する外国人は総人口のわずか2.6%にすぎない。このように、日本は欧米諸国とは類似の社会環境にはなく、移民を受け入れ始めた時期も遅く、国の政策も成熟していない。

日本政府は、安倍晋三首相時代から「移民」政策の採用を否定し、岸田文雄首相も2024年5月24日の参院本会議で「いわゆる移民政策をとる考えはない」と答弁した。2018年11月2日に国会衆議院予算委員会において行われた奥野総一郎衆議院議員による質問、すなわち、国連などの世界的な基準に照らしてみれば、日本に1年以上在留する技能実習生も移民に該当するのではないか、に対し、安倍総理は、政府として答える立場にない、と答弁した[1]。こういった日本政府の姿勢が示されるように、ここでは「移民」という用語が意図的に狭く定義されており、結果として建前と現実に乖離が生じている。

「移民」の定義として、国際移住機関（IMO）（2025）は、「一国内か国境を越えるか、一時的か恒久的かにかかわらず、またさまざまな理由により、本来の住居地を離れて移動する人という一般的な理解に基づく総称」となる。さらに、「3か月から12か月間の移動を短期的」な移動を一時的移住とし、「1年以上にわたる居住国の変更」は長期的または恒久移民と呼んで区別する（国連広報センター 2016）。OECDの定義はより明確で、永住型移民と一時滞在型移民という2種類に分けている。これは、滞在期間の更新回数に上限があるかないかで分けたものであり、実際に永住するかどうかを基準に分けたものではない。国連とOECDの基準に基づくと、日本に滞在する外国人の大半が永住型移民に分類されることになる（是川 2022）。このように、日本政府は「在留外国人」や「定住外国人」という用語を用い、「移民」という用語の使用を回避しているが、国連やIOMによる定義、基準に沿って言えば、日本は永住型移民を相当数受け入れていることがわかる。日本政府の姿勢には実態との乖離が生じている。したがって、本書では日本の実態に即して、「移民」という用語を用いることにする。

これまでの出入国政策のもとでの労働者の入国の方法は、表面上の入国目的と現実の状況を比較検討すると、いくつかのタイプが抽出できる。

一つは、政府から公的に歓迎される入り口として専門的な知識や技術をもつ人々、すなわち高度人材や専門職等を迎え入れるフロント・ドアのタイプである。もう一つは、受け入れの名目と実態の異なるサイド・ドアタイプの入国である。このタイプには、日系を理由に受け入れた日系人、人材育成を通じた開発途上地域等への技能や技術、知識の移転による国際協力を推進する目的で受け入れた技能実習生、さらに、留学生の資格外活動でのアルバイト、かつての「興行」名目での遊興飲食産業などのサブカテゴリーがある。第三の類型は、いわゆる超期滞在者などの非正規滞在者の入国、すなわちバック・ドアのタイプである。取り締まりの強さの変化によってドアの開閉の度合いが決まるため、このタイプのカテゴリーは時期によって範囲が異なる。

　日本の移民政策については、出入国管理及び社会統合の両面から各種の評価がなされている。駒井（2019: 13）は、日本の移民政策について、①入国管理政策のひとり歩き、②移民受け入れ政策のほぼ全面的な欠落、③体系的移民包摂政策の不在という三つの特徴が顕著であると評している。つまり、これまでの日本では、「移民の受け入れはしない」という建前を前提に、移民政策の不在によって、差別や分断が起きていることがうかがえる[2]。移民政策を広義に捉えた場合、入国管理政策だけではなく、移民受け入れ政策、つまり移民の社会統合政策もその一部を構成している。ところが日本では、入国管理政策しかなく、移民、外国人の社会統合政策は存在していないとされてきた[3]。2019年に出入国在留管理庁が設置されるのに伴い、「在留」という語が組織名に加えられ、「外国人材の受入れ・共生のための総合的対応策」（「総合的対応策」と表記）が決定され、その後、毎年改定されるようになった。これによって初めて定住化を前提とした本格的な社会統合政策が実施されるようになったとみることもできるが、まだ始まったばかりとも言える（是川 2024）。是川（2024: 35）によれば、社会統合政策は、具体的には社会保障、司法システムへのアクセス、言語・住宅政策、文化的統合政策、永住資格制度、ディアスポラ政策等から構成される。さらに、社会統合政策に関する国際的な指標である移民統合指数（Migrant Integration Policy Index: MIPEX）によれば、社会統合政策は、労働市場における移動可能性、家族再結合、教育、健康、政治的参加、永住資格、国籍へのアクセス、反差別の8つの領域から構成されている[4]。こ

のように、「統合」または「社会的統合」というタームには一義的な理解はあるとは言えないが、移民たちが平等な社会成員として受け入れられ、社会通念としての「同化」とイコールの過程でないことがわかる。

　日本に定着し、生きようとする移民／外国人はどのように暮らしているのか。国のレベルにおいて、外国人の法的な権利保障を国際的に比較した移民統合政策指数では、日本の結果は好ましくなく、外国人の経済的統合に比べ、社会的統合は不十分な傾向がある。経済的な統合に関して、外国人世帯の年収は比較的低い傾向があるが、中国人の正社員比率は他の外国籍に比較すれば高い。ただし、日本の場合、統合政策は国に着目するだけでは不十分で、自治体にも着目すべきである。自治体ごとに行う統合政策、あるいは多文化共生政策には大きな違いがあり、国ほどには後進的ではない自治体もあるからである（第1章）。

　移民不在のままの移民の受け入れではあるが、日本社会では移民の社会的統合は緩やかに進んでいる（是川 2024）。ただし、移民個々人の移住経路や、エスニック・グループごとに、来日の歴史的な経緯や労働市場における需給関係は異なっている。国籍間・性別・年代層の比較を通じて、在日外国人の家族形成や経済的な統合を分析すると、中国人グループの晩婚化の傾向が顕著で、結婚後離別が少ないことと、正規雇用に就きやすいことが浮き彫りになる（第2章）。

　受け入れ側の人々にとって、移民というと、日本人の望まない労働や社会の安定性を害するほうに目が行きやすい。頭に浮かんでくるのは、日本人に敬遠される3K労働に従事する外国人労働者であったり、水商売で働く外国人女性であったりする。たとえば、アジア人女性というと、貧しい国からやってきた花嫁か性産業で働く女性か技能実習生かといったイメージは、長らく払拭できていない。そのようなステレオタイプ化したイメージゆえに人権侵害や差別が一部で起きていることも否定できない。受け入れ社会は移民の「何かを見ることは、ほかの何かを『見ない』ことでもある。まなざしは常に選別が伴っている」のである（高岡 2021）。これは、日本に定住することができたとしても、完全には基本的権利と平等な機会が保障されない「統合なき受入れ（immigration without integration）のやや好ましくない」国であり、その根底にある現行の政策は、移民を隣人ではなく、下位の者（subordinates）とみているのと無関係ではない（近藤 2022）。

序　章　高学歴移民女性研究の地平線

　これだけではなく、是川（2022）は、従来の移民政策批判論の方法では、移民間の多様性や、時的推移のなかでの移民自身の暮らし向きの変化を説明できないこと、および日本が目的地として目指されたことを見えなくしていると指摘した。移民政策批判論はきわめて重要な指摘であることは間違いない。しかし、イメージを先行させて社会事象を捉えると、異なるルートで来日した移民のおかれた環境が質的に異なっており、その生活全般も異なる様子を表しているという事態を「見ない」ことになる（第2章）。現実はもっと多様な移民が日本で暮らしているのだ。

　一つの重要なトレンドは、アジア諸国から移住者の高学歴化傾向が強まっていることである（是川 2020）。このトレンドは、受け入れ社会でこれまで形成されてきた「下位の者」とは異なる移民像を醸成してきた。つまり、日本在住の移民には、高学歴・高度な専門を有する層がある。また、外国人女性には、性的なイメージや受け入れ社会の性別役割分業観をそのまま押し付けられがちであるが、高学歴・高度な専門知識をもつ層の存在は、こうしたステレオタイプでは可視化することはできない。彼女らを、受け入れ社会の周縁における見えざる存在として非焦点化するだけでは、問題は解決しない。

　高学歴・高度な専門知識をもつ移民女性の存在は取り上げるに値しないと認識するなら実態から目をそらせていることになるであろう。日本の専門職移民の代表的な在留資格、すなわち「技術・人文知識・国際業務」「高度専門職1号・2号」「教授」のいずれについても、女性の占める比率は3分の1を超えている（表0.1）。

表0.1　中国専門職移民の在留資格別・性別登録者数

在留資格	国	在留外国人数			女性比率	女性全体のうち中国の比率
		総数	男性	女性		
技術・人文知識・国際業務	すべて	394,295	261334	132,957	33.7%	
	中国	99,659	56,330	43,329	43.5%	32.6%
高度専門職1号・2号	すべて	26,803	16,876	9,927	37.0%	
	中国	17,912	10,113	7,799	43.5%	78.6%
教授	すべて	7,399	4,706	2,693	36.4%	
	中国	1,710	991	719	42.0%	26.7%

出典：2024年6月末の在留外国人統計テーブルデータ（国籍・地域別　在留資格別　都道府県別　年齢・性別）に基づいて著者が作成した。

21

中国人の専門職移民に占める女性の比率は上記の在留資格のいずれも4割強を達している[5]。さらに興味深いのは、「高度専門職1号・2号」の外国人女性の総数に占める中国人女性の比率は78.6％という高い比率である（表0.1）。また、日本在住の女性人口に占める大学・大学院卒（以下で高学歴とする）の比率は、2020年の国勢調査によれば、日本人女性13.8％、外国人女性19.3％、中国人女性25.2％と順次高まっている。働き盛りの40代の女性の高学歴の比率はさらに高く、日本人19.34％、中国人43.4％となっている（第6章）。

このように、移動の時代の階層化要因とジェンダー要因について、ますますその重要さが増してきている。この認識に基づき、次節では高学歴移民、とりわけ高学歴移民女性について検討する。

第3節 ┃ 高学歴移民女性のモビリティ

本節では、高学歴移民者がグローバルなモビリティ（移動性）を有していることを若干説明し、本書との関連性を説明する。

20世紀末から、国境を超越し脱領土化した「グローバルノマド」に対する注目が高まっている。ノマドはもともと遊牧民を指していたが、グローバル化のなかで空間的地理的移動する人々を指す言葉へと意味のすそ野が広がっている。ジャック・アタリは、一つの場所に定住することなく、地球上の魅力のある場所に自由に移動する人々を「ハイパーノマド」としてのクリエイティブ階級であるとして、企業所有者、起業家、科学者、高度な技術者、金融関係者、法律家、芸術家などから構成されているとする（Attali 2006=2008）。同様の現象をジグムント・バウマンはモビリティを旅行者（tourist）と表現して描き出している。モビリティの使いこなす能力のヒエラルヒーの上層には、高速度、可動性、超領域的でコスモポリタンな世界で、消費能力をもつ、時間の文化の住人の「グローバルな旅行者」がおり、その頂点に君臨するのは「常連の旅行者」であると描写する（Bauman 1998=2010）。

さらに、類似している表現として、近年、「グローバル・エリート」や「グローバル人材」も人口に膾炙するようになった。柄谷（2016）の整理によれば、

序　章　高学歴移民女性研究の地平線

「グローバル・エリート」とは移動性の階層の頂点にいる者、つまり「移動性の主人」である。彼らは、国境にとらわれないアイデンティティや行動規範をもっている。その移動性は、国家間制度を前提としつつも、それを超越しようとする「トランスナショナル（超国境・脱国家）」な要素が強い。一方、「グローバル人材（日本の現行の出入国管理制度では、専門職外国人）」は、グローバル経済競争に勝ち抜くための「技能」をもち、他の国でも望まれる人材である。「グローバル人材」は、各国政府のある政権がある時点で定めた政策であり、その定義やポイントの付与条件は適宜変更されており、その時々の政治や経済、社会情勢を高度に反映したものとならざるを得ない。したがって、「グローバル人材」の移動性とは、「国家による人の移動の管理を前提とした「インターナショナル（国家間）」制度の中で行使されるものである」（柄谷 2016: 98）。

　日本では、「グローバル人材」の受け入れ政策が少しずつ施行されてきている。さらに、高技能移民の予備軍として、留学生を積極的に受け入れてきた。いずれも中国人が大半を占めている。人的資本という観点から見たとき、在日外国人の日本語能力は一般的に不十分であるものの、ニューカマー中国人（以下では中国人と記す）の日本語能力は、他のエスニック・グループよりも高く、学歴も相対的に高い（第1章）。これは、留学・就学生として来日し、日本で正社員としてホワイトカラー職を得た者の比率が高いという現状を反映したものである（小林 2012）。ここから、中国人の経済的な統合および文化的な統合度は比較的高いことがわかる。

　ただし、上述の研究からは、三つの問題が見えてくる。

　一つ目は、「性別不詳」であることである。グローバルノマド、グローバル・エリートの国際移動に関する議論では、性別に関する議論が見落とされがちである。グローバルノマドに関する議論では、性別を明言していない理由としては、特別なスキルと熟練を必要とする職業のために、時間と労力をかけて教育された人材は人的資本が高いゆえに、性別（人種も）による不平等や格差、偏見、差別を克服できるという確信が信じ込まれていることが考えられる。それから、性別を明言していないものの、議論から彼らの「男性気質」と思わせられることが何気なく行間から伝わり、男性ではないかと受け止められてしまう。柄谷（2016）は、女性のグローバル・エリートやグローバル人材に触れて

23

いないが、別の章で女性移住者を取り上げている。それは、「女性移住ケア労働者」であり、「移動性の従僕」と表現されている。他の数々の移民研究においても、多くの研究者は「移動の女性化」現象について、家事労働者などの「グローバル・ケア・チェーン」（Hochschild 2000: 131）としての再生産労働を国際分業の観点から議論している。移民研究においても、ややもすればグローバル・エリート／グルーバル人材は男であり、移住再生産労働者は女といったジェンダーの二項対立像を気づかないうちに作り上げてしまう。

　二つ目は、女性の地理的空間が二国に跨る場合、社会経済階層は単純比較できないことである。そもそも女性の階層移動は複雑であり、男性に比べれば図式化しづらい側面がある。女性の移住は、国や大陸間の水平的な地理的移動（Urry 2007=2015: 18-19）であると同時に、「就業機会の拡大、収入の増加や親族への経済的援助」（横田 2008: 80）でもあるため、階層間の垂直的な社会的移動という側面ももっている。つまり、水平的な地理的移動および垂直的な社会的な移動が同時並行的に起こるところに特徴がある。ただ、移民女性の垂直的な社会的移動は必ずしも上方移動とは限らず、むしろ多くの場合は下方移動する点に注意すべきである。たとえば日本においては、移民女性の「職業的地位は下方傾向」にあると報告されている（坪谷 2008; 原 2023）。ここでは、出身国、移住先国のどちらかに視座を置いて階層を測るか（原 2023）、また、受け入れ国で経済的な上昇が見込めても、社会階層が必ずしも上昇するわけではない（横田 2008）ため、女性本人の社会階層の移動とみるべきか、それとも配偶者の社会階層に従うかなど、トランスナショナルな空間のなかで家族を維持する移民女性たちの階層に関する考察は困難を極める（原 2023）。

　三つ目の問題は、高技能移民あるいはその予備軍の移住経路、そして送り出し国における「高等教育」の中身の変遷は不問となっている点である。日本への最大の人材輸出国である中国は、1980年代から社会体制が激変するなか、高等教育はエリート型から21世紀の大衆型、さらに2010年代末にユニバーサル型へと、学歴のインフレーションが引き起こされてきた（第3章、第5章）。同じ学歴であっても、時代によって社会的な評価や期待、さらに境遇は大きく異なる。それは、日本在住の移民女性の世代間の差違として如実に表れる可能性があることを受け入れ社会は知る必要があろう（第5章、第6章）。このよう

序　章　高学歴移民女性研究の地平線

な送り出し社会の変化と日本における留学、就労、移住など関連づけ、時代性を吟味しながら考える必要があろう。

第4節　女性の高学歴化における仕事と家庭

4.1　日本と中国におけるジェンダー・ギャップ

　移民女性の教育と就労を考える際、ジェンダー・ギャップやジェンダー意識、時代によるジェンダー意識の変化の検討は不可欠である。

　2024年6月12日に世界経済フォーラムが、経済、教育、健康、政治の分野ごとの最新ジェンダー・ギャップ指数を公表した[6]。ここで、同じ「儒教社会」とされる東アジアの日本社会と中国社会を比較する。本節では、本書と関連の深いジェンダー・ギャップ指数4部門のうちの「経済参画機会」と「教育達成度」を取り上げてその異同を確認する。

　日本の平等度は66.3%で、146か国中118位である。「経済参画機会」は56.8%、120位と最下位グループに位置しており、経済的なジェンダー格差が解消されていないことが示されている。「教育達成度」は99.3%で72位に位置して比較的平等を達成している。それに対して、中国の平等度は68.4%で106位である。「経済参画機会」は73.7%で39位とかなり上位で、「教育達成度」は93.4%に達し、中等教育レベルでは、男女で12.7%の格差があるが、高等教育の入学において女性が男性を上回って完全な平等を達成している（世界経済フォーラム 2024）。

　ジェンダー・ギャップ指数から示されるように、両国はともに男女のギャップがかなり大きく、中国は日本よりも若干上位であるものの、いずれも世界の下位に位置している。経済における平等では、中国が日本を大きくリードし、就労面では女性の平等が日本よりも実現されている。教育達成度では、日本は全体的に平等であるのに対して、中国は高等教育の面では完全なる平等を実現している。

　ジェンダー・ギャップの量的分析に基づく評価は上述のとおりであるが、高等教育を受けた女性たちはそれぞれの社会での就労において、実際にはどのような局面を迎えているだろうか。

25

日本では、1990年代以降「失われた30年」とも言われる長い経済不況のもと、非正規雇用の拡大と内部労働市場の維持によって、労働市場の二極性が深まり、女性にもこの労働力の二極化が当てはまる。1980年代の男女雇用機会均等法の施行を契機に、主には大学以上の学歴をもつ高学歴女性たちには正規雇用の「総合職」としての道が開かれた。同時に進行した少子化に伴い、子育て支援対策も展開され、出産後の女性就労率は順調に上昇しているようにみえる。しかし、上述のとおり、政策の恩恵は、すべての世代が受けられたわけではなく、世代間のギャップがみられる。年長の世代に比較して、1980年代生まれの若い世代の高学歴女性は、出産後も就業を継続する傾向をみせている。ただ、女性は性別役割分業が前提とする「家族単位社会」でのケア負担がきわめて大きく、仕事と両立できないリスクも大きい（落合 2019）（第4章）。

　他方、ポスト社会主義国家中国では、世代ごとの女性の就労における差異はさらに大きい。1980年代まで続いていた計画経済期、1980年代〜2000年代は市場経済期、2010年以降のグローバル市場経済期という時代変容のなかで女性の役割や期待は大きく変化した。計画経済期は、国家主導の「男女平等」理念に基づき、「女性も半分の天を支える」というスローガンのもと、女性の高い就業率が実現された。しかし、市場経済期に入ると、特に1990年代の「体制改革」を契機に、女性の就業支援を目的とした国家介入が弱まり、従来の「低賃金・高就業率」というモデルは市場原理と相容れなくなった。その結果、中国の理想であった公的領域で活躍する女性たちは、生きづらくなった。グローバル経済期には、学歴におけるジェンダー逆転と学歴インフレが同時に進行し、女性の高学歴が必ずしも就職に有利に働くわけではなく、むしろ性差別や「高学歴女性の就職難」といった課題に直面することとなった（第5章）。これは、ジェンダー・ギャップ指数における中国の順位の低下、また女性の労働力参加率の低下の原因につながっている。同時に、中国の世代関係は「下行式家族主義」（Yan 2009）となり、育児は祖父母に依存する「隔代育児」が一般化してきた。

　上述したように、日本社会と中国社会のそれぞれにおいて、女性の経験は一枚岩ではなく、年齢別には経験を異にしている。したがって本書では、大学、あるいは大学院を卒業ないし修了した高学歴中国人移民女性の年齢に注意を払

序　章　高学歴移民女性研究の地平線

い、世代（ジェネレーション）ごとに検討することにする（第6章、第7章、第8章、第9章、第10章）。

4.2　高学歴女性の「パイプラインの漏れ」

　東アジアだけではなく、欧米社会においても、大学を卒業した女性がキャリアを積んでいるものの、同じ大卒の男性と比較すると、彼女たちの収入と昇進は相変わらず低迷しがちである。高学歴女性にはキャリアの成功と家庭の幸せの両方を手に入れられる可能性が開かれているが、それを十全に実現できる女性は一部に限られている。このような問題は「性差別」「ジェンダーバイアス」「ガラスの天井」「マミートラック（キャリアではなく母親として生きる道を選択すること）」「リーン・アウト」などさまざまなネーミングがつけられている（Goldin 2021=2023: 1-2）。

　2023年にノーベル経済学賞を受賞した経済学者のクラウディア・ゴールディンは、アメリカ人女性[7]を対象に19世紀後半以降に生まれた大卒者を5つの世代に分け、キャリアと家庭の両立を各世代の経験に基づいて分析した（Goldin 2021=2023）。結論の一つとして、専門性の高い職種の世界において、高学歴の女性は「パイプラインの漏れ」、つまりさまざまな節目に去っていく割合が高いことが判明した。彼女によれば、学問の世界、法律、会計などの専門性の高い職種の世界においては、早期に大量の時間を投じることが求められ、設定された期間を終了する際に労働者が評価されるという評価システムが確立されている。しかし、夫婦で仕事と家事を公平に分担するのではなく、夫が職場、妻が家庭に時間を割く分業化が起こりやすいため、勤勉な者（あるいは幸運な者、往々にして男性である）には終身雇用やパートナーシップの付与がなされ、「アップ・オア・アウト」の「アップ」になる。それ以外の者（子どもをもつ多くの高学歴女性を含む）は、「仕事と家庭」の両立で壁に直面し、キャリアを阻む「チャイルド・ペナルティ」を受け、「アウト」になる（Goldin 2021=2023: 216）。女性がペナルティを被りやすいのは、長時間労働や職場での就労時間や激務の多い職種である（たとえば弁護士、外科医、会計士、経営管理者）（Goldin 2021=2023: 226）。

　さらに、仕事を「キャリア」と「ジョブ」と分解して考えることも示唆的で

27

ある。ゴールディンによれば、キャリア（career）は、人生の「コース」または歩みであり、一定期間の継続が必要である（Goldin 2021=2023: 26-27, 186-187）。一般的にキャリアは進歩と忍耐強さを伴う。そこには、学習、成長、投資、利益の獲得が含まれており、長く働くことができ、人気の高い職種であり、それが個人のアイデンティティを形作ることが多い。一方、ジョブ（job）は、一般的に自分のアイデンティティや人生の目的の一部にはならない。しばしば収入を生み出すためだけのもので、一般的にははっきりした節目をもたない。

　したがって本書では、研究対象は子どもをもつ高学歴移民女性とし、その場合、必ずしも配偶者を有するとは限らない（第11章）。そこで、中国からトランスナショナルな移動を経て、日本社会で子育てを経験する高学歴中国人移民女性が、日本で子育てと仕事の両立を追求しているなか、人生の「パイプラインの漏れ」は発生するか、発生するとしたらどのような経緯によるのかを明らかにする。彼女らが就労している場合はキャリアそれともジョブかを念頭に置いて分析する。

第5節　マイノリティ研究からインターセクショナリティ研究へ

　西原（2021）は、マイノリティを、個人の生活の機会や権利が、力ある他者によって奪われて、「処遇」と「権利」が劣位におかれている状況にある人びとと規定した。実例として取り上げられているのは女性である。それは、岩間・ユ（2007）の提示した三つの分類のうちの弱者一般を指す「分散型」と一致している。岩間・ユ（2007）は、さらに国際人権法の規定に依拠し、ナショナル、エスニック、宗教、言語の面に関して多数派とは異なる特性をもつ少数派を「限定型」マイノリティと位置づける。最後に、「マイノリティ」というカテゴリーを極力用いようとしない「回避型」があると解釈した。

　高学歴中国人移民女性がマイノリティであることには異論がないだろう。女性であることは「分散型」マイノリティと一致し、「中国人移民」は「限定型」マイノリティと一致する。つまり、「社会的位置に基づいて人々に資源や機会を不均衡に配分する構造的な差別は、どれか一つだけが働いているという

ことはないこと、そしてそれゆえに複数の差別を同時に考え合わせなければならないこと」である（平山 2024）。クレンショウは、反・性差別の実践における人種差別と、反・人種差別の実践における性差別を指摘した（Crenshaw 1989）。「インターセクショナリティ（intersectionality、交差性、抑圧交差などとも訳される）」の概念は、黒人女性の「従属化される特定の仕方」の交差的な経験への着目の必要性から生まれた概念である（Crenshaw 1989）。インターセクショナリティは現在、差別をめぐる議論におけるキーワードの一つになっている。

　インターセクショナリティは、交差する権力概念が、さまざまな社会にまたがる社会的関係や個人の日常的経験にどのように影響を及ぼすのかについて検討する際の鍵概念である（Collins and Bilge 2020=2021）。具体的に言えば、それは、人種／エスニシティ、ネーション、階級、セクシュアリティ、国籍／在留資格、アビリティ、年齢など、さまざまな権力関係が相互に作用し影響し合うことによって、独特の抑圧が生じるメカニズムを分析するための枠組みである（石原・下地 2022）。インターセクショナリティの主眼が差別や抑圧の解明にある以上、個々の経験そのものではなく、当の経験を生じさせるステレオタイプや考え方、行為や制度など、総じて社会的な条件が解明と説明の対象になる（堀田 2022）。

　これに関して、特に重要な2点を詳細に考えていきたい。

　第一に、「中国人高学歴移民女性」の「高学歴」についてどう考えるべきか。従来の移民研究は、労働不足を補う労働力に注目し、低学歴・低収入の移民に焦点を当てる傾向があった。女性に対象を限ると、いわゆる結婚相手に着目し、学歴的要素は捨象されてきた。こうした研究のもつ、社会学的・政策学的意義は言うまでもなく重要である。「低学歴」「女性」であれば、社会階層や貧困と関連づけて「弱者」とスムーズに認定できるが、「高学歴」自体は自己での対応力がある高い階層的地位が期待される層であり、感覚的に「強者」と位置づけられる。

　この問題を二つに分解して考えよう。一つは、「高学歴」を階層に置き換えて考えれば、階層的地位の高い女性が被る不利益は、同じような階層的地位の男性が被る不利益とは異なるだけではなく、程度を「ひどく」したとはいえない要素、むしろそれらの人々が経験しえないような何かも含まれている（平山

2024)。これと類似しているのは、日本人高学歴女性も労働市場や家庭において
さまざまな制限を受けるという説もある。しかし、それは少なくとも移民女
性が移民であるがゆえに受ける制約とは別の何かに基づく経験であるはずであ
る。つまり、彼女らは、単に高学歴女性と移民女性の両方の属性を有している
のではなく、高学歴女性移民固有の問題状況のなかに生きている。高学歴移民
女性がなぜそのような「状況」に留めおかれているのか、その理由は日本人女
性や移民男性と同一ではないのである。

　もう一つは、このように低学歴・低収入の移民女性に焦点を当てることの裏
面で、高学歴移民女性が抱える問題が不可視化する傾向が生まれる。高学歴移
民女性にかんしては、「高学歴だから大丈夫だろう」「学習能力があるから日本
語もできるし、問題ないでしょう」「旦那さんが稼いでくれているから恵まれ
ているんだろう」「たとえ希望の職ではなかったとしても低学歴の人に比べて
就職がしやすいでしょう」といった声が聞かれるかもしれない。しかし、彼女
たちは高学歴を獲得するために多大な資源を投入している。それゆえ、地位達
成と現実とのあいだの差違が生み出す相対的剥奪（relative deprivation）はいっ
そう深刻なものとなる[8]。移民女性の場合、高学歴であることや既婚者であ
るため、彼女らがおかれている「状況」はより見えにくく、要因が複雑に絡み合
い、制約自体は社会構造の深部に巧妙に潜んでいる。当人たちは声を上げようと
しても、周囲は「先入観」ゆえにその声を無視したり、気づかなかったりするこ
とがある。本書は従来不可視化されがちであったこの問題状況に焦点を当てる。

　第二に、果たしてマイノリティの経験を類型化したり、定義したりすること
ができるのだろうか。彼女らについてまったく知識や経験をもたないマジョリ
ティに理解してもらうために、マイノリティの経験を類型化したり、定義した
りして、理解可能な整理された形にまとめねばならない。そうした要請がマイ
ノリティ研究の側に課されてしまっていることは基本的には構造的な課題であ
ると同時に、それによって失われるものが多いのではなかろうか（石原・下地
2022）。換言すれば、対象の一側面を表現するために、ほかの多くの側面を捨
象しなければならないことになる。とりわけ外見上は異質ではない「アジア
系」は、より背景化し複雑な排除と包摂の圧力にさらされ、不可視化されやす
い。他方、当事者の側では、「複雑なまま生きないと、それが自分自身ではな

序　章　高学歴移民女性研究の地平線

くなる」という思いもあり、自分の「複雑さ」をさらけ出すことこそが自然体なのである。「中国人」に分類されてしまうや否や、自身の有する複雑さが消え、二元論的かつ非対称的な状況が生じてしまう。これは、いったん「母親」に分類されると、子どもの利益が最優先となり、それがすべてであり、それ以外の役割や計画は放棄するよう求められる女性、すなわち子どもの理想的なケアラーとしての「インテンシブな母親業（intensive mothering）」（Hays 1996）におかれた状況と同じ構造をもつ。

　このように、アジア人や女性という要素のみに焦点を当てるのではなく、日本に長年居住している中国人、中国在住ではない中国人、母親かつ高学歴、地方在住／都市在住、年齢、婚姻継続中／離婚、夫は日本人／中国人、夫とは同居／別居、専業主婦／パートタイム就労／フルタイム就労、などいろいろな要素が交差している、多数多様体として現在の高学歴中国人移民女性をとらえられなければならない。彼女らの経験してきたこと自体がインターセクショナルで、そのような立場にいるからこそみえる世界があるのだ。彼女らは複雑なままの自分を理解してくれる心地のよい「居場所」を求めることもあるが、それはどこにあるのか。

　本書は、インターセクショナリティの視角からこの複雑に交差する立場にいる移民が生きる世界に接近することを目指す。

第6節　調査研究方法と本書の構成

6.1　調査研究方法

　第Ⅰ部は、高学歴移民女性のおかれた社会文脈を、既存の大規模調査や政策を通して解明する。第Ⅱ部は質的研究法を用いて、個々の主体の生きる現場にアプローチする。第Ⅱ部では、主に個人の生の全体性に接近するライフストーリー法や、調査者自身によるオートエスノグラフィー法を主たる手法としている。ここでは、ポジショナリティの問題にも触れておきたい。第Ⅱ部の著者6名は全員女性である。そのうち5名は、日本の大学院で博士号を取得した中国出身者である。そのため、「高学歴者」「日本留学／在住者」といった、「内部

者」の視点をもちうる。もう1名は、外国人散在地域でボランティア活動に参加しながら、結婚移住女性に関する研究を進めてきた日本人である。このように、全員は女性による女性のための調査となっている。ただし、「大学教員」である調査者は特権的な立場から「移民女性」の文化を複数の「部分的な真実（partial truths）」（Clifford & Marcus 1986=1996）しかみることができないことも自覚している。

　これらの各調査では、各コーホート、大学卒、修士号ないし博士号取得者といった学歴、配偶者が日本人男性か中国人男性か、都市在住か地方在住か、さらには婚姻継続中か離婚経験者かなどの差異に丁寧にアプローチしている。

　トランスナショナルな移動は近時に可能になったものであり、その間の社会の変革が激しかったため、①1950年代末以降から1960年代生まれ、②1970年代生まれ、③1980年代から1990年代前半生まれの各コーホートを分けて検討することにする。高学歴移民女性にとって、女性としての人生において自分の行動や考え方の模範となる「ロールモデル」はどこにも存在しない。時代の違いと移動によって、自らの母親世代の経験は無効になるだけではなく、出身国における自身の世代のロールモデルもまた無効になる。他方、日本人女性のロールモデルは理解に至るまでに時間がかかるうえ、受け入れの可能性自体も文化の違いゆえに自明ではない。さらに、日本在住の中国人集団の階層化や多様化があり、在日中国人女性の共通のロールモデルは存在しない。

　このような諸要因が複雑に交差する地点で、他者化と不可視化の狭間にいる移民女性の就業とケアに関する経験を記述するため、本書では二部構成を採用する。また、客観的な事象を記録して資料を概観し、根底にある「主観的」結果を考察する。このような並走法で高学歴移民女性を記述する。

6.2　本書の構成

　本書の全体は二部に分かれ、各部が社会、家族、そして個人の居場所という視点を軸にしている。

　第Ⅰ部では、変動する移民の実態とそれをとりまく日本と中国の外国人政策と社会条件について詳細に説明する（第1章から第5章）。第1章から第3章は法学・移民研究の立場からアプローチして、日本における移民の全体的な状況と、

中国人高等人材と留学生の状況を描き出している。第4章と第5章は、家族社会学の立場からアプローチし、日本社会と中国社会におけるジェンダー構造を分析している。

　第Ⅱ部では、高学歴中国人女性の学歴背景とライフコースに着目し、特に家族形成とケアワーク、キャリア実現の葛藤を取り扱う。第6章は地方都市在住者を対象にしたインタビュー調査に基づき、学士／修士／博士を所持する中国人移民女性それぞれの「学歴過剰」と「経済活動における不本意な不参加」に至る経緯を、第7章は中国人移民女性の子どもに対する教育戦略と自身のキャリアの関連を、第8章は中国人夫妻の権力関係と女性のキャリア形成の可能性を、第9章は新型コロナウイルスによる世界的なパンデミックによる国際移動の制限のもとでの、育児支援の利用を分析している。第10章は、産後うつを患う高学歴移民女性のおかれている社会背景や家族の状況を、第11章は、離婚を経験した母子世帯の高学歴移民女性が日本を生活の拠点としながら、定住に向かう「居場所」づくりの問題について考察している。

注

(1)　2018年11月2日第197回国会衆議院予算委員会第3号の答弁によれば、奥野総一郎と安倍内閣総理大臣の答弁は以下のとおりとなる（一部抜粋）。

　　○国民民主党の奥野総一郎：「…私の方は、外国人労働者の話をしてまいりたいと思います。

　　　直近の2015年を見ると、日本はOECD加盟国の中で四番目に多く、たくさん外国人を移住者として受け入れている。これは移住者という表現になっていますが、受け入れているということなんですよ。この新聞は、移民大国、移民だ、こういうタイトルで報じていたところであります。国際的な意味では、既に日本は移民大国なんじゃないかということです。国連等の定義、要するに、常住国、自分の住んでいる国から変更する、外に行ったあらゆる人がそもそも移民なんだ。3カ月以上12カ月以下というのは短期の移民、そして、1年以上にわたって居住国を変えた人は長期の移民だという言い方をしています。同じようなことですね。12カ月を超えて自分の居住国を変えると長期の移民だ、こういうことを言っているわけですね。総理に伺いたいんですが、この定義に当てはめると、日本にいる外国人の多くは、この定義の中では統計上は移民と扱われることには異議はないですよね。

　　○安倍内閣総理大臣：この定義ということになりますと、日本も多くの方々が海外に駐在しています、私も駐在したことがございますが、そうすると、一年を超えると移民という

ことになるんですが、それは全然そうではない、このように思います。ですから、我々がとっているいわゆる移民という定義については、もう何回も申し上げているとおりでございますが、この移民については、多義的なものであって、これが移民だということは一概に言えないというふうに考えております。

○奥野（総）委員：国際的なルールというか考えとしては、こうした短期、長期の人たちを一応移民という言葉に位置づけた上で、きちんと人権を保障したり、生活の安定を見ていこう、こういう暗黙のルールがあるんだと思うんですね。総理は、移民政策をとらないとずっと言っています。その総理の定義が、この「日本政府」というところなんですが、「例えば、」これは答弁を求めてもいいんですが読んでしまうと、「国民の人口に比して、一定程度の規模の外国人を家族ごと期限を設けることなく受け入れることによって国家を維持していこうとする政策」、これを移民と言っているわけですけれども、こういう定義をほかの国はとっているんでしょうか。少なくとも日本は、期限を定めずに家族帯同で外国人を受け入れるというような政策はとっていないんですね。ですから、日本にいる外国人については少なくとも移民ではない、こういうことはこの定義であれば言い切ることができるんですが、こんな定義を使っている国はほかにあるんでしょうか。非常に恣意的な定義だと思うんですね。そもそも最初から、家族の帯同で無期限に外国人を受け入れるような政策をとっている国はないと思うんですよ。もう一度確認したいんですが、この国連の定義を広義の、広い意味での移民の定義、総理の言っているこれを日本独自の狭い意味での移民の定義というふうにした場合に、少なくとも国際標準の広い意味での移民というのは日本にいるんだということをもう一度確認したいんです。

(2)　日本人の排外意識も差別や分担に加担している。ここでは議論を割愛させていただく。

(3)　一方、「多文化共生」と銘打つ施策が展開されており、これを日本的な統合政策とみる見方もある。国（総務省）は「多文化共生の推進に関する研究会報告書」（2006年）をまとめているが、そこで主な課題とされているのは、外国人のコミュニケーション能力の向上（日本語の習得）、その支援、若干の面での生活支援であり、社会経済的・政治的な地位、権利、その平等という課題には触れていない（宮島 2017）。

(4)　8領域についてそれぞれが0-100の値をとり、それらをもとに全体スコアが0-100で算出されている。

(5)　専門職移民の在留資格だけではなく、時間の経過により、より安定した身分系の「永住者」に切り替えることや、定住化の末日本国籍に帰化する人もいるので、特に中国人の実数はさらに高いと予測される。

(6)　男性に対する女性の割合（女性の数値／男性の数値）を示しており、0が完全不平等、1が完全平等を表している。（https://www3.weforum.org/docs/WEF_GGGR_2024.pdf）

(7)　2024年のジェンダー・ギャップ指数は74.7％で、43位とジェンダー平等の度合いは日本と中国よりかなり上位である。

(8)　日本人でも、博士課程を経た学生は、就職への応募年齢による制約を受けていた、といった高学歴への逆差別がある。この議論は本章で割愛させていただく。

参考文献・資料

朝日新聞, 2024年5月4日, 「人手不足、日本社会の現在地は 朝日新聞社世論調査」World Economic Forum（世界経済フォーラム）, 2024, "Global Gender Gap 2024: INSIGHT REPORT JUNE 2024" https://jp.weforum.org/publications/global-gender-gap-report-2024/digest/（2025年2月15日最終検索）

Attali, Jacques, 2006, *Une brève histoire de l'avenir*, Paris: Fayard.（林昌宏訳, 2008, 『21世紀の作品』作品社.）

Attali, Jacques, 2023, *Le Monde, modes d'emploi*, Paris: Fayard（林昌宏訳, 2023, 『世界の取扱説明書』プレジデント社.）

Bauman, Zygmunt, 1998, *Globalization: The Human Consequences*, New York: Columbia University Press.（澤田眞治・中井愛子訳, 2010, 『グローバリゼーション』法政大学出版局.）

Clifford, J. and Marcus, G.E. (Eds.), 1986, *Writing Culture: The Poetics and Politics of Ethnography*, University of California Press.（春日直樹ほか訳, 1996, 『文化を書く』紀伊國屋書店.）

Collins, Patricia Hill and Bilge, Sirma, 2020, *Intersectionality 2nd*, Cambridge: Polity Press.（小原理乃訳, 2021, 『インターセクショナリティ』人文書院.）

Crenshaw, Kimbérle W., 1989, "Demarginalizing the Intersrction of Race and Sex: A Black Feminist Critique of Antidiscrimination Doctrine, Feminist Theory and Antiracist Politics," *University of Chicago Legal Forum*, 1(8): 139-167.

Elder, G. H. Jr., 1977, "Family History and the Life Course," *Journal of Family History*, 2(4), 279-304.

Goldin, Claudia, 2021, *Career and Family: Women's Century-Long Journey toward Equity*, Princeton: Princeton University Press.（鹿田昌美訳, 2023, 『なぜ男女の賃金に格差があるのか』慶応義塾大学出版会.）

原めぐみ, 2023, 「グローバル・ハイパガミー再考」『社会学評論』74(3): 378-396.

Haya, S., 1996, *The Cultural Contradictions of Motherhood*, New Haven: Yale University Press.

平山亮, 2024, 「インターセクショナリティが『見える化』するのは単なる差異なのか」『社会学評論』74(4): 643-659.

Hochschild, Arlie Russell, 2002, "Global Care Chains and Emotional Surplus Value," in W. Hutton and A. Giddens eds., *On the Edge: Living with Gobal Capitalism*, Lodon: Jonathan Cape. 131.

法務省出入国在留管理庁, 2024年10月18日, 「令和6年6月末現在における在留外国人数について」https://www.moj.go.jp/isa/publications/press/13_00047.html（2025年2月14日取得）.

堀田義太郎, 2022, 「インターセクショナリティと差別論」『現代思想』50(5): 74-89.

石原真衣・下地ローレンス吉孝, 2022, 「インターセクショナルな『インズ』を鳴らすために」『現代思想』50(5): 8-23.

岩間暁子・ユ ヒョヂョン, 2007, 「『マイノリティ』をめぐる世界」岩間暁子・ユ ヒョヂョン編『マイノリティとは何か——概念と政策の比較社会学』ミネルヴァ書房.

柄谷利恵子, 2016, 『移動と生存——国境を越える人々の政治学』岩波書店.

国際移住移住機関（IMO）,「移住（人の移動）について」https://japan.iom.int/migrant-definition（2025年2月24日最終検索）

国際連合広報センター, 2016, 「難民と移民の定義」https://www.unic.or.jp/news_press/features_backgrounders/22174/（2025年2月24日最終検索）

小林倫子, 2012,「ニューカマー中国人――一般市場における多様な展開」樋口直人編『日本のエスニックビジネス』世界思想社, 73-96頁.

駒井洋, 2019,『移民社会学研究――実態分析と政策提言1987-2016』明石書店.

近藤敦, 2022,「移民統合政策指数（MIPEX 2020）等にみる日本の課題と展望」『移民政策研究』14: 9-22.

是川夕, 2020,「誰が日本を目指すのか？――『アジア諸国における労働力送出し圧力に関する総合的調査（第一次）』に基づく分析」『人口問題研究』44: 61-82.

是川夕, 2022,「国際労働移動ネットワークの中の日本」国立社会保障・人口問題研究所編『国際労働移動ネットワークの中の日本――誰が日本を目指すのか』日本評論社, 1-19頁.

是川夕, 2022,「第26回厚生政策セミナー 趣旨説明」『人口問題研究』78(3): 339-347.

是川夕, 2024,「日本における移民の社会的統合」『日立財団グローバルソサエティレビュー』3: 35-38.

李善姫, 2023,『東北の結婚移住女性たちの現状と日本の移民問題――不可視化と他者化の狭間で』明石書店.

舛友雄大, 2025,『潤日――日本へ大脱出する中国人富裕層を追う』東洋経済新報社.

目黒依子, 2007,『家族社会学のパラダイム』勁草書房.

中島恵, 2024,『日本のなかの中国』日経BP日本経済新聞出版.

日本経済新聞, 2021年5月11日,「中国、急増する高学歴人材 大卒10年で7割増 ハイテク研究など下支え 若年雇用でミスマッチ拡大」https://www.nikkei.com/article/DGXZQOGM11BN10R10C21A5000000/（2025年2月25日取得）

西原和久, 2021,「マイノリティと差別との根を問う」西原和久・杉本学編『マイノリティ問題から考える社会学・入門――差別をこえるために』有斐閣.

落合恵美子, 2019,『21世紀家族へ――家族の戦後体制の見かた・超えかた』有斐閣.

大沢真知子, 2015,『女性はなぜ活躍できないのか』東洋経済新報社.

賽漢卓娜, 2019,「高学歴既婚移民女性のフルタイム職への挑戦」『比較家族史研究』34: 25-48.

賽漢卓娜, 2021,「『主婦化』される高学歴移民女性」『中国21』54: 215-236.

総務省統計局,「令和2年国勢調査 就業状態等基本集計」https://www.stat.go.jp/data/kokusei/2020/kekka.html（2025年2月15日最終検索）

世界経済フォーラム, 2024,「ジェンダーギャップ・レポート2024」https://jp.weforum.org/publications/global-gender-gap-report-2024/digest/（2025年2月14日取得）.

高岡文章, 2021,「観光は『見る』ことである／ない――『観光のまなざし』をめぐって」高馬京子・松本健太郎編『〈みる／みられる〉のメディア論――理論・技術・表象・社会から考える視覚関係』ナカニシヤ出版, 41-52頁.

坪田美欧子, 2008,『〈永続的なソジョナー〉中国人のアイデンティティ――中国からの日本留学にみる国際移民システム』有信堂.

Urry, John, 2007, *Mobilities*, Cambridge: Polity Press Ltd.（吉原直樹・伊藤嘉高訳, 2015,『モビリティーズ――移動の社会学』作品社.）

横田祥子, 2008,「グローバル・ハイパガミー？――台湾に嫁いだベトナム人女性の事例から」『異文化コミュニケーション研究』20: 79-110.

Yunxiang, Yan, 2009, *The Individualizayion of Chinesr Society*, Oxford: BERG.

第Ⅰ部

移民を取り巻く社会、移民が結びつく社会

第 1 章

日本の移民統合

近藤 敦

第 1 節　はじめに ——移民統合の指標

　外国人の住民がさまざまな社会生活に参加できるようにして、共生社会の実現をめざす政策を日本では「多文化共生」と呼ぶが、諸外国では「移民統合」と呼ぶことが多い。「統合」は、就労などの経済的統合、就学などの社会的統合、言語などの文化的統合、参政権などの政治的統合（さらには、国籍取得などの法的統合）に分けて分析される。また、一般には、移民だけが変化する「同化」と違い、移民と受け入れ社会の双方向的な変化の過程を「統合」と呼ぶことが多い。

　本章において、「移民統合」とは、文化的な多様性を尊重しながら、社会との相互発展における外国人または外国にルーツをもつ者[1]の社会参加の過程を意味する（近藤 2019: 32）。学術用語では一般的であるものの、「統合」という政策用語は、日本では外務省が諸外国との比較をする場合に限られる。法務省は、「外国人との共生」や「在留支援」という用語を用いる。総務省と自治体は、「多文化共生」と呼ぶ。

　日本では、統合という言葉に代えて、共生という言葉を好んで用いる。また、政府が「移民政策」を採らないという立場を表明していることもあり、外国生まれの人を中心とする「移民」よりも、日本国籍をもたない「外国人」を中心に政策立案することが多い。ただし、ヘイトスピーチ解消法2条の「本邦外出

第Ⅰ部　移民を取り巻く社会、移民が結びつく社会

身者」、日本語教育推進法2条の「外国人等」、半田市多文化共生推進条例10条の「外国にルーツを持つ子どもたち」など、（帰化や国際結婚などに伴う場合も含む）外国にルーツをもつ者の法令用語も必要となっている。

　日本の移民統合を国際的に比較する重要な調査が3つある。第一に、主として正規滞在外国人（教育や保健医療の分野では非正規滞在者も含む）に対する国の権利保障を比較する「移民統合政策指数2020」において、日本は、56か国中35位である。定住することはできたとしても、完全には基本的権利（特に差別禁止）と平等な機会（特に教育と政治参加）の保障が弱いので、「統合なき受入れのやや好ましくない」国と位置づけられている。国の統合政策においては、先進的でない状況にある（近藤 2022: 12-15）。

　第二に、自治体の統合政策を比較する調査「インターカルチュラル・シティ指数」において、唯一、日本から加盟している浜松市は、移民の統合政策に熱心な88都市中22位であるものの、唯一、参考結果として、加盟を検討したこともあり、データが存在する神戸市は平均以下と評価されている（近藤 2022: 11）[2]。したがって、外国人集住都市の自治体での統合政策は、国ほどには後進的ではないと思われる。

　第三に、（主として外国生まれの人としての）移民統合の実態に関する国の指標としては、経済協力開発機構と欧州委員会の「移民統合指標2023」がある（OECD and European Commission 2023）。日本のデータはすべて、国籍を基準とし、一部のデータしか提供されていないものの、日本（と括弧内のOECD諸国全体）の比較を以下に示しておく。

　経済的統合に関する日本の指標は、失業率をみる限り、かなり好ましい。日本の失業率は、外国人5.1％、国民4.0％（外国生まれ8.2％、国内生まれ5.9％）である。これは、人道移民が極端に少なく、労働移民の割合が諸外国に比して大きい日本の受け入れの特徴に起因するものと思われる。日本の就業率（15歳以上人口のうち働いている人の割合）は、外国人と国民が同じく77％（外国生まれ68％、国内生まれ67％）である。日本の労働参加率（15歳以上人口のうち働いている人と仕事を探している人の割合）は、外国人81％、国民80％（外国生まれ75％、国内生まれ71％）である。日本のパートタイム労働の割合は、外国人35％、国民31％、外国人女性47％、日本人女性58％（外国生まれ16％、国内生まれ17

％、外国生まれの女性47％、国内生まれの女性48％）である。外国人女性は、日本人女性よりも、パートタイム労働の割合が11％も少ないのは、技能実習生をはじめ家族で滞在できる人の割合が低く、配偶者（特別）控除制度の認知度が低いことも要因と思われる。日本の自営業者の割合は、外国人5.0％、国民8.5％（外国生まれ13.0％、国内生まれ15.3％）である。

社会的統合に関する指標は、おおむね不十分である。日本における高学歴[3]の割合は外国人46.9％、国民52.8％とあり、OECD諸国の高学歴の一般傾向（外国生まれ40.3％、国内生まれ35.9％）とは逆の関係にある。外国人の日本の高等教育機関への進学率の低さと出身国での高等教育機関への進学率の低さの両方に起因するものと思われる。日本の合計特殊出生率（1人の女性が一生のうちに産む子どもの数として、15歳から49歳までの女性の年齢別出生率を合計したもの）は、国民1.33に対し、外国人0.58と少なく、OECD諸国全体の（国内生まれ1.37、外国生まれ2.08）とは逆の関係にある。この理由は、家族帯同が認められない技能実習生などの割合が多い日本の特徴による。このほか、OECD（2023）によれば、2021年の後天的な国籍取得（広義の帰化率）は、0.3とOECD諸国のほぼ最低の状況（OECD諸国の平均は2.2）である。この最大の理由は、日本が複数国籍を原則として認めていない点にあるものと思われる。

本章で1は、以下、順に、国の共生施策とともに外国人全体と中国人の状況、（ブラジル人・フィリピン人・ベトナム人・コリアン・中国人の多い）各自治体の多文化共生施策と外国人住民の状況、最後に、国と自治体レベルの外国人の全体像をまとめる。

第2節 ▍ 国における共生施策とともに外国人全体と中国人の状況

2023年12月末の在留外国人数は、341万992人であり[4]、総人口のおよそ2.6％である。性別割合は、男性50.2％、女性49.8％である。国籍は多い順に、中国24.1％、ベトナム16.6％、韓国12.0％、フィリピン9.4％、ブラジル6.2％と続く。在留資格は、永住者26.1％、技能実習11.9％、技術・人文知識・国際業務10.6％、留学10.0％、特別永住者8.2％、家族滞在7.8％、定住者6.4％と続

41

第Ⅰ部　移民を取り巻く社会、移民が結びつく社会

く（出入国在留管理庁 2024a）。

　2019年に国の本格的な外国人との共生施策がスタートする。その目玉は、各地の一元的相談窓口の設置であり、2024年からは外国人支援コーディネーターの研修と認証、そして登録日本語教員の国家試験もはじまった。外国人の受入れ・共生に関する関係閣僚会議（2018）の「総合的対応策」および中長期計画としての同（2022）の「ロードマップ」に基づいて、外国人が抱える問題点を把握し、共生施策の企画・立案・実施に反映させるべく「在留外国人に対する基礎調査」が毎年行われている。本節では、2022年度の同調査における外国人全体（および括弧内の中国人）の状況をみる。回答者[5]の性別は、女性52.7％（57.5％）、男性46.8％（42.0％）である。国籍は、中国31.4％、ベトナム14.7％、韓国11.0％、フィリピン7.6％、ブラジル7.4％と続く。生まれた場所は、国籍・地域と同じ82.4％（93.7％）、日本9.2％（3.4％）である。在留資格は、永住者30.4％（38.6％）、技術・人文知識・国際業務14.4％（15.4％）、留学10.7％（16.5％）、日本人の配偶者等7.7％（5.5％）、家族滞在6.9％（7.7％）などである。

　経済的な統合は、世帯年収の点では外国人全体は不十分である[6]。しかし、中国人の場合はそれほどでもない。2022年の世帯年収は、100万円未満17.6％（18.3％）、100～200万円16.2％（9.7％）、200～300万円15.8％（12.0％）、300～400万円14.0％（13.1％）、400～500万円9.4％（12.2％）、500～700万円10.9％（14.0％）、700～1,000万円8.0％（11.7％）、1,000～1,500万円5.0％（6.2％）、1,500～2,000万円1.7％（1.7％）、2,000万円以上1.3％（1.1％）である。就労は、現在仕事をしている76.4％（67.4％）、以前は仕事をしていた12.3％（14.8％）、仕事をしたことはない11.3％（17.8％）である。中国人の場合、留学生の割合が高いことが就業率を低くしている。しかし、中国人の正社員比率は高く[7]、就労形態は、正社員46.3％（56.6％）、非正規社員33.0％（30.3％）、自営業7.1％（7.7％）、技能実習生10.9％（3.8％）、その他2.7％（1.6％）である。

　文化的な統合として、日本語能力は一般に不十分であるが、中国人の場合は外国人全体よりも高い。会話は、どんな内容でも23.6％（25.3％）、流暢に21.5％（31.6％）、読解は、どんな内容でも19.6％（31.0％）、新聞記事など19.1％（32.5％）という状況にある。学齢期の子どもへの就学案内は、母語での案内で

理解できる23.8%（21.6%）、母語での案内でも理解できない2.0%（1.3%）、日本語の案内で理解できる44.3%（58.4%）、日本語の案内で理解できない10.9%（0.8%）である。

　社会的な統合も十分ではない。生活オリエンテーション（日本での生活に必要な情報を新たな入国者に説明すること）の受講歴がある人は、22.2%（13.8%）と少ない。差別を受けた場面は、家を探すとき23.8%（21.3%）、仕事をしているとき17.8%（15.0%）。仕事を探すとき16.3%（17.1%）などが多い。ヘイトスピーチを見聞きした人は36.3%（34.2%）であり、その場所は、インターネットが63.2%（67.2%）と、街宣活動27.4%（28.8%）よりも多い。ヘイトスピーチを受けた人は、15.0%（12.8%）であり、その場所も、インターネットが34.4%（42.6%）と、街宣活動23.7%（23.3%）よりも多い。ただし、生活満足度は、どちらかといえば満足44.0%（55.7%）、満足42.3%（35.7%）、どちらかといえば不満足7.5%（5.7%）、不満足2.9%（1.7%）である（株式会社シード・プランニング 2023）。

第3節　いくつかの自治体における外国人の状況と多文化共生施策

　2006年の総務省の「地域における多文化共生推進プラン」以後、自治体は多文化共生に関する計画や指針を定める傾向にあり、2023年4月現在、県・指定都市・区の100%、他の市の77%、町の33%、村の16%が策定している（総務省 2023）。同プランは、日系南米人等の外国人住民の増加を背景に、①コミュニケーション支援、②生活支援、③多文化共生の地域づくりを施策の3本柱に据えた。総務省は、2020年に同プランを改訂した（総務省 2020）。その主要なポイントは、在留資格「特定技能」の創設に伴う外国人住民の増加・多国籍化、デジタル化の進展などを背景に、新たに④地域活性化の推進やグローバル化への対応を柱に据え、③を意識啓発と社会参画支援と呼ぶなど、支援の対象に限らず、外国人住民の活躍を促進する点にある。

第Ⅰ部　移民を取り巻く社会、移民が結びつく社会

3.1　ブラジル人の多い豊橋市の状況と施策

　愛知県豊橋市の外国人住民は、2024年7月末現在、2万1,292人、人口の5.8％である。自動車産業など製造業が盛んなこの地域には、1990年代より、日系南米人が家族帯同で働きに来ていることもあり、国籍別の割合は、ブラジル41.0％、フィリピン23.6％、ベトナム8.0％、中国5.7％、韓国・朝鮮5.1％と続く（豊橋市 2024a）。年齢構成は、日本人の人口ピラミッドが50 〜 54歳が最多である一方、外国人の場合、25 〜 29歳が最多と若い。永住者と定住者が多く、身分・地位に基づく在留資格の割合は78.3％と高い。2021年の愛知県の調査の豊橋市だけの結果 [8] では、就職・転職の困りごとは、特にない51.7％、スキルアップの機会がない12.3％、外国人だから採用を断られた10.9％、仕事の探し方がわからない・仕事が見つからない8.0％、日本語や会社のルールがわからない8.5％などである。雇用形態は、正社員24.9％と低く、派遣・請負・契約社員37.9％、臨時雇用・パート・アルバイト16.6％、技能実習生・研修生11.2％、自営業5.9％などである。2022年度の外国人市民意識調査 [9] （いずれも複数回答）によれば、不安に感じていることは、日本語のコミュニケーション37.4％、老後の生活31.3％、生活費など金銭問題28.9％、災害24.2％、偏見・差別21.3％などである。生活での不満や差別は、特にない61.3％、入居を断られた15.6％、日本人から自分の国の悪口を言われた9.8％、子どもがいじめられた9.3％などである。仕事上の差別は、特にない71.6％、日本人より給料が安い14.2％、社会保険に入れてもらえない2.4％などである。生活や将来の不安は、特にない33.5％、老後の資金23.0％、子どもの教育や進路22.2％、仕事が見つからない18.3％、災害17.0％、日本語ができない15.2％、地域社会と交流がない11.3％などである。生活情報の入手先は、友人・知人62.0％、Facebook 47.3％、市のホームページ40.1％、母語のWEBサイト19.0％などである。統合政策の課題は多い。

　豊橋市の計画の特徴的な点は、外国人市民の審議会等への登用人数、日本語能力試験合格者数、子どもの学習支援事業への外国人児童生徒等参加者数の目標値を評価基準に取り入れていることである。市の施設を無料使用できる留学生パスポートの発行、市職員を含む国籍にとらわれない多様な人材確保の推進

44

第1章　日本の移民統合

などを掲げている。また、2019年の日本語教育推進法に則り、地域日本語教育基本方針を計画に組み込む。一方、母語・母文化の重要性にも配慮する。ブラジルの教員を研修員として受け入れ、市内小中学校等で教員・児童生徒が互いの国の教育・文化についての理解・友好を深める事業を実施する。ブラジル人を対象に、メンタルヘルス相談事業も行う（豊橋市 2024b）。

3.2　フィリピン人の多い田原市の状況と施策

　田原市の外国人住民は、2024年7月末現在、1,916人、人口の3.3％である[10]（田原市 2024a）。農業が非常に盛んな一方で、製造業も盛んなこの地域には、フィリピンをはじめとするアジアからの技能実習生が多い。2022年の外国人住民アンケート調査によれば[11]、回答者の内訳は、女性70.6％、男性28.3％であり、国籍別では、フィリピン52.8％、インドネシア13.6％、中国11.7％、カンボジア11.3％、ベトナム10.6％と続く。在留資格別（以下、括弧内はフィリピン人の場合）では、技能実習生57.4％（52.9％）、永住者15.1％（19.3％）、特定活動12.1％（14.3％）、定住者4.2％（5.0％）、日本人の配偶者等1.5％（2.1％）と続く。日本語を話すことは、不自由なく話せる11.7％（2.0％）、少し話せる84.5％（94.7％）、話せない3.0％（3.3％）である。日本語学習は、自分で勉強68.1％（71.6％）、日本の友人知人に9.2％（7.8％）、教室に通う22.1％（20.6％）である。自治会に入っているのは、6.4％（9.9％）にすぎない。避難場所を知っているのも42.6％（41.4％）である。災害時の防災メールは、田原市の防災メールに登録8.3％（6.6％）、田原市以外の防災メール登録14.7％（14.5％）、届くようになっていない72.5％（74.3％）である。統合政策の課題は多い。

　田原市のプランの特徴は、多文化共生だけではなく、国際交流と併せた「グローカルシティ推進プラン」であり、農産物輸出ルートの開拓支援、外国人旅行者の誘致も施策に入っている。重点施策は、日本語を学習する機会の充実、日本語教育を担う人材の育成、（グローバルカフェの開催など）コミュニティ協議会との連携、推進協議会の実施、国際交流協会の体制強化である。技能実習（育成就労）や特定技能の監理支援団体との連携なども掲げられている（田原市 2024b）。

45

第Ⅰ部　移民を取り巻く社会、移民が結びつく社会

3.3　ベトナム人の多い総社市の状況と施策

　自動車部品工場が多い岡山県総社市の外国人住民は、2024年4月1日現在、1,847人、人口の2.7％である。国籍別では、ベトナムが53.5％、ブラジルが12.8％、中国が8.0％と続く（総社市 2024）。また、包括的な外国人住民の意識調査が行われていない状況であり、統合は不十分である。2012年に、当時最も多かったブラジル人を中心に16歳以上の南米系全住民へのアンケート調査を実施した（総社市 2012）。日本人との交流が少なく、日本語能力が不十分で、日常生活に多くの悩みを抱えつつも、日本人からの差別をあまり感じていないことがわかったという（中東 2014）。2015年以後、ベトナムを中心に技能実習生が急増し、市内8社で働くベトナム人技能実習生にアンケート調査[12]を行った（総社市 2018）。性別の内訳は、女性72.4％、男性27.6％である。来日目的（以下、複数回答）は、お金稼ぎ79.5％、技能の習得76.9％、日本語の勉強61.5％、本国の日系企業への就労56.4％、本国での起業56.4％、日本生活の経験53.8％、その他2.6％である。生活上の困りごとは、方言が理解できない58.7％、病状を伝えられない40％、敬語が使えない37.3％、日本の習慣・ルールがわからない34.7％などである。日本語の勉強は、自分1人で81.8％、寮などで24.7％、していない13.0％、会社で7.8％、日本語教室で6.5％、その他1.3％である。日本語の勉強でしたいことは、日常会話81.3％、語彙を増やす73.3％、日本人との交流66.7％、発音を良くする64％、日本語能力試験64％、日本の文化・習慣・ルールを知りたい60％などである。

　総社市の多文化共生施策は、日本語教育事業が中心であり、その他、外国人相談事業、コミュニティ交流事業、就労支援事業、医療・防災支援事業などが掲げられている（総社市 2024）。「総社モデル」と呼ばれる日本語教育は、「地域住民同士が学び合う場を通して、顔の見える関係づくりを行うこと」を基本理念とする（中東 2021）。具体的には、地域密着型日本語学習教材を作成し、地域に根ざした日本語学習サポーター育成研修、地域でつながる日本語教室、暮らし方教室、地域コミュニティ連携防災訓練事業、地域ではぐくむ子育て応援事業に取り組んでいる（総社市 2024）。

第1章 日本の移民統合

3.4 コリアンの多い大阪市の状況と施策

　大阪府大阪市の外国人住民は、2023年12月末現在、16万9,392人、人口の6.1％である（そのうち生野区22.6％、浪速区15.3％、西成区12.8％、中央区9.4％、東成区9.2％に及ぶ）[13]。2022年の外国人住民アンケート調査（大阪市 2023）によれば[14]、回答者の性別は、女性56.6％、男性41.7％である。もともと旧植民地出身者とその子孫である在日コリアンが集住する地域もあり、国籍（地域）は、韓国・朝鮮30.4％、中国25.7％、ベトナム16.3％、フィリピン12.5％と続く。出生地は、日本25.4％、外国73.3％である。在留資格は、特別永住者23.6％、永住者22.4％、技術・人文知識・国際業務15.8％、留学13.2％と続く。正社員比率をはじめ、統合は不十分であり、就業形態は、正社員26.6％、アルバイト・パート20.8％、仕事をしていない11.6％、自営業・会社役員8.6％、契約社員6.3％、技能実習生5.0％と続く。不自由なく使える言葉（複数回答）は、日本語61.2％、中国語28.4％、英語19.3％、ベトナム語14.7％、フィリピン語11.6％、韓国・朝鮮語7.9％などである。結婚相手・パートナーの国籍は、日本34.0％、日本以外59.7％である。隣人とのつき合いは、会えばあいさつする50.7％、顔も良く知らない16.8％、たまに話をする15.0％、相談したり助け合ったりする7.6％、気の合った人と親しくする5.6％である。家は、賃貸49.7％、持ち家27.6％、会社や学校が用意したマンションやアパート10.9％、公営住宅6.6％などである。健康保険の未加入は、3.0％、年金の未加入は、19.5％である。過去5年間に差別体験がよくある（以下、括弧内はたまにある）のは、知らない人からジロジロ見られた5.0％（17.0％）、職場・学校の人の偏見で人間関係がうまくいかなかった4.5％（28.4％）日本語がうまく使えないことで嫌がらせを受けた3.3％（20.8％）、職場・学校で、外国人であることを理由にいじめを受けた2.1％（16.2％）、名前が日本人風でないことによって嫌がらせを受けた1.8％（10.7％）などである。ヘイトスピーチに接することがよくあるのは、インターネットで見た11.7％（32.5％）、テレビ・新聞などで見た7.8％（30.2％）、直接見た5.3％（21.5％）などである。地域活動への参加（以下、複数回答）は、町会活動14.0％、地域のイベント12.0％、趣味やスポーツ10.2％、PTA 7.6％、役所のイベント5.1％、清掃・パトロール・福祉ボランティア4.8％、母語を広

47

第Ⅰ部　移民を取り巻く社会、移民が結びつく社会

める活動4.3％などである。入居を断られた理由は、日本人の保証人がいないので43.7％、外国人なので42.5％、公営住宅の申込方法がわからなかった41.7％、「外国人お断り」と書かれた家を見てあきらめた30.3％などである。受けている福祉給付は、生活保護8.3％、児童扶養手当5.9％、就学援助2.8％、在日外国人高齢者給付金0.7％、在日外国人障害者給付金0.8％である。災害のための準備は、飲み水や食料45.5％、家族との連絡方法を決めている38.4％、逃げるときに必要なもの（ラジオ、薬、現金など）34.0％、防災マップで逃げる場所を確認33.2％、地震での家具の転倒防止24.8％などである。

　大阪市では、多言語情報提供・相談対応、日本語教育、外国につながる児童生徒支援、防災、生活環境づくり、多文化共生の地域づくりに関する多くの施策がある。なかでも、母語で生活情報が提供される外国人の割合83.0％、母語・母文化の保障につながる活動に参加する外国人児童生徒の割合23.3％、地域に住んでいる外国人と交流がある市民の割合23.0％などを高める目標値を掲げている点、区ごとの事業が多い点などが特徴的である（大阪市　2024b）。

3.5　中国人の多い川口市の状況と施策

　埼玉県川口市の外国人住民は、2024年8月1日現在、4万6,208人、人口の7.6％である（川口市　2024a）。東京近郊のこの地域には、2000年以降中国人をはじめ多くの外国人が住むようになった。2022年の外国人アンケート調査によれば[15]、回答者の性別は、女性58.4％、男性37.9％である。国籍は、中国69.3％、ベトナム6.7％、韓国5.6％、フィリピン4.1％、トルコ3.6％の順である。在留資格は、永住者38.0％、技術・人文知識・国際業務18.3％、家族滞在14.8％と続く。就業率以外の統合は不十分であり、現在働いている79.9％、働いていない17.7％である。日本語は、聞きとれる58.7％、ゆっくりなら聞きとれる28.8％、ほとんどわからない5.1％である。生活でよく使う言葉（複数回答）は、日本語76.3％、中国語64.4％、英語10.7％、韓国語・朝鮮語9.0％などである。よく利用するSNS（複数回答）は、WeChat 66.2％、LINE 65.4％、Facebook 28.5％、Weibo 11.9％などである。家は、（他の自治体と比べると相対的に高い）持ち家51.8％、賃貸37.3％である。困りごと・不安なことは、子どもの学校・教育27.8％、日本語23.6％、急病時の対応19.0％、税金・保険料18.6％、福祉

48

制度がわからない17.4％などである。健康保険に不加入2.0％、日本の年金に不加入25.1％である。日本人との交流は、あいさつ程度57.8％、一緒に食事・外出31.9％、PTAなどの行事31.4％、つきあいがない12.1％、町会・自治会10.0％、祭りなどの行事7.4％である。近所や職場での差別・偏見を感じることは、ない61.5％、たまにある33.5％、よくある2.3％である。差別・偏見を感じるときは、家探し46.4％、仕事探し30.6％、ヘイトスピーチ28.9％、日本人より昇進が難しい24.6％、日本人より賃金が安い17.5％、入店時3.8％などである。5歳までの子どもは、保育所通い71.0％、幼稚園通い16.1％、家で育児14、5％である。6歳から19歳の子どもの学校は、日本の学校97.2％、外国人学校0.7％、通っていない0.3％、インターナショナルスクール0.2％である。子どもの将来は、大学・短大・専門学校等を卒業し、日本で働いて欲しい62.5％、考えていない22.4％である（川口市 2023）。

　第2次川口市多文化共生指針は、従来の「支援の対象」としての外国人住民のイメージから脱却し、「外国人住民の多様性を活かしたまちづくり」のための「多様な文化の躍動」「多文化交流」「多文化理解」の3つの基本方針を定めている。特徴的な施策としては、多文化共生情報誌、地域住民との交流会、「ルール・マナー講座」と呼ぶ生活オリエンテーション、乳児に対する「こんにちは赤ちゃん訪問事業」「外国人幼児・児童生徒保護者に対する補助金」などがある（川口市 2023）。なお、主にクルド人の仮放免者が多く、その点の国への要望を掲げているのも本市の特徴である（川口市 2024b）。

第4節　おわりに ——国と自治体レベルの外国人の全体像

　国のレベルにおいて、外国人の法的な権利保障を国際的に比較する移民統合政策指数では、日本の結果は好ましくない。特に、差別禁止、政治参加、教育の分野の評価が低い。外国人の実態を比較する移民統合指標では、経済的統合に比べ、社会的統合は不十分な傾向がある。自治体のレベルにおいて、比較するインターカルチュラル・シティ指数では、一部の自治体の統合政策は、国ほどには後進的ではない。

第Ⅰ部　移民を取り巻く社会、移民が結びつく社会

　全国的な「在留外国人に対する基礎調査」においても、経済的な統合は、世帯年収の点では、好ましくないが、中国人の正社員比率は高い。言葉が理解できなくて情報が伝わらない、家や仕事を探すときに差別を受けることがあるなど、文化的な統合、社会的な統合も、一般に不十分である。体系だった移民統合政策のもと、日本語講習や社会講習といった統合講習が制度化されていないことや日本人住民の偏見を解消する施策が乏しく、差別禁止法がないことが大きな要因であろう。今日、韓国やドイツのように多くの外国人住民が永住許可や帰化に必要な言語講習や、社会・政治・歴史などの知識に関する社会講習を無料または安価で受講できる国が増えている。

　自治体の状況はさまざまであり、特徴的な施策もみられる。たとえば、日系ブラジル人の多い豊橋市では、永住者と定住者が多く、外国人市民の審議会や職員への登用、日本語能力試験の合格、外国人児童生徒等の学習支援などに熱心に取り組んでいる。フィリピン人の多い田原市では、技能実習の在留資格が多く、日本語を学習する機会の充実、日本語教育を担う人材の育成、コミュニティ協議会との連携、監理支援団体との連携などが課題である。ベトナム人の多い総社市も、技能実習の在留資格が多く、日本語学習サポーター育成研修、地域でつながる日本語教室、暮らし方教室などに取り組んでいる。コリアンの多い大阪市では、特別永住者と永住者が多く、母語での生活情報の提供、母語・母文化の保障、外国人と交流のある市民の割合を高めることを目標としている。中国人の多い川口市では、永住者、技術・人文知識・国際業務、家族滞在の在留資格が多く、ルール・マナー講座、外国人幼児・児童生徒保護者に対する補助金などの施策が特徴的である。

　この他の各地でも、一般に、コミュニケーション支援、生活支援のメニューを充実させるだけでなく、外国人住民の参加を促進し、多様性を地域の活性化につなげる施策が模索されはじめている。企業が主体となって多様性を認め合い、職場の差別をなくす「多様性憲章」に署名することも今後は検討される必要がある[16]。自治体としての政策は限られており、国の総合的対応策が移民の統合政策としての内実を備えるうえでは、経済的統合や社会的統合だけでなく、政治的統合（政治的権利）、法的統合（国籍取得や家族呼び寄せ）、文化的統合（第二言語としての日本語教育や母語教育）の政策メニューも必要である。包

第1章　日本の移民統合

括的な差別禁止法や多文化共生社会基本法のない日本では、多くの課題が残されている。とはいえ、一部の自治体では人権条例（差別禁止条例）や多文化共生推進条例の制定の動きもみられるようになってきた。

注

(1)　外国人の受入れ・共生に関する関係閣僚会議（2023）では、「国籍にかかわらず、父母の両方又はそのどちらかが外国出身者である者」とし、いわば移民の2世を想定している。出入国在留管理庁（2024c）では、「祖父母、父母、自分自身のいずれかが、海外出身の方」とし、いわば移民の1世・2世・3世を想定している。

(2)　神戸市の場合は、2019年に改訂された質問項目による。インターカルチュラル・シティに加入していないため、市の関与やメディアを通じた広報など評価項目の施策が十分でなく、年次を定めたプランをもたないこと、浜松市のようにブラジル人を中心とした施策ではなく、多様な出身者への施策の必要性ゆえに、評価対象としての施策の対応が必ずしも十分でないことなどが評価を低くしているように思われる。

(3)　国際標準教育分類（ISCED）レベル5〜8。

(4)　また、超過滞在者が7万9,113人と推計されている（出入国在留管理庁 2024b）。

(5)　18歳以上の中長期在留者及び特別永住者のうち、4万人を無作為抽出し郵送、未着1,447を除いた有効回答数は5,016（回収率13.0％）、中国人の有効回答数は1,576である。

(6)　厚生労働省（2022）では、2021年の日本全体の世帯の所得は、100万円未満6.7％, 100〜200万円13.0％、200〜300万円14.6％、300〜400万円12.7％、400〜500万円10.3％、500〜700万円15.7％、700〜1,000万円14.7％、1,000〜1,500万円9.0％、1,500〜2,000万円2.2％、2,000万円以上1.4％である。

(7)　総務省統計局（2023）によれば、日本人を含む全就業者6,723万人のうち、正規の職員・従業員は3,597万人なので、正社員比率は53.5％となる。

(8)　無作為で720人、有効標本回収数215（回収率29.9％）。

(9)　18歳以上の外国人の無作為抽出の郵送に加え、窓口での配布の標本数416、有効標本回収数248（回収率59.6％）。

(10)　国籍別では、フィリピン451人、ベトナム339人、カンボジア269人、インドネシア266人、中国241人と続く（田原市国際化・多文化共生推進協議会提供資料）。

(11)　上位5位の国籍者の人口比に応じて1,000人に調査票を郵送し、265人の回答（未着の22部を除く実質回収率26.8％）。

(12)　8社の20人ずつに調査票を渡し、78票を回収（回収率48.8％）。

(13)　国籍（地域）別では、韓国・朝鮮34.3％、中国29.9％、ベトナム14.8％、ネパール6.0％、フィリピン2.9％、インドネシア2.17％と続く（大阪市 2024a）。

(14)　18歳以上の外国人4,000人を無作為抽出し郵送、未着の177を除き606を回収（実質回収率15.9％）。

第Ⅰ部　移民を取り巻く社会、移民が結びつく社会

（15）市内各所で2,000部を外国人市民に配布、有効回答数1,167部（有効回収率58.4％）。

（16）あいち人権推進プラン（2024-2028）13頁。フォン・バーデンベルク＝トート（2024）、バジヤール（2024）。

参考文献・資料

大阪市, 2023,「令和4年度大阪市外国人住民アンケート調査報告書」大阪市ホームページ,（2024年8月31日取得, https://www.city.osaka.lg.jp/shimin/page/0000594393.html）.

大阪市, 2024a,「行政区別・男女別・外国人人口及び世帯数（令和6（2024）年3月末現在）」大阪市ホームページ,（2024年8月31日取得, https://www.city.osaka.lg.jp/shimin/page/0000006893.html#06_03）.

大阪市, 2024b,「大阪市多文化共生指針行動計画（令和5年度～6年度）」大阪市ホームページ,（2024年8月31日取得, https://www.city.osaka.lg.jp/shimin/cmsfiles/contents/0000523/523890/R5-6.pdf）.

外国人の受入れ・共生に関する関係閣僚会議, 2018,「外国人材の受入れ・共生のための総合的対応策」出入国在留管理庁ホームページ,（2024年8月31日取得, https://www.moj.go.jp/isa/content/930004288.pdf）.

外国人の受入れ・共生に関する関係閣僚会議, 2023,「外国人との共生社会の実現に向けたロードマップ（令和5年（2023年）6月9日一部変更）」, 出入国在留管理庁ホームページ,（2024年8月31日取得, https://www.moj.go.jp/isa/content/001397443.pdf）.

可児市, 2023,「外国籍市民意識調査2022」可児市ホームページ,（2024年8月31日取得, https://www.city.kani.lg.jp/9285.htm）.

株式会社シード・プランニング, 2023,「令和4年度 在留外国人に対する基礎調査報告書（令和4年度 出入国在留管理庁委託事業）」出入国在留管理庁ホームページ,（2024年8月31日取得, https://www.moj.go.jp/isa/content/001402047.pdf）.

川口市, 2023,「第2次川口市多文化共生指針」川口市ホームページ,（2024年8月31日取得, https://www.city.kawaguchi.lg.jp/material/files/group/26/dai2ji_kaitei_siryohen.pdf）.

川口市, 2024a,「かわぐちの人口 第1表 人口と世帯」川口市ホームページ,（2024年8月31日取得, https://www.city.kawaguchi.lg.jp/soshiki/01020/010/toukei/12/5699.html）.

川口市, 2024b,「本市の外国人に対する国への要望などの取り組み」川口市ホームページ,（2024年8月31日取得, https://www.city.kawaguchi.lg.jp/soshiki/01060/020/4/45451.html）.

厚生労働省, 2022,「2022（令和4年）国民生活基礎調査の概要」厚生労働省ホームページ,（2024年8月31日取得, https://www.mhlw.go.jp/toukei/saikin/hw/k-tyosa/k-tyosa22/index.html）.

近藤敦, 2019,『多文化共生と人権――諸外国の「移民」と日本の「外国人」』明石書店.

近藤敦, 2022,「移民統合政策指数（MIPEX 2020）等にみる日本の課題と展望」『移民政策研究』14: 9-21.

出入国在留管理庁, 2023,「在留外国人に対する基礎調査」出入国在留管理庁ホームページ,（2024年8月31日取得, https://www.moj.go.jp/isa/support/coexistence/04_00017.html）.

出入国在留管理庁, 2024a,「令和5年末現在における在留外国人数について」, 出入国在留管理庁ホームページ,（2024年8月31日取得, https://www.moj.go.jp/isa/publications/press/13_00040.html）.

出入国在留管理庁, 2024b,「本邦における不法残留者数について（令和6年1月1日現在）」, 出入国在留管理庁ホームページ,（2024年8月31日取得, https://www.moj.go.jp/isa/publications/press/13_00041.html）.

出入国在留管理庁, 2024c,「外国人との共生に関する意識調査（日本人対象）」, 出入国在留管理庁ホームページ,（2024年8月31日取得, https://www.moj.go.jp/isa/support/coexistence/survey03.html）.

総社市, 2012,「総社市における南米系定住外国人の言語生活実態調査報告書」総社市ホームページ（2024年8月31日取得, https://www.city.soja.okayama.jp/data/open/cnt/3/5167/1/houkokusho.pdf?20151225083410）.

総社市, 2018,「総社市における外国人就業者の日本語教育支援に関する調査報告書」総社市ホームページ（2024年8月31日取得, https://www.city.soja.okayama.jp/data/open/cnt/3/8032/6/gaikokujin-shugyousya-chosahokoku.pdf）.

総社市, 2024,「総社市における多文化共生施策の概要（令和6年度）」総社市ホームページ（2024年8月31日取得, https://www.city.soja.okayama.jp/data/open/cnt/3/5166/1/R6kyouseigaiyou.pdf?20240610103752）.

総務省, 2006,「地域における多文化共生推進プランについて」総務省ホームページ（2024年8月31日取得, https://www.soumu.go.jp/main_content/000770082.pdf）.

総務省, 2020,「地域における多文化共生推進プランの改訂について」総務省ホームページ（2024年8月31日取得, https://www.soumu.go.jp/main_content/000718717.pdf）.

総務省, 2023,「多文化共生の推進に係る指針・計画の策定状況」総務省ホームページ（2024年8月31日取得, https://www.soumu.go.jp/main_content/000887845.pdf）.

総務省統計局, 2023,「労働力調査（基本集計）2022年（令和4年）平均結果の要約」統計局ホームページ（2024年8月31日取得, https://www.stat.go.jp/data/roudou/sokuhou/nen/ft/pdf/index1.pdf）.

田原市, 2024a,「田原市の概要」田原市ホームページ（2024年8月31日取得, https://www.city.tahara.aichi.jp/seisaku/tokei/1002340.html）.

田原市, 2024b,「たはらグローカルシティ推進プラン 2024-2028」田原市ホームページ（2024年8月31日取得, https://www.city.tahara.aichi.jp/seisaku/kakushukeikaku/1002993/1002319.html）.

豊橋市, 2024a,「国籍別人員調査表」豊橋市のホームページ,（2024年8月31日取得, https://www.city.toyohashi.lg.jp/secure/19902/kokuseki_R06_7.pdf）.

豊橋市, 2024b,「豊橋市多文化共生推進計画 2024-2028」豊橋市のホームページ,（2024年8月31日取得, https://www.city.toyohashi.lg.jp/item/109372.htm）.

中東靖恵, 2014,「岡山県総社市に暮らすブラジル人住民の言語生活——外国人住民の日本語学習支援を考える」『社会言語科学』17(1): 36-48.

中東靖恵, 2021,「岡山県総社市における多文化共生のまちづくりとしての地域日本語教育——『総社モデル』の構築と展開」『ことばの研究』13: 60-69.

フォン・ハーデンベルク, アレッタ・グリフィン＝トート, ケルステイン（近藤敦訳）, 2024,「ドイツの多様性憲章——多様性の責任を負うこと」『名城法学』73(2・3・4): 147-173.

バジヤール, ロール（近藤敦訳）, 2024,「均等待遇から多様性へ——フランスの多様性憲章の事例」『名城法学』73(2・3・4): 175-188.

OECD, 2023, *International Migration Outlook 2023*, OECD Publishing.

OECD and European Commission, 2023, *Indicators of Immigrant Integration 2023: Setting In*, OECD Publishing.

第2章

在日外国人における家族形成と就業状況

——中国、朝鮮・韓国、フィリピン、ブラジル籍者に着目して

李　雯雯

第1節　はじめに

　本章の目的は、在日外国人に最も大きな割合を占める中国籍者、朝鮮・韓国籍者、フィリピン籍者、およびブラジル籍者に焦点を当て、これらの国からの移住者の家族形成や就業状況を比較しながら、在日外国人の仕事と家族の全体像を提示することである。日本の受け入れ政策の関係で、中国人、韓国人・朝鮮人、フィリピン人、ブラジル人は、それぞれ異なる経路を通じて日本に移住し、異なる形で日本社会に統合されてきた。

　日本の移民流入の歴史を少し遡ると、第二次世界大戦後の混乱と経済再建期には、朝鮮半島や台湾からの、いわゆる旧植民地出身者が存在していたが、これらは流入というよりも帰還や再移住の一環として捉えられている。この時期には、在日韓国・朝鮮人や在日台湾人が日本に定住し、マイノリティとしての位置づけが形成された（森木 1989）。

　1980年代後半から1990年代にかけて、バブル経済を経験した日本社会は深刻な労働力不足に直面していた。これに対応するため、1989年の入管法改正により、日系人（特にブラジルやペルー出身の日本人移民の子孫）に対して就労を認めるビザが発給されるようになり、日系ブラジル人や日系ペルー人が大量に流入した。この時期から、外国人労働者の存在が社会的に認知されるようになったという。

第Ⅰ部　移民を取り巻く社会、移民が結びつく社会

　さらに、21世紀に入り、建設や介護などの領域の人手不足を解消するため、2019年の入管法改正により、「特定技能」ビザが新設され、技能実習生制度と並行して新たな労働者受け入れ枠組みが整備された。外国人労働者の増加に伴い、社会統合の課題も浮上している（永吉 2022）。

　歴史的な経緯やマクロレベルの需給関係によって人の越境移動が生まれるが、個々人としてそれぞれのルーツで日本に移住してきた人々は、日本でどのように自身の生活を展開しているのか、とりわけその家族形成や就業状況について、特定のグループに関する事例研究が多く蓄積されてきたが、その全体像を体系的に捉えた研究は必ずしも多くない。よって本章では、国籍間・性別・年代層の比較を通じて、在日外国人の家族形成や就業状況の特徴を論じていく。

第2節　移民の仕事と家族

　日本における移民の労働市場への参入は、送り出し国の社会・経済状況や日本の労働需要によって異なる形態を表しており、とりわけ「低賃金労働者」と「高度人材」の二極化が顕著であることが指摘されている（鈴木 2005）。低賃金労働に従事する移民の多くは、技能実習生や特定技能ビザを通じて来日しており、その主な送り出し国として、ベトナム・中国・フィリピンなどが挙げられる（厚生労働省 2024）。技能実習生制度は形式上「技術移転」を目的としているものの、実態は単純労働者としての扱いであり、低賃金や労働環境の問題が指摘されている（橋本 2015）。

　一方で、高度人材ビザを取得して来日する移民や、国内外の教育機関を卒業し、そのまま日本の労働市場に参入する新規学卒者は、正規雇用である高技能職に就きやすいとされる（永吉 2022）。そして、これらの高度人材の送り出し国として、中国、韓国、インド、フィリピンといったアジア諸国に続き、アメリカ、イギリス、カナダといった英語圏諸国が挙げられる（保田 2007）。また、アジア諸国からの移住者の高学歴化傾向が強まっていることが指摘され（是川 2020）、これらの新たなトレンドは、これまでとは異なる移民像を形成していくと予想される。高技能職と低技能職の二極化が存在するなか、異なるルート

56

で来日した移民の置かれた環境が質的に異なっており、その生活全般も異なる様子を表していると言えよう。

　一方で、移民の家族を取り扱う研究として、国際結婚研究がまず挙げられるだろう。1980年代以降、日本の農村地域の嫁不足を背景に、外国人花嫁斡旋業者によるアジア女性、とりわけフィリピン、韓国、中国などのアジア諸国からの女性と農村男性との結婚が急速に増えた（中澤 1996; 賽漢卓娜 2011）。これらの国際結婚を対象に、特定の国籍・エスニシティ女性を対象にした質的研究が多く蓄積されてきた（賽漢卓娜 2011; 武田 2011）。具体的には、外国人妻たちの文化的適応、世帯や地域生活における権力関係、そのなかでの葛藤とエージェンシーの発揮などが描かれてきた。

　このように、日本における移民の仕事と家族に関する研究は、基本的に労働参加と国際結婚という2つの異なる文脈において展開されてきた。労働参加に関しては、外国人の就労状態に関する既存のデータ（国勢調査など）があるため、その全体像がある程度提示されているが、先述したように、移住経路の違いにより移民のなかでのバリエーションも大きい。また、移民家族に関する議論は、これまでのデータの制限もあるため、その全体像についての体系的な議論が形成されていないのが現状だと言えよう。また、家族形成状況は仕事状況と大きく関わっていることから、この二者を統合的に捉える視点も必要となる。以上を受け、本章では、移民の仕事と家族形成状況といった生活全般に目を向け、その全体像を提示しながら、それが国籍・性別・年代層によってどう異なるかを検討していく。

第3節　データの分析

3.1　データ

　本章の分析に用いたのは、「外国籍者の仕事と生活に関する市民調査」の個表データである。この調査は、日本に暮らす外国籍者の階層的地位と社会統合の状況を調べるために、東北大学に事務局をおく移民研究と階層研究を専門とする研究者から構成される「多文化社会における社会階層研究会」によって、

第Ⅰ部　移民を取り巻く社会、移民が結びつく社会

2018年に実施されたものである。調査は、日本全国に居住する外国籍者を対象とした層化多段抽出によって実施され、外国籍人口の90％をカバーする範囲の市区町村に居住する20〜69歳の外国籍者をターゲットとし、1,122名（回収率23.8％）の調査対象者から回答を集めた。日本の公的統計では、国勢調査では対象者の国籍や配偶状態についての質問項目が含まれているが、配偶者国籍などに関するさらなる情報は収集されていない[1]。国勢調査を除いて、国籍やエスニシティについて尋ねている調査が非常に限られているのが現状である。本章で用いるデータについて、サンプルサイズの制約もあり、特にケース数が少ない変数については誤差が大きくなるおそれがあることに留意が必要である。

　本章の趣旨は、日本における移民の家族形成（配偶状況、配偶者国籍）および就業状況（正規雇用なのかどうか）を確認しつつ、国籍・性別・年代層による違いを検討することである。分析の目的に合わせて、以下の変数を使用した。

　従属変数は、配偶状況、配偶者国籍、就業状況の3つである。配偶状況について、調査票では現在の状況が尋ねられており、再婚の場合における過去の情報が収集されていないことに留意が必要である。「あなたは今、結婚していますか？ 事実婚も含みます」に対して、「結婚している」「結婚したことはない」「離死別した」の3カテゴリ変数を用いる。配偶者の国籍については、「あなたの配偶者（夫／妻）の国籍を教えてください」に対して、「1日本、2中国、3韓国・朝鮮、4フィリピン、5ブラジル、6ベトナム、7その他」で情報が収集された。本章では、配偶者国籍を「日本」と「日本以外」の2つのカテゴリにまとめたが、ごく限られた対象者を除いて、ほとんどの人が日本人か自国籍者と結婚している。就業状態については、「常時雇用されている一般従業者」を「正規雇用」とし、「経営者・役員」「パート・アルバイト」「派遣社員」「契約社員・嘱託」「自営業者・自由業者」「家業の手伝い」「内職」を合わせて「正規雇用以外」とする2カテゴリ変数を用いる。

　独立変数としては、国籍・性別と年代層を用いる。学歴にも注目したところ、まず短大以上の学歴をもつ人の割合が62.32％で、高卒以下が37.68％であった。同時に、年齢が若くなるほど、学歴が有意に高い傾向が示され、学歴による影響はほぼ年代層によって説明され、ここでは、学歴を独立変数としてモデルに

58

第2章　在日外国人における家族形成と就業状況

入れなかった。用いる変数の記述統計は表2.1の示すとおりである。表2.1から
わかるように、今回着目した5つの地域では、中国籍者が最も多く、全体のお
よそ半分弱を占めている。また、中国、韓国・朝鮮、フィリピンからきた移住
者では、女性の割合が男性より多い一方、ブラジル籍者は逆で男性が女性より
多いことがわかる。とりわけフィリピン籍者では女性の割合が男性の3倍弱で
あることが特徴的だと言えよう。年代層についてみると、20歳代の若い働き
手世代が多いことが読み取れる。

表2.1　使用する変数の記述統計

	男性（%）	女性（%）
国籍（男性322人，女性466人）		
中国	18.53	28.17
韓国・朝鮮	9.52	14.34
フィリピン	3.55	10.53
ブラジル	9.26	6.09
婚姻状態（男性315人，女性456人）		
結婚している（以下、有配偶）	25.68	36.32
結婚したことはない（以下、未婚）	13.10	15.43
離死別した（以下、離死別）	2.08	7.39
配偶者国籍（男性197人，女性280人）		
日本	7.13	25.79
日本以外	34.17	32.91
就業状態（男性248人，女性288人）		
正規雇用	24.07	18.28
正規雇用以外	22.20	35.45
年代層（男性320人，女性465人）		
20～29	13.38	16.31
30～39	9.81	14.52
40～49	8.54	14.14
50～59	4.71	8.79
60～69	4.33	5.48

3.2　分析と結果

3.2.1　配偶状況

　まず、配偶状況を従属変数、国籍・性別・年代層を独立変数として、多項ロ
ジステック回帰分析を行った。性別の影響が国籍によって異なる可能性など、
独立変数間に相互作用がある可能性があり、各種交互作用項を入れたモデルを

59

第Ⅰ部　移民を取り巻く社会、移民が結びつく社会

組んで、複数の統計的な方法（AIC検定、BIC検定、尤度比検定）を使って、最もデータにフィットするモデルを選択する。表2.2が検定結果であり、最初の「0 国籍＋性別＋年代層」が独立モデル、すなわち3つの変数の効果が独立である（性別による配偶状況の違いは国籍によって異ならないし、他の2つの変数についても同様）という想定をしたモデルである。次に「1 国籍＊性別＋年代層」は、国籍と性別の間の交互作用（性別による配偶状況の違いは、国籍によって異なる）を想定したモデル、「2 国籍＊年代層＋性別」は国籍と年代層の交互作用を、「3 国籍＋性別＊年代層」は性別と年代層の交互作用をそれぞれ想定したモデルである。最後に「4 国籍＊性別＊年代層」は3つの変数間の交互作用を想定したものである。

表2.2　モデル選択

モデル	ll(null)	対数尤度	df	AIC	BIC
0 国籍＋性別＋年代層	−674.281	−487.336	18	1010.671	1094.259
1 国籍＊性別＋年代層	−674.281	−484.494	24	1016.989	1128.440
2 国籍＊年代層＋性別	−674.281	−470.736	42	1025.471	1220.510
3 国籍＋性別＊年代層	−674.281	−484.299	26	1020.598	1141.337
4 国籍＊性別＊年代層	−674.281	−458.260	78	1072.519	1434.735

　5つのモデルのうち、モデル「0 国籍＋性別＋年代層」において、AICとBICの両方が最も小さい。よって、今回は相互作用なしのモデルを採用し、推定を行う。すなわち、性別の影響は国籍や年代層によって変わらず、同時に国籍の影響も性別や年代層によって変わらず、年代層の影響も性別や国籍によって変わらないと仮定したモデルを採用する。分析結果は表2.3の示すとおりである。

　表2.3からわかるように、年代層を統制した後（未婚：モデル3）、韓国・朝鮮籍者の未婚割合が（ブラジル籍者より）1％水準で有意に高い傾向が示され、そして全体的に年代層が高いほど、未婚の確率が低いことが示された。離死別については、中国籍者における離死別の確率が有意に低い、全体的に女性の離死別率が有意に高い、そして50代と60代の離死別率が有意に高い傾向が示された。図2.1は表2.3の推計結果を図示ししたものである。図2.1からもわかるように、それぞれの国籍における有配偶・未婚・離死別の割合が異なっており、

60

第2章　在日外国人における家族形成と就業状況

表2.3　配偶状況の回帰結果

	未婚			離死別		
	モデル1	モデル2	モデル3	モデル1	モデル2	モデル3
国籍（ベースカテゴリ：ブラジル）						
中国	0.86**	0.94***	−0.11	−1.43***	−1.68***	−1.32**
韓国・朝鮮	0.47	0.54	1.05**	0.14	−0.26	−0.53
フィリピン	−0.37	−0.37	−0.86	−0.34	−0.83	−0.72
女性		−0.21	−0.10		1.12***	1.17***
年代層（ベースカテゴリ：20〜29）						
30〜39			−2.81***			−0.27
40〜49			−3.52***			0.72
50〜59			−3.39***			1.42*
60〜69			−4.32***			1.61*
切片	−1.32***	−1.24***	1.10**	−1.41***	−1.92***	−2.80***
N	812	771	768	812	771	768

注：従属変数のベースカテゴリーは「有配偶」。*p < 0.05；**p < 0.01；***p < 0.001

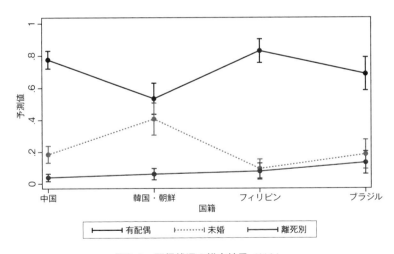

図2.1　配偶状況の推定結果（割合）

なかでも朝鮮・韓国籍の未婚率が高く、中国籍の離死別率が低いことが読み取れる。

　ここで採用したモデルから、国籍によって年代層ごとの特性が変化するわけ

61

ではないが、国籍による分布の変化を詳細に示すために、国籍ごとに、配偶状態を従属変数として、性別や年代層を独立変数とした回帰分析を行った[2]。ここでは、推定結果から計算した配偶状況の選択確率のグラフ（図2.2）を掲載する。具体的には、4つの国籍の配偶状況の予測確率を、男女別にプロットしたものである。

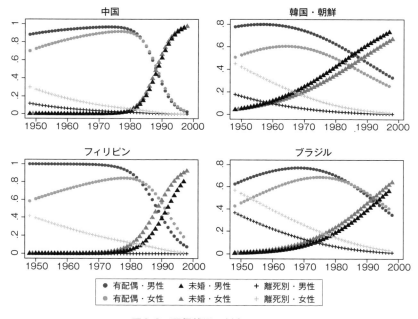

図2.2　配偶状況の割合（予測値）

図2.2に、国籍ごとの有配偶・未婚・離死別の予測確率が示されている。全体的に、出生年（横軸）が遅いほど、未婚の割合が上昇し、有配偶率が低下する傾向が示されている。有配偶率と未婚率の曲線が交差する点は、未婚・有配偶率が同等であること意味しており、それ（交差点）以降に生まれた対象者において、未婚の割合が有配偶の割合を超えることを意味している。この図からは、中国籍者や韓国・朝鮮籍者において、未婚率が有配偶率を超える時期が比較的早く（1980年代後半生まれより）、これらの国籍者において晩婚化が進んでいることが読み取れる。また、韓国・朝鮮籍者やブラジル籍者の未婚割合が緩

第2章　在日外国人における家族形成と就業状況

やかに上昇していたのに比べて、中国籍者やフィリピン籍者の未婚率が、1980年代生まれ以降、急増していたことも特徴的だと言えよう。

3.2.2　配偶者国籍

上記の「配偶状況」と同じような手順で、「配偶者国籍」を従属変数として分析を行った。独立変数間の各種相互作用を考慮し、AIC検定、BIC検定及び尤度比検定によるモデル選択を行った結果、相互作用なしの独立モデルが採用された（紙幅の関係上、検定結果は掲載しないが、リクエストに応じて提示可能）。回帰分析の結果は表2.4の示すとおりである。

表2.4　「日本人配偶者」の回帰結果

	モデル1	モデル2	モデル3
国籍（ベースカテゴリ：ブラジル）			
中国	0.90*	0.77***	0.81*
韓国・朝鮮	1.82***	1.91***	2.03***
フィリピン	1.87***	1.53***	1.57***
女性		1.33***	1.28***
年代層（ベースカテゴリ：20～29）			
30～39			−0.11
40～49			0.08
50～59			0.17
60～69			−0.44
切片	−1.96***	2.68***	−2.67***
N	503	477	475

注：*p < 0.05; **p < 0.01; ***p < 0.001

表2.4からは、ブラジル籍者と比べると、中国籍、韓国・朝鮮籍およびフィリピン籍者において、配偶者が日本人である割合が有意に高いこと、全体的に外国人女性と日本人男性の結婚が、その逆（外国人男性と日本人女性）よりも多いことが読み取れる。図2.3は表2.4の推計結果を図示ししたものである。配偶者が日本人である（予測）割合は、韓国・朝鮮籍者において最も高く、続いてフィリピン・中国の順で、一番低いのがブラジルであることが読み取れる。

ここでも、国籍による分布の違いを詳細に示すために、国籍ごとに、配偶者

63

第Ⅰ部　移民を取り巻く社会、移民が結びつく社会

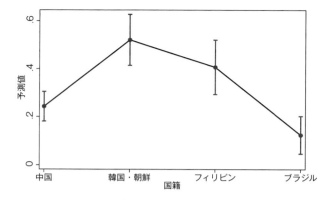

図2.3　配偶者が日本人の割合（国籍別）

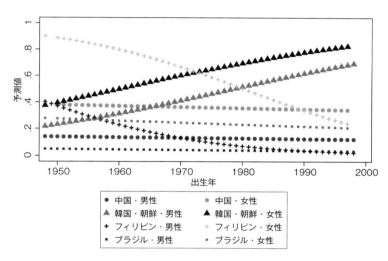

図2.4　配偶者が日本人の割合（国籍・性別）

国籍を従属変数として、性別や年代層を独立変数とした回帰分析を行った[3]。ここでは、推定結果から計算した日本人配偶者の予測確率のグラフ（図2.4）を掲載する。具体的には、4つの国籍における日本人配偶者の予測確率を、男女別にプロットしたものである。

　図2.4からは、どの国籍でも、女性のほうが配偶者が日本人である割合が高く、この男女差はフィリピン籍者において最も大きいことが読み取れる。また、

64

第2章 在日外国人における家族形成と就業状況

年代層については、表2.4の回帰分析では有意な結果が出なかったが、図2.4の予測値からみると、朝鮮・韓国籍者において、若くなるにつれて日本人配偶者率が男女ともに上昇しており、フィリピンはその逆であり、中国籍者やブラジル籍者では横ばい傾向になっていることが示されている。すなわち、韓国・朝鮮籍者では、若い人ほど日本人と結婚しやすく、フィリピン籍者はその逆で、若い人ほど、フィリピン籍者同士の結婚が増える傾向にある。

3.2.3　就業状態

　日本社会では、性別役割分業がいまだに根強く、労働市場におけるジェンダー格差が指摘されて久しい（白波瀬 2022）。とりわけ、結婚した女性が正規雇用に就きにくいとされ（筒井 2015）、さらには外国人女性は「外国人」と「女性」の二重の障害にさらされ、就労上における不利を受けがちとの指摘がある（Boyd 1984）。以上を受け、これらの外国籍者の就業状態を従属変数とし、性別・国籍・配偶状況及び配偶者国籍を独立変数として、在日外国人の就業に影響を及ぼす諸要素について検討していく。

　独立変数間の各種相互作用を考慮したモデルを組んでモデルの適合性検定を行った結果、一部の交互作用項に有意性がみられた一方、モデル検定からいずれの交互作用モデルにも有意な改善が認められず、よって相互作用なしの独立モデルを採用した（検定結果を掲載しないが、リクエストに応じて提示可能）。回帰分析の結果は表2.5の示すとおりである。

　表2.5では、国籍・性別・年代層などの独立変数を順次に入れたモデルの推定結果が示されており、モデル3から、中国籍者と比べると、フィリピン籍者やブラジル籍者が有意に正規職に就きにくいこと、全体的に女性が男性よりも正規職に就きにくいことが示された。また20代と比べると、40代・50代・60代の移住者が正規職に就きにくいが、40代の有意性は配偶状態を統制したモデル4で消えた。補足的に、配偶状態と性別の交互作用項をモデルに入れたところ、無配偶男性と比べると、有配偶女性が1％水準で有意に正規職に就きにくいこと、無配偶女性も5％水準で有意に正規職に就きにくいことがわかった。すなわち、40代が正規職に就きにくいというより、女性の正規職の就きにくいさが40代において顕著に表していると言えよう。

65

第Ⅰ部　移民を取り巻く社会、移民が結びつく社会

表2.5　就業状態（正規雇用）の回帰結果

	モデル1	モデル2	モデル3	モデル4	モデル5	モデル6
国籍（ベースカテゴリ：中国）						
韓国・朝鮮	−0.63**	−0.68**	−0.18	−0.25	−0.38	−0.43
フィリピン	−1.22***	−1.21***	−1.11***	−1.06***	−0.66	−0.65
ブラジル	−1.25***	−1.44***	−1.23***	−1.30***	−1.32***	−1.31***
女性		−0.88***	−0.91***	−0.95***	−0.95***	
年代層（ベースカテゴリ：20～29）						
30～39			−0.47	−0.36	−0.23	−0.21
40～49			−0.65*	−0.52	−0.38	−0.34
50～59			−0.89**	−0.90**	−0.92*	−0.90*
60～69			−2.22***	−2.08***	−1.81**	−1.77**
有配偶				−0.31		
日本人配偶者					−0.59*	
性別＊配偶者国籍（ベースカテゴリ：女性＊日本人以外）						
男性＊日本人以外						0.82**
男性＊日本人						0.54
女性＊日本人						−0.79*
切片	0.26***	0.79***	1.26***	1.46***	1.19**	0.30
N	567	536	533	521	367	367

注：*p＜0.05；**p＜0.01；***p＜0.001

　モデル5において、配偶者国籍の統制に伴い、分析範囲が有配偶者に限定されるが、結果として配偶者が日本人であることは、有意に非正規職につながる結果が示された。またこの配偶者国籍の影響が男女間で異なるかを調べるために、性別と配偶者国籍の交互作用項を入れたモデル（モデル6）を実行した。結果として、夫婦ともに在日外国人の場合（カテゴリ：「女性＊日本人以外」と「男性＊日本人以外」）、男性は女性よりも有意に正規職に就きやすい傾向が示された。また、日本人男性と結婚した外国人女性（カテゴリ：「女性＊日本人」）は、外国人男性と結婚した外国人女性（カテゴリ：「女性＊日本人以外」）よりも有意に正規職に就きにくい傾向が示された。配偶者国籍を統制したモデル5とモデル6では、フィリピン籍の有意性が消えたことから、フィリピン籍者が正規職に就きにくいことは、一部配偶者国籍によって説明されたと言える。すなわち、

第2章　在日外国人における家族形成と就業状況

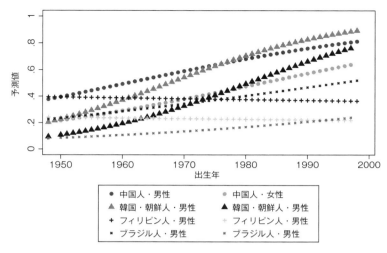

図2.5　正規雇用の割合（性別）

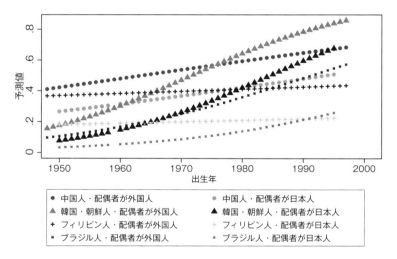

図2.6　正規雇用の割合（配偶者国籍別）

フィリピン女性が日本人男性と結婚しやすく、このことを媒介して、フィリピン籍者の全体の正規職率を低く表していると言えよう。

　国籍による分布の違いを詳細に示すために、国籍ごとに、就業状態を従属変数として、性別や年代層を独立変数、並びに配偶者国籍や年代層を独立変数と

第Ⅰ部　移民を取り巻く社会、移民が結びつく社会

した2セットの回帰分析を行った。紙幅の関係上、すべての情報を含む推定結果は掲載しないが、リクエストに応じて提示可能である。ここでは、推定結果から計算した就業状態の予測確率のグラフ（図2.5・図2.6）を掲載する。具体的には、4つの国籍における就業状態の予測確率を、男女別・配偶者国籍別にそれぞれプロットしたものである。

　図2.5からは、いずれの国籍においても、男性が女性よりも正規職に就きやすいことが示され、図2.6から、いずれの国籍においても、配偶者が日本人のほうが、正規職に就きにくいことが示された。また全体的に、フィリピン籍者の正規職の割合が最も低く、年代層によってその割合の変化がほぼみられないことが特徴的だと言えよう。中国、韓国・朝鮮、ブラジル籍者においては、若い人ほど正社員の割合が高くなっている傾向が示され、この若い年齢層における正社員の増加傾向は、韓国・朝鮮籍者において最も顕著であることが示された。

第4節　考察

　本章では、在日外国人に最も大きな割合を占める中国人、韓国・朝鮮人、ベトナム人、ブラジル人を取り上げ、国際比較やジェンダーの観点から在日外国人の家族形成および就業状況について検討した。分析の結果、移民の家族形成や就業状況には国籍別・性別・年代層別の差がみられ、かつその男女間やコーホート間の違いは国籍によって異なる可能性があることが示唆された。これらの理由として、移民の編入に関わる「受け入れの文脈」による影響が大きいと言えよう。

　まず、在日中国人の離死別率が低く、晩婚化が激しく、かつ正規雇用に就きやすいことについて説明を加えてみよう。日本では、非熟練労働者の受け入れに対して消極的である一方、専門・技術的な能力をもつ外国人や結婚による定住には比較的寛容な態度を示してきた（永吉 2024）。厚生労働省（2024）の統計では、技術・人文知識・国際業務の在留資格を取得している外国人のなかで中国人が最も多く、全体の約31％を占めている。他方で、JASSO（日本学生支援機構）の「外国人留学生在籍状況調査」によると、2022年5月時点での中国

第2章　在日外国人における家族形成と就業状況

人留学生数は10万3,882人であり、最も高い45％を占めている（日本学生支援機構 2023）。このような背景により、教育を通じた移住過程に関する検討も増えてきた（Liu-Farrer 2011; 是川 2019）。これらの背景から、中国からの移住者は比較的教育レベルが高く、専門性の高い職業に就いていることがうかがえる。本章の分析からも、中国籍者の正規雇用率が高いことが示され、これが同時に安定した結婚生活につながっており、中国籍者における離死別率の低さと関連している可能性がある。また、学業（大学院進学）やキャリア発展のために、結婚を先延ばししている人も増えている可能性があるだろう。

　次に、在日韓国・朝鮮人の未婚割合が高いことは、歴史的・文化的な要因と関連している可能性がある。先述のように、戦後から高度経済成長期にかけて、いわゆる旧植民地出身者である韓国・朝鮮籍者はマイノリティとして位置づけられ、結婚市場にあたっての制約が他の国籍者よりも強い可能性がある。他方で、鄭（2000）によると、同胞婚を願う在日韓国・朝鮮人同士が通称使用などにより互いに不可視化していることなど、また、在日韓国・朝鮮人女性は、朝鮮の伝統的な男尊女卑を拒むなどの理由から、同胞婚が減少しているとされている。一方で、戦後の「排除・差別・同化」の時代から、現在の「多文化共生」の段階に入りつつ（近藤 2009）、エスニシティグループに対する差別もある程度改善されたとみられ、本章の結果からも、韓国・朝鮮籍者の日本人と結婚する割合が増加したことが示された。ただ、これは晩婚化の進行（図2.2）に伴う傾向であり、（国際）結婚件数そのものが増えることに同等しないことに留意が必要である。

　続いて、フィリピン籍者、とりわけフィリピン人女性が日本人と結婚しやすいことも、受け入れ文脈による影響が大きいと考えられる。日本では、1970年代から1980年代にかけて、フィリピンからの女性が「興行」や「短期滞在」ビザで来日し、スナックやパブという「親密性」が演じられる空間で就労し、日本人男性との接点をもつことが、彼女たちと日本人との結婚を方向づけてきた（Parreñas 2010; 高谷 2015）。一方で、1990年代以降、特に農村部や地方における「嫁不足」を解決するため、国際結婚を仲介するビジネスが発展し、フィリピン人女性と日本人男性を結びつける仕組みが整ってきた（桑山 1995）。これらのことが、在日フィリピン人の日本人配偶者率の高さと直結していると

69

第Ⅰ部　移民を取り巻く社会、移民が結びつく社会

言えよう。一方で、本章の結果（図2.4）では、1950年代生まれ（1970年代の20代）に比べると、1980年代以降生まれの若い世代の日本人配偶者率が顕著に減っており、代わりにフィリピン人同士の結婚が増えていることは、フィリピン人の日本社会における生活様式の転換を示唆していると言えよう。

　最後に、在日ブラジル人の同胞婚が多く、正規職に就きにくい背景にも、歴史的・文化的要因が絡み合っていると言えよう。1990年代の「日系人受け入れ政策」により、南米からの家族・帰還移民として来日したブラジル人の多くは、製造業での単純労働に従事してきた経緯があった。当時のこの政策は、主に単純労働者を対象としており、正規職への移行を支援する仕組みは不十分だということが指摘された（Yamanaka 2000）。また、日系ブラジル人は、主に愛知県や静岡県などの製造業が集中する地域にコミュニティを形成し（Tsuda 2003）、こうした同胞ネットワークが、生活支援や配偶者選択の場として機能した可能性がある。日本社会での不安定な地位や、同胞ネットワークへの依存が、日本人との結婚を選びにくくしている可能性があるだろう。

　また、本章の分析結果では、在日外国人が正規雇用に就いているかどうかに影響を及ぼす要素として、有配偶かどうかというより、有配偶の場合にその配偶者が日本人かどうかのほうが、有意に対象者の就業状況を左右している。この傾向は、特に女性において有意であることが、補足分析でわかった。すなわち日本人妻と結婚する外国人男性は正規雇用されにくいわけではないが、日本人夫と結婚する外国人女性は正規雇用されにくい、ということである。同胞婚の場合においては、日本的なジェンダー役割分業の影響が限定的であるが、日本人と結婚する場合に、主体的であれ受動的であれ、「男性が稼ぎ手・女性が家事育児」というジェンダー役割に適応する行動がとられている可能性がある。

注

(1)　「暮らしと仕事に関する外国籍市民調査」の対象者の属性分布を、政府統計（「在留外国人統計（2017年）」）または「国勢調査」（2010年、2015年）のデータと比較し、サンプルの偏りが生じる可能性について検証した永吉（2022）の研究を参照されたい。

(2)　紙幅の関係上、すべての情報を含む推定結果は掲載しないが、リクエストに応じて提示可能である。

70

（3）　紙幅の関係上、すべての情報を含む推定結果は掲載しないが、リクエストに応じて提示可能である。

参考文献・資料

Boyd, Monica, 1984, "At a Disadvantage: The Occupational Attainments of Foreign Born Women in Canada," *International Migration Review*, 18(4): 1091-1119.

橋本由紀, 2015, 「技能実習制度の見直しとその課題――農業と建設業を事例として」『日本労働研究雑誌』662: 76-87.

近藤敦, 2009, 「日本からの視点――日本在住外国人に関する法制度（特集　グローバル化する世界における多文化主義)」『学術の動向』14(12): 20-30.

厚生労働省, 2024, 「『外国人雇用状況』の届出状況まとめ（令和5年10月末時点）」.

是川夕, 2019, 「教育を通じた移住過程における移民の社会的統合――元留学生の社会意識に注目した分析」『アジア太平洋研究』44: 61-82.

是川夕, 2020, 「誰が日本を目指すのか？『アジア諸国における労働力送り出し圧力に関する総合的調査（第一次）』に基づく分析」『人口問題研究』76(3): 340-74.

桑山紀彦, 1995, 『国際結婚とストレス――アジアからの花嫁と変容するニッポンの家族』明石書店.

Liu-Farrer, G., 2011, *Labour Migration from China to Japan: International Students Transnational Migrants*, Routledge.

森木和美, 1989, 「在日韓国・朝鮮人および中国人の職業的地位形成過程の研究」『関西学院大学社会学部紀要』60: 49-62.

中澤進之右, 1996, 「農村におけるアジア系外国人妻の生活と居住意識――山形県最上地方の中国・台湾、韓国、フィリピン出身者を対象にして」『家族社会学研究』8(8): 81-96.

日本学生支援機構, 2023, 「『2022（令和4）年度外国人留学生在籍状況調査』等結果の公表について」.

永吉希久子, 2022, 『日本の移民統合――全国調査から見る現状と障壁』明石書店.

永吉希久子, 2024, 『移民と日本社会』中公新書.

Parreñas Rhacel Salazar, 2010, *Illicit Flirtations, Labor, Migration, and Sex Trafficking in Tokyo*, California: Stanford University Press.

賽漢卓娜, 2011, 『国際移動時代の国際結婚――日本の農村に嫁いだ中国人女性』勁草書房.

白波瀬佐和子, 2022, 「コロナ禍における社会の分断――ジェンダー格差に着目して」『学術の動向』27(5): 12-16.

鈴木江里子, 2005, 「移民受け入れをどう考えるか？」依光正哲編『日本の移民政策を考える』明石書店.

高谷幸, 2015, 「近代家族の臨界としての日本型国際結婚」大澤真幸ほか編『身体と親密圏の変容（岩波講座現代9）』岩波書店.

武田里子, 2011, 『ムラの国際結婚再考――結婚移住女性と農村の社会変容』めこん.

鄭映恵, 2000, 「心の健康（メンタル・ヘルス）こそが重大課題になる次世代以降」『「在日」から「在地球」へ――在日コリアンビジネスマンたちへのメッセージ』UGビジネスクラブ, 28-40.

Tsuda, Takeyuki, 2003, *Strangers in the Ethnic Homeland: Japanese Brazilian Return Migration in Transnational Perspective*, Columbia University Press.

筒井淳也, 2015, 『仕事と家族――日本はなぜ働きづらく、産みにくいのか』中公新書.

Yamanaka, Keiko, 2000, "I Will Go Home, but When? Labor Migration and Circular Diaspora Formation by Japanese Brazilians in Japan," in Mike Douglass and Glenda S. Roberts

第Ⅰ部　移民を取り巻く社会、移民が結びつく社会

(Eds.), *Japan and Global Migration: Foreign Workers and the Advent of a Multicultural Society*, Honolulu: University of Hawaii Press.

保田聡子, 2007,「外国人高度人材のグローバル移動とイノベーション」『中小企業総合研究』6: 21-42.

第3章

海外留学という国際移動の様相の変化
――選抜されたエリートから大衆へ

松下 奈美子

第1節　はじめに

　現在中国は世界中に留学生を送り出しているが、現在の流れの起点となったのが1978年に鄧小平が清華大学で発表した談話である。改革開放政策から30年が経った2008年に、清華大学はこの30年間の中国の留学生派遣を、「従精英走向大众」（エリートから大衆へ）と位置づけている[1]。それからさらに15年以上が経過し、より多くの留学生が中国から世界各地に留学している。政府主導による少数精鋭のエリートたちの海外留学が、時代の変化とともに大衆化していくなかで、実際に移動する中国人留学生はどのように変化してきたのか。

　日本に留学する中国人留学生は1990年代から増加し、2000年には来日外国人留学生総数に占める中国人学生が50％を超え、ピーク時の2004年には66％となっていた。その後、来日する留学生の多国籍化が進み、中国人学生の比率は減少傾向にあるが、コロナ禍以前の2019年には12万人を超えていた。1990年代、2000年代、2010年代では、中国人留学生の様相も大きく異なる。

　日本に来る外国人留学生を国籍別にみると、留学生総数でも、全体の構成比率でみても1990年代以降中国が一貫して首位である。しかし、この30年間で来日する中国人留学生の様相は変化したと言える。近年は中国の富裕層の日本への移動が増加していると言われる。1980年代から90年代に多くみられた奨学金とアルバイトで留学生活をやりくりする中国人留学生は減少し、アルバイ

第Ⅰ部　移民を取り巻く社会、移民が結びつく社会

トをしなくても生活が可能な額の仕送りを受けている学生もめずらしくなくなってきた。また、中国での教育熱の高まりとともに、中国で高校を卒業すると同時に日本の大学や日本語学校に進学するのではなく、日本の高校に留学する生徒の増加も報道されている。

2016年に中国で放送され話題となったドラマ『小別離』で描かれたような、中国で中学校を卒業後に英語圏の高校に留学させ、そのまま英語圏の大学に進学させるという移動は、2010年代からみられていたが、近年は大学よりも前の就学段階、つまり高校や中学校の就学年次の子どもを日本の中学校、高校に留学させ、子どもの日本留学に親（特に母親）が帯同しているケースもある。東京の都心部では、中国人留学生向けの日本語学校、予備校が数多くあるが、近年は中国人中学生を対象にした日本の高校受験のための塾もある。

こうした最近の現状は中国人留学生の若年化と、就学年齢の子どもをもつ比較的若い親が、子どもの海外留学費用を工面できることを示している。これは30年前の日本留学の移動パターンとはとは大きく異なる点である。

もともと、中国では海外留学経験者の帰国奨励政策によって、海外の大学、大学院で学位を取得した人材は中国で厚遇が受けられることもあり、海外留学する学生数は年々増加していた。しかし、中国国内の大学受験が厳しさを増し、さらに海外留学を終えて帰国する人材の数も増加すると、中国国内で条件の良い職に就くための競争も激しくなった。

中国政府は、2021年に双減政策として「義務教育段階の学生の宿題の負担及び学外教育の負担のさらなる軽減に関する意見」を出した。これにより、中国では小中学生を対象とした営利目的の学習塾が禁止され、多くの学習塾が閉鎖された。この政策の結果を評価することはいまだ時期尚早であるが、いくつかの調査結果からは、子どもの留学年齢の低下につながるのではないかという指摘がある。

中国の家計所得の上昇に伴い、海外留学が可能になった家庭が増え、さらに中国の厳しい受験競争を迂回する形で日本へ留学するパターンなど、中国から日本への留学という移動が1980年代以降、どのような変遷をたどってきたのかをみていく。

74

第2節　データでみる外国人の日本留学 [2]

　図3.1は、1992年から2023年までの約30年間に来日した中国人留学生の推移と留学生全体に占める中国人留学生比率を示したものである。1980年には約6,000人だった外国人留学生数はその後の10年間で約4万人にまで増加した。これは中曽根内閣が1983年に発表した「留学生10万人計画」の時期に重なる。留学生の受け入れ拡大が日本政府によって推進され始めたこともあり、来日中国人留学生の数も、1980年の約2,000人から1992年には約2万人にまで増加した。

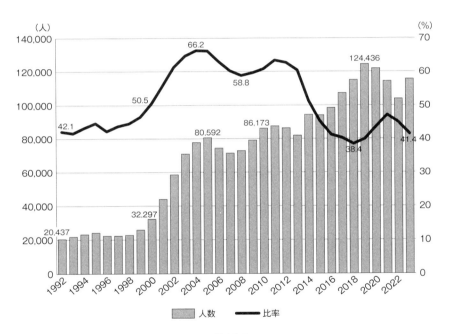

出典：日本学生支援機構「外国人留学生在籍状況調査」より筆者作成

図3.1　中国人留学生数と構成比（1992〜2023年）

　1990年代の中国人留学生は、2万人台で推移し、ちょうど2000年に3万2,000人となった。留学生全体の構成比では40％台から緩やかに増加し、2000

第Ⅰ部　移民を取り巻く社会、移民が結びつく社会

年に50.5％となった。2000年代はさらに留学生の受け入れが拡大し、それにともない中国人留学生の総数、構成比ともに増加した。2006年には、中国人留学生数は8万人を突破し、外国人留学生全体に占める中国人留学生の比率が66％となった。2006年の66.2％をピークに、中国人留学生の比率は減少するが、総数そのものは増減を挟みながら、2010年には8万6,000人となった。2010年代は、中国人留学生総数は増加するものの、構成比は大きく減少する局面に入っていく。新型コロナウイルスの流行前の2019年には12万4,000人を記録するが、2018年の構成比は38.4％と、この30年間で最も低くなっている。

　1990年代の中国人留学生数の増加率が1.6倍であったのに対し、2000年代の増加は2.7倍、2010年代は1.4倍の増加となっており、2000年代が最も増加した局面であったことがわかる。2010年代は、中国以外の国からの留学生が増加したことによって、構成比が2006年にピークだった66.2％から38％にまで減少している。

　外国人留学生はどのような構成であったのかを示したのが表3.1であり、この表は1992年から2023年までの上位5か国の外国人留学生の人数と構成比を国籍別に示している。

表3.1　外国人留学生数及び構成比（上位5か国）

	1992年	人数	構成比	2003年	人数	構成比	2013年	人数	構成比	2023年	人数	構成比
1	中国	20,438	42.1	中国	70,814	64.7	中国	81,884	60.4	中国	115,493	41.4
2	韓国	11,596	23.9	韓国	15,871	14.5	韓国	15,304	11.3	ネパール	37,878	13.6
3	台湾	6,138	12.6	台湾	4,235	4	ベトナム	6,290	4.6	ベトナム	36,339	13
4	マレーシア	1,934	4	マレーシア	2,002	2	台湾	4,719	3.5	韓国	14,964	5.4
5	アメリカ	1,245	2.6	タイ	1,641	1.5	ネパール	3,188	2.4	ミャンマー	7,773	2.8

出典：日本学生支援機構「外国人留学生在籍状況調査」より筆者作成

　1992年から2023年までの約30年間、中国は一貫して首位であり、韓国も2014年にベトナムに逆転されるまでの約20年間、2位であった。2003年の時点では、中国と韓国の2か国で全体の約80％を占めていた。韓国とベトナムが逆転するのが2014年であるが、その後ベトナムは約6倍に増加し、ネパールは2013年から2023年までの10年で約3,000人から約3万8,000人へと、10倍以上の増加となっている。一方、韓国人留学生の総数は2000年代前半に約30％増

76

第3章　海外留学という国際移動の様相の変化

加したものの、全体に占める構成比は30年間で4分の1にまで減少している。

　1990年代から2020年代前半までの約30年間の外国人留学生の推移は、中国以外の国の構成や比率に変化はあったが、日本に留学した外国人留学生全体でみると、総数でも構成比でも中国が一貫して首位である。

　しかし、1990年から現在までの30年間で、アジアを取り巻く国際社会の状況は大きく変化しており、日本に留学する中国人学生の特徴は時代ごとに大きく異なっている。次節では、その変化について時代ごとにみていくことにする。

第3節　1978年以降の改革開放政策による国費留学生の海外派遣

　現在中国は世界中に留学生を送り出しているが、現在の流れの起点となったのが1978年6月に鄧小平が清華大学で発表した談話である。

　第二次世界大戦以降の中国は主にソ連に留学生を派遣していたが、1970年代以降、アメリカや日本、西ドイツにも自国の学生を派遣するようになった。しかし、この時期の留学生は科学技術分野を学ぶ留学生は少数であり、主に語学留学が中心だった。1973年から1978年までの期間、中国はいわゆる西側諸国8か国に90人の科学技術留学生を派遣した（楊・除 2015）が、この数字は文化大革命後の中国の国家再建、早期の近代化という目標には不十分であった。

　鄧小平は、清華大学での「留学生派遣拡大に関する重要演説」のなかで、以下のように述べている。

　　　私は主に自然科学分野を学ぶ留学生の数を増やすことに賛成する。私たちは、10人や8人ではなく、数千人単位の学生を派遣しなければならない。5年以内に目標を達成し、我が国の科学と教育水準を向上させるための最も重要な方法のひとつである。今年は3,000人を派遣し、来年は数万人を派遣しよう。どのように選抜し、選抜した人材をどの国に送るかの計画が必要だ。[3]

　この鄧小平の、留学生を海外に派遣し、5年間で成果を出すという具体的な目標と強い意向を受け、中国教育部はそれまでに計画していた理工系の学生

77

第Ⅰ部　移民を取り巻く社会、移民が結びつく社会

200人の留学計画を白紙に戻し、新たな留学生派遣計画を策定することになった。それは、1978年中に留学生を5,000人から6,000人選抜し、少なくともそのうち3,000人の留学生を海外に派遣するというものであり、この計画を鄧小平の重要演説の翌月に中国国務院に提出し、そして1978年8月4日には「出国留学生の増加、選抜に関する通知」を出した（楊・除 2015）。

　このときの留学生候補者は、1978年の大学受験生と大学1年生、大学院1年生のほか、大学や研究機関に所属する教員、研究者、技術者であった（大塚2010）。大学受験生や大学1年生なども候補に挙がっていたものの、実際に選抜されて、各国に派遣されたのは、すでに大学や研究所に在籍する教員、研究者、技術者が中心であった（宋 2014）。1978年12月には、第一陣の留学生52人をアメリカに派遣した。中国教育部によれば、この52人は大学生や大学院生ではなく、すでに中国で教員や研究者、技術者として働いていた人材を訪問学者として留学させている。

　なぜ、中国政府は20歳前後の学生を留学生として選抜せず、すでに就職してある程度キャリアを積んだ人材を留学生として海外に派遣したのだろうか。この背景には文化大革命による中国国内の高等教育の中断、停滞という国内の状況があったと大塚（2010）は指摘する。文革が始まった1966年にはそれまで行われていた大学入試制度が中止され、高級中学（日本の高校に相当）を卒業して直接大学を受験し、進学するのではなく、必ず数年間の労働経験を積んでから大学受験をするようなシステムに変更された。この文革期の混乱のなか、全国大学統一試験は中断されていたが、1977年にようやく再開したところであった。

　文革期にまったく大学進学の手段がなかったわけではないが、高級中学校卒業生全員に等しく大学進学の機会が保障されていたわけでもなく、また公平な選抜試験が確保されていたわけでもない状態が何年も続いていた。というのは、高級中学を卒業して大学に進学したい場合、自らが所属する「単位」（農場や工場など労務を行う部門、機関）に大学進学の枠が割り当てられていることが大前提で、さらにその所属する「単位」の民衆からの推薦、さらにその上部機関からの推薦を得ることができた者だけが、大学を受験できるという複雑なシステムであったためである（大塚 1981）。

第3章　海外留学という国際移動の様相の変化

　1978年という文革終結直後の時期の中国国内の高等教育制度が不安定であったであろうことは想像に難くない。こうした状況下で留学生選抜が行われた。全国統一の外国語試験を受験し、最終合格者の約74％が大学や研究機関に所属していた人材であり、大学院生が約15％、学部学生は11％であった（王2007: 25; 大塚 2010: 56）。大塚は、この時期の海外留学生選抜は、すでに（文革以前に）高等教育を受け、キャリアや業績を一定程度積んだ年齢の人材に対し高等教育を再研修、再訓練として受けさせるか、あるいは高等教育の基礎がほぼ白紙の状態の若年者への高等教育を海外の教育機関に委託するかの二者択一であったと指摘する。その選択を迫られた中国政府は、海外派遣する人材は大学や研究所に所属する教員、研究者、技術者を中心とすることを決定した。

　大塚はこの決定の背景には中国国内の大学院教育の基盤が脆弱であったため、高等教育の教員養成、自然科学分野、科学技術分野の大学院生の修学、研究を海外派遣でもって充当させようという狙いがあったと指摘する（大塚 2010: 56）。

　当時の中国はまだアメリカと正式な国交を回復していなかったため、中国の代表団は中国科学院副院長であり北京大学学長の周培源を代表とし、留学派遣の準備を進めた。1978年10月に周学長をはじめとする中国教育代表団はアメリカに留学する中国人学生の大学、専攻、人数など派遣計画を具体的に決定する予定でアメリカを訪問した。その第1回交渉の場で周学長は、アメリカに派遣される学生は学者と大学院生で、学部生も一部含まれる、専攻は主に自然科学分野であり、ごく一部の留学生は社会科学や言語を学ぶ予定だと述べた[4]。交渉の結果、中国からは500人から700人の学部生、大学院生、訪問研究員をアメリカに派遣することで決定した（楊・除 2015: 99）。

　こうして、1978年12月のアメリカ留学第1期生52名に始まり、アメリカをはじめ西ヨーロッパ各国、日本などへの留学が順次開始された。

　宋（2014）は、この研究者や大学院生を派遣するという中国政府の決定には次のような背景があったと指摘する。1978年12月18日から行われた第11期三中全会（中国共産党第11期中央委員会第3回全体会議）で定められた中国の近代化強国路線では、その目標達成のために西側諸国の知識や技術が必要不可欠であった。しかし、その知識や技術だけを輸入してもそれを使いこなし中国の発展に活用できる人材が中国国内にいないことが問題であり、その解決手段とし

79

第Ⅰ部　移民を取り巻く社会、移民が結びつく社会

て中国国内の国立大学や研究所、政府機関などに所属する優秀な人材を選抜して海外に派遣し、知識や技術を獲得させ帰国させることを目指した。その際、派遣する留学生について、今後数年間は大学の教員育成を目的として訪問学者、訪問研究員を中心に構成し、その後は大学院生を中心とし、学部生は少数とするという方針が決められた（王 2007: 27）。

　1979年に中国から日本に留学生として派遣されたのは165人であり、その全員が訪問研究員の身分だった[5]。高卒直後や学部在学中のような若い学生が少なく、大卒以上の社会人の経歴をもつ人材が中心だったのは、海外に派遣した人材には短期間で留学を終えて、中国に帰国してほしかったからだと宋は指摘する。18歳の学部1年生を留学させた場合、卒業するまでに最低でも4年間は必要であり、さらにそこから大学院の修士課程や博士課程にまで進学した場合、2年から5年が加算され、送り出してから帰国までに10年近い月日が経ってしまう。これでは中国の近代化強国政策に間に合わないため、すでにある程度の知識や技術をもっている人材を送り、できるだけ短い留学期間で帰国し、中国の発展に寄与することを望んだ（宋 2014: 49）。

　1979年から1989年までの期間に中国からの日本留学生の内訳は、1980年は、学部留学生の97人に対し、訪問学者は208人であり、1982年は、学部学生50人、訪問学者197人、修士学生148人となっていて、1984年の学部学生30人を最後に1989年まで学士課程に留学する留学生はいなかった（王 2009: 40）。

　王は、この学部学生の派遣数削減ないし中止という中国政府の決定について、宋とはやや異なる見方をしている。大学院生を中心とした派遣方針を進めるという点をみれば、長期間の派遣そのものが問題なのではなく、送り出す人材の年齢が問題だったのではないかと王は指摘する。学部学生の留学での学習効果が高くないこと、そして学部留学生が容易に外国の思想に影響を受けやすいという点から、学部での留学生の留学を少人数に限定したと指摘している（王 2007: 27）。

　さらに王は、1981年の時点で学部生の国費留学はできる限り限定的なものにするという方針が、1989年には再び大きな変更が加えられた点に着目している。1989年の変更点とは、学位取得を目的とした派遣は原則行わないというものである。1978年から1989年までの派遣留学生の帰国率には留学種別に

第3章　海外留学という国際移動の様相の変化

より有意な差があり、訪問学者の約65％が帰国していたのに対し、学位取得を目的とした留学生の帰国率は約14％と低い結果であったことが、1989年の政策変更の一因となったのではないかと王は指摘する（王 2007: 27）。

　中国国内の優秀な人材のなかからさらに選抜された人材が、帰国後に留学成果を国家に還元することを目的として海外に派遣しているにもかかわらず、海外の大学で学位取得後は中国に帰国せずそのまま海外に残られては、国家にとって大きな損失となる。その結果、国費留学生の帰国義務、帰国後の服務などが厳格化されていくこととなった。

　ここまで、国費留学生の派遣政策についてみてきたが、次節では私費留学生についてみていく

第4節　1980年代の私費留学生の増加

　中国人留学生について論じるうえで、国費留学か私費留学かというのは重要な点である。現在、中国から世界各地に留学している学生の大半は私費留学生である。2000年代以降、中国国民の多くが海外に留学に行くようになった背景には、私費留学生の増加がある。本節では、私費留学生に関する制度、状況についてみていく。

　1978年に始まる改革開放政策の最初の3年間においては、私費留学は認められていなかった。この方針が変わるのが1981年である。教育部や外交部など7つの部門から提出された「自費留学許可申請」および「自費留学に関する暫定規定」を中国国務院は承認したうえで、以下のように述べた。

　　　自費留学は中国の留学事業において不可欠で重要な位置を占めるものであり、自費留学は人材育成の不可欠な一部であり、自費留学は人材育成のルートである。自費留学生と公費留学生は政治面で平等に扱われるべきである。[6]

　1981年の時点ですでに中国国内で私費留学の希望者が多く、教育部や外交部が国務院に私費留学に関する規定を提出し、それを国務院が認めたという点

81

第Ⅰ部　移民を取り巻く社会、移民が結びつく社会

は注目に値する。しかしそれ以上に注目すべき点は、留学生の海外派遣という決定からわずか3年しか経っていない1981年の段階で、私費留学は中国の人材育成の新たなルート、手段である（原文は「自費出国留学成为人才培养的新渠道」）と指摘している点である。

　また、この文書では、在外中国大使館および領事館は、私費留学する学生を支援すべきであること、私費留学する学生が留学を終えて中国に帰国した後、中国政府は学生たちの海外で取得した学位や学術資格を認めるべきであることも規定されている。

　しかし、私費留学には厳しい条件が課せられていて、留学費用さえ工面できれば誰でも海外留学が可能というわけではなかった。1982年7月に、教育部、公安部、外交部、労働人事部が制定した「自費留学に関する規定」に関する国務院通知には、15項目にわたる厳しい規定があった[7]。以下、部分的に抜粋する。

　一、自費留学するには、海外在住の信頼できる親戚または友人、または国内の親戚が、留学と生活の全費用（海外在住の信頼できる親戚または友人を通じて、留学のための全資金または奨学金を調達することを含む）を負担できることが条件となる。

　　　また、大学（大学または旧外国語補習学校への入学を含む）への進学、大学院生、または海外でのさらなる研究を目的として、入学許可を取得し、海外へ渡航することが条件となる。この条件を満たした場合に限り、公安部の関連規定に従って申請することができる。

　三、自費留学の場合、大学または大学院の研究課程への留学であれば35歳未満、さらに高度な学習を行う場合は45歳未満でなければならない。また、国家建設に必要な専攻を選択しなければならない。

　五、国家人材育成計画の完遂を確実にするため、大学および短大の学部生および短大生、ならびに大学および大学（科学研究機関を含む）の大学院生（社会人大学院生を含む）は、自己負担による留学は認められない。大学卒業生は、全国統一配分に従う必要がある。2年間の就業経験を経た後、組織の承認を得た場合のみ、自己負担による留学ができる。

82

六、自費留学を申請する者が所属する単位は、厳格な政治審査を行わなければな
　らない。反動的な政治観や道徳観の欠如、規律違反や法律違反行為が認められ
　た者は、留学を許可してはならない。

　　上記の条件を満たす自費留学申請者は、状況に応じて以下の方法で承認また
　は却下されるべきである。

　　1. 高校を卒業した直後の者は、学校に申請し、学校が証明書を発行する。そ
　　の後、申請者の戸籍所在地の県公安局（または市分局）が省、市、自治区公
　　安局に報告し、許可証を発行する。

　　2. 社会人（集団所有の労働者を含む）は、勤務先に申請し、勤務先が意見を記
　　載し、県レベルの主管部門に報告し、審査・承認を受ける。その後、申請
　　者の戸籍所在地の省、市、自治区公安局が許可証を発行する。

十、自費留学生が海外に出発する前に、各単位は政治・思想教育を徹底的に行い、
　彼らに勉学に励み、留学終了後は祖国の社会主義建設に貢献するために帰国す
　るよう促さなければならない。

十四、教育、科学技術、ビジネス分野のバックボーンをもつ中核人材（たとえば、
　助教授、講師、エンジニア、主治医、優秀なスポーツ選手、文学・芸術分野の中核人材、
　政府機関の主要人材）および修士号取得者で、海外の高等教育機関または科学研
　究機関で博士号取得を目指して留学する者は、自費留学とはみなされない。

「自費留学に関する規定」について明記された内容を要約すると、おおよそ
以下のとおりである。

　まず留学にかかるすべての経費支弁について自己の責任で負担とすることと、
留学以外の目的で海外出国できない。次に年齢制限と研究分野に関する規定と
して、原則35歳未満、さらに発展的な研究を行う場合に限り45歳未満までは
認められ、専攻分野も中国の国家建設に必要なものとされている。さらに、中
国の大学、専科、大学院など高等教育機関に在籍している学生の私費留学は認
めない。大学をすでに卒業した者については、2年間の就業経験を積んだあと、
所属組織の承認を得られた場合にのみ、私費留学が可能になる。私費留学生で
あっても、留学後は帰国して中国の発展に貢献することを促す。教育、科学技
術、ビジネスなど国家の中核人材となるバックボーンをもつ者、あるいはすで

第Ⅰ部　移民を取り巻く社会、移民が結びつく社会

に修士号を取得している者で博士号取得を目指す者は私費留学とは認められない。留学費用は自己負担だが、国費留学生派遣の手続きに従わなければならない。

　これらの規定をみる限り、1982年に規定された私費留学は、かなり国費留学と近い性格を帯びていたことがわかる。留学後は帰国して中国の国家発展に貢献することが強く推奨されていること、また博士号取得のための私費留学も認められていない点も、前節でみた1981年の国費留学に関する規定の変更で、学位取得を目的とした留学が認められない点と共通している。また、高等教育機関に在籍中の学生の私費留学も認められておらず、大学卒業後2年間の就業経験が要件にあることから、私費留学が可能になる年齢は最低でも24 ～ 25歳となる。

　そして、私費留学であっても留学前に留学希望者が所属する企業や機関による政治審査を受ける必要があり、社会主義国家建設という目標に向かって勉学に邁進し、帰国して国家に貢献しうる人物かどうかが問われている。この点も国費留学生と共通している。

　一方、国務院通知の六の1では、高校卒業したばかりの者（原文は応届高中毕业生）の私費留学について明記されている。五の項で大学等の高等教育機関在籍中の私費留学は認めないとしているが、高校卒業後に海外に私費留学したい場合は、高校に申請書を出すようにという規定となっている。

　これは、国費留学とはやや異なるようにみえる。1978年以降の国費留学は、高校卒業直後の若者の海外派遣ではなく、中国国内で修学、就業経験のある人材を派遣する方針であったため、大学院生や訪問学者の派遣が中心であり、18 ～ 20歳以下の高校卒業直後の若年人材の海外派遣についての言及はほとんどみられなかった。しかし、私費留学は、経費のすべてが本人負担ということもあり、高校卒業直後の若年人材の海外留学について私費留学は国費留学よりは制限が緩かったと考えられる。

　高校卒業直後の若者の海外留学に関する規定がある以外は、かなり厳しい制限要件が課せられていたこの私費留学に関する規定は1984年に改定が行われた。「自費留学に関する暫定規定」では、冒頭部分において、各地方政府や送り出した所属機関は自費留学生を支援し、配慮したうえで、海外留学終了後は

84

第3章　海外留学という国際移動の様相の変化

できるだけ早く帰国するよう奨励し、祖国の社会主義現代化に奉仕すべきであるという形式的な一文はあるものの、以下のような大幅な改定が行われた[8]。主要な変更点を以下に抜粋する。

一、適正かつ合法的な手続きを経て外国為替補助金または外国奨学金を取得し、入学許可を獲得したわが国の国民はすべて、学歴、年齢、社会人経験年数に関係なく、大学（専門、学部）、大学院、またはさらなる研修のための自費留学に申請できる。

二、高等教育機関に在籍する専門家、学部生、大学院生は、在籍する学校または教育機関に自費留学を申請することができ、出国後も1年間は学歴を保持する。

六、修士号または博士号を取得した自費留学生（自費留学生から自費公費留学生に転換した者を含む）が、本国の業務に参加するために帰国する場合、国はその帰国旅費を支給する。

　この1984年12月の大きな変更点は、35歳未満（もしくは45歳未満）という年齢制限の撤廃、学歴及び職歴要件の撤廃である。さらに国家建設のために有用な専攻分野の選択義務も撤廃された。そして、中国国内の教育機関に在籍中の学生の海外留学は認められていなかったが、中国国内の大学や大学院に1年間という期限付きではあるものの、学籍を残しつつ、海外留学が可能になった。そして、私費留学の学生の帰国奨励策を国が提示したという点である。

　王は、1980年代の国費留学生のうち、訪問学者の帰国率は6割を超えていたのに対し、学位取得を目的とした留学生の帰国率が1割台にとどまっていたことを指摘していたが（王 2009）、私費留学生の帰国率も国費留学生と同程度かあるいは留学費用を自己負担している分、帰国に対する心理的負担が国費留学生よりも軽ければ、それを下回る水準であったと考えられる。帰国奨励政策の一環として、私費留学生の帰国費用を国が負担するというのは、2000年代以降の海亀政策の起点とも言える政策である。

　この1984年の変更の背景について、大塚は、私費留学生に関する要件が厳しすぎるという指摘、不満が中国国内にあったことや、中国国内の膨大な進学希望者による圧力などを挙げている（大塚 2010: 60）。他方、劉は1980年代か

85

第Ⅰ部　移民を取り巻く社会、移民が結びつく社会

ら1990年代初頭までの中国の高等教育機関在籍者数の増加は比較的緩慢であったと指摘する（劉 2007: 442）。この時期は、文化大革命後の大学制度の再建と新しい高等教育制度の確立の「再建期」であり、1990年代初頭から1998年までの期間が、高等教育機関が着実に拡大を遂げた「整備・拡大期」であったと指摘する。さらに劉は、この「再建期」「整備拡大期」において、中国政府は国内の旺盛な進学意欲をコントロールする姿勢を取ったと指摘している。

私費留学の要件を緩和させることで、中国国内の高等教育機関で吸収しきれない進学ニーズを、海外の高等教育機関への進学、留学へと誘導する思惑があったという大塚の指摘は妥当なものだと言えよう。

第5節　1990年代以降の中国の高等教育の拡大

1984年に私費留学の規定が緩和されて以降、私費留学生の数は増加していった。おりしも日本では、1983年に留学生10万人計画が発表され、積極的な留学生獲得へと舵を切っていた。

1990年代は中国から外貨持ち出しや海外送金が厳しく制限されていたことや、国費留学生と比べて私費留学生は奨学金を十分に得られないことが多く、私費留学生は日本の留学生活にかかる費用のほとんどをアルバイトで賄わなければならかった。アメリカやカナダなど、私費留学の行き先として日本よりも人気の高かった国では、留学生のアルバイトが禁じられていたため、家計に余裕のある裕福な家庭の子どもでなければ欧米に留学することは難しかった。実際、私費留学生として日本に来ていた中国人学生の多くは国費留学生と比べると経済的に困窮している学生が多く、社会的サポートが必要だと岡らは指摘していた（岡ほか 1995）。

一方、日本では、概ね週20時間という上限はあったものの、留学生のアルバイトが認められていたため、初期費用の工面のめどが立てば、あとは日本でアルバイトをしながらなんとか留学生活を送ることが可能であった。在留資格「就学」で留学生を受け入れる日本語学校が増加し、学生の指導や管理が行き届いていない日本語学校が増えたことを受け、法務省は1990年の「出入国管

86

理及び難民認定法」（以下「入管法」）改正にあわせて、留学生のアルバイトを資格外活動として許可制にした（岡 1992, 1993; 坪井 2006）。

図3.1でみたように、1990年代までは2万人台で推移し緩やかな増加傾向であったが、2000年以降は大きく増加した。この背景には、複数の要因が挙げられる。一般的には、中国の大学進学率の上昇、中国の家計所得の増加、日本の留学生10万人計画がこの時期の送り出し要因と受け入れ要因として指摘されている。この時期が、中国から日本への留学が、選抜されたエリートから、国民皆留学へと変化していった時期だと考えられる。冒頭で述べたとおり、清華大学は、改革開放後の海外留学30年間を「海外留学30年：選抜されたエリートから大衆へ（出国留学30年：从精英走向大众）」と述べている。海外留学が特別なことではなくなった中国の高等教育について、劉は中国の高等教育がマス化したことに起因すると指摘する（劉 2007）。

中国政府は、国内の高等教育の基盤充実と拡大を一貫して目指してきた。従来、無償だった大学の学費や寮費は1997年から1998年にかけて有償になり、大学卒業後に単位（職場）が統一配分されることもなくなった。良く言えば、自分で好きな就職先を選ぶことができるが、これは裏を返せば大学卒業後の就職先が保証されなくなったことを意味する。1998年の「中華人民共和国高等教育法」は、中国の高等教育の大衆化政策であり、受益者負担となった中国の高等教育は、かつての社会主義国家建設のための一部の選抜されたエリートのためのものではなくなっていった（坪井 2006; 大塚 2010）。

トロウの高等教育発展段階モデルでは、高等教育への進学率が15％未満の状態をエリート型と定義している（トロウ［1976］2000）。大学進学はごく一部の選抜された者のみがもつ特権であり、支配階級としての意識、精神、性格を形成することがこの段階の高等教育の目的である。そして大学進学率が15％に達すると、エリートの特権であった大学進学は、マス型（大衆化）へと移行し、大学進学は少数のエリートだけがもつ特権から、大衆の権利へとその性格が変化していく。このマス型における高等教育の意義と役割は専門に分化したエリートの育成と、社会の指導者となる層を養成していくことである。さらに大学進学率が50％に達すると、マス型からユニバーサル型に移行し、大学進学は義務的な性格を帯びていく。大学進学が大衆に付与された権利から万人の

第Ⅰ部　移民を取り巻く社会、移民が結びつく社会

義務へと移行すると、高等教育の意義や役割は、産業社会に適応できる国民の養成になる（トロウ［1976］2000）。

トロウのモデルをもとに中国の1990年代以降の大学進学率をみていくと、おおよそ以下のことが指摘できる。

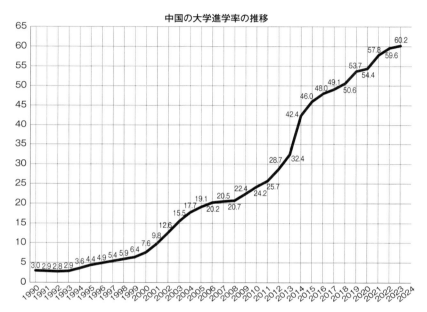

出典：UNECO各年統計及び中国教育統計年鑑、中国教育部発表資料等から筆者作成

図3.2　中国の大学進学率（1990～2023年）

改革開放から10年が経過した1980年の段階でも中国の大学進学率はわずか3％であり、2000年でも7.6％であった。トロウモデルのエリートからマスへの転換点となる大学進学率が15％に達するのは、2003年であり、中国国内の大学進学率の増加は図3.1で示した中国から日本への留学生が大きく増加とほぼ重なる。トロウモデルに従えば、1980年代、1990年代に中国で大学に進学した層は中国国内のエリートであり、さらに海外に派遣された国費留学生はもちろんのこと、私費留学生も将来の国家や社会の指導者の精神を構築する国家幹部候補生として選抜されたエリート集団である。

88

第3章　海外留学という国際移動の様相の変化

　大学進学率が15％を超え、マス型へと移行すると大学の役割も変化し、ま
た入学する層も変化し、その層が大学に求めるものも変わってくる。1990年
代から2000年代の中国では、高等教育のマス型への移行を目指す中国政府に
よって高校進学率も押し上げられた。張は、中国国内の高校進学率が上昇した
ことによって大学進学率が上昇したのではなく、高等教育の規模拡大の手段と
して高校進学率を上昇させる必要に駆られたのだと指摘する。その結果、1998
年以降、高校進学率は40％以下の水準でありながら、普通高校の卒業者の70
％以上が高等教育機関に進学し、2002年にはその比率は80％にまで達してい
た（張 2006: 372）。

　2018年に中国の大学進学率は50％を超え、大学進学がマス型からユニバー
サル型へと変化していく。能力によって選抜されたエリートの育成や、専門的
な知識、技能の伝達という高等教育の目的や役割は過去のものとなった。トロ
ウは、ユニバーサル型の高等教育では大学進学が万人の選択的で個人的な意思
決定に基づくものであり、大学教育に求められる役割や目的が、知識や技能の
獲得よりも、新しい経験の獲得を求める段階へ変化すると指摘する。このマス
型からユニバーサル型へという移行モデルは主にIT技術の発達を念頭に置い
たものであるが、トロウはマス高等教育の帰結として情報技術の発展を通じた
中等後教育の拡大は民主化を加速し、すべての制度や機能に対して問題を投げ
かけることになると指摘する（トロウ 2000: 84）。

　本書の主要テーマである女性について簡単に言及すると、この大学進学率の
上昇には、女子学生の進学者数の増加が背景にある。2020年に国家統計局が
発表した「第四期中国女性の社会地位に関する調査」によると、中国で大卒以
上の学歴を持つ女性は18.0％（2010年は14.3％）で、男性よりも1.6ポイント高
い。また、高等教育を受ける女性の割合が学部（一般学部、成人学部含むが50.9
％、大学院51％といずれも女性がわずかではあるが上回っている[9]。

　この「中国女性の社会地位に関する調査」は、1990年から10年ごとに行わ
れており、2000年の「第二期中国女性の社会地位に関する調査」では、1990
年の調査時点と比較して女性の教育水準は著しく向上したと書かれている[10]。
都市部では高校以上の学歴を持つ女性が44.3％と1990年時点から8.3％増加し
た。しかし、大学以上の学歴を持つ女性の割合は、都市部と農村部あわせても

第Ⅰ部　移民を取り巻く社会、移民が結びつく社会

3.5％（1990年は1.4％）と依然低い水準であった。しかし、2010年の「第三期中国女性の社会地位に関する調査」では、大学以上の高等教育を受けた女性は14.3％で、都市部に限ると25.7％にまで上昇している[11]。2020年の「第四期中国女性の社会地位に関する調査」では、大学以上の学歴を持つ女性の割合は18.0％で、男性より1.6ポイント高く、その中でも18〜24歳の女性の割合が50.9％と最も高くなっている。学部教育を受けている人のうち、女性の割合は53.6％で、2010年より5.8ポイント増加した。

　これら一連の調査結果からは、中国国内で女性が高等教育機会を受ける機会が拡大してきたことがわかる。また、学部教育を受けている学生の過半数が女子学生となり、海外留学する学生の男女比も均衡し、女子学生がその男子学生よりも多いイギリスやカナダのような例もある。中国グローバルセンター（CCG）は、改革開放初期においては政府援助を受けて海外に留学する学生の男女比が国によっては9対1という不均衡であり、その後私費留学生が増えてもなお、当時、政府奨学金留学生であれ私費留学生であれ、留学生のほとんどは一定の就労経験を持つ男性で、男女比は約7:3だったと指摘している[12]。

　また、同センターは、『中国留学発展報告2015』の中で、女子学生の海外留学の増加の要因については、女子学生の精神的発達の早熟度や、家庭教育における女子学生の総合成績結果などが考えられると指摘している[13]。

　以上、本節では、中国の大学進学がエリートからマス型へと移行し、さらにユニバーサル型へと発展していく過程で、男子学生に偏っていた教育の機会が時代の変化とともに女性にも開かれ、女子学生の大学進学者数や海外留学者数が増加してきたことを見てきた。

第6節　おわりに

　大学進学率の増加にともない、海外留学をする学生も増加した。2019年には日本に留学した中国人学生数は12万人を超えた。多くの個人が自己の意思に基づき、行き先を決定し、何を学ぶか、そして卒業後どのような進路に進むかまで、すべて自由である。自分のキャリアにとって最適な選択を取れる場合

第3章　海外留学という国際移動の様相の変化

もあれば、セカンドベスト、あるいは現状からの避難行動のための留学というケースもあるだろう。

　本稿では、2010年代後半以降の日本留学の動向について詳細に追うことはできなかった。また、中国で社会問題化した蟻族、啃老族、躺平族[14]などの高等教育の普及拡大政策に起因すると考えられるこれらの現象についても言及することができなかった。高等教育の普及、拡大が民主化を加速させるが、それは一方でさまざまなリスクをはらんでいるというトロウの指摘についての考察は別稿に譲るが、大学や大学院を卒業、修了した人材を十分に吸収できるだけの労働市場が国内にない場合、こうした人材が労働市場へ参入することは難しくなる。教育機関から労働市場への接続、移行がうまく行われない、あるいは分断されていた場合、若年者は初期キャリア形成の段階で困難に直面することになる。

　高等教育の普及は民主化を進める一方で、新たな階級社会を生み出す懸念も存在する（Stevens 2009）。学歴のインフレーションによって引き起こされるさまざまな問題は中国に限らず、高等教育の普及を推進する国で共通の現象である。かつて、改革開放政策初期には、留学を望んでいようがいまいが、優秀だという理由で選抜し、国家の意向で留学先も決められていた時代から、高等教育を積極的に拡大させた結果、2010年代には大学進学が大衆化し、マス化さらにはユニバーサル化した。大学卒という学歴の価値、とりわけ労働市場における価値が逓減し、その結果、エリート教育を大衆が指向するようになり、それを政府が規制するという中国の一連の動向は興味深い。

付記

　本稿はJSPS科研費JP23K25586の助成を受けて行った研究成果の一部である。

注

（1）　清華大学ホームページ「出国留学30年——从精英走向大众」https://www.tsinghua.edu.cn/info/1874/74524.htm
（2）　本章の図表の数字は日本学生支援機構による調査結果と、日本学生支援機構のホームページで公表されている平成15年以前の文部科学省による外国人留学生在籍調査データも含む。

91

第Ⅰ部　移民を取り巻く社会、移民が結びつく社会

(3)　中国教育部ホームページ「中国教育ニュース」2008年10月7日　http://www.moe.gov.cn/jyb_xwfb/xw_zt/moe_357/s3580/moe_2448/moe_2450/moe_2452/tnull_39423.html

(4)　中国教育新聞2018年7月23日「派遣赴美留学生问题谈判始末一段鲜为人知的重要史实一项历史性的战略决策」http://www.jyb.cn/zcg/xwy/wzxw/201807/t20180723_1163000.html

(5)　王雪萍の研究（『当代中国留学政策研究——1980-1984年赴日国家公派本科留学生政策始末』）では、日本の文部科学省の資料をもとに、1979年に中国政府から日本に派遣された留学生総数は111名であると述べている。この111名は全員訪問学者であった。当時の派遣留学生の人数に関しては、研究者によってやや異なる数字が報告されているが、訪問学者、大学院生、学部学生の比率については概ね一致していると王は指摘する。また、この1980年から1984年の間に日本に派遣された国費留学生379名の性別の内訳は、男性304名、女性75名となっており、男女比でみると4：1となっている（王 2009: 5-14）。

(6)　中国教育和科研计算机网网络中心ホームページ「高等教育国际交流合作篇」https://www.edu.cn/edu/gao_deng/zhuan_ti/gj30years/200906/t20090605_382456_1.shtml

(7)　国务院批转教育部、公安部、外交部、劳动人事部制定的〈自费出国留学的规定〉的通知 https://www.gd.gov.cn/cms-bulletin/public/3353972/1687774530/c71ec0ca3282721e34bc5f1f76ca3997.pdf

(8)　中華人民共和国国務院公報1985年第2号, 19-21, https://www.gov.cn/gongbao/shuju/1985/gwyb198502.pdf

(9)　中国妇女報「第四期中国妇女社会地位调查主要数据情况」https://epaper.cnwomen.com.cn/images/2021-12/27/4/04BLM04Cc27_h.pdf

(10)　中华人民共和国国家統計局https://www.stats.gov.cn/sj/tjgb/qttjgb/qgqttjgb/202302/t20230218_1913247.html

(11)　中华人民共和国国务院新闻办公室http://www.scio.gov.cn/xwfb/gwyxwbgsxwfbh/wqfbh_2284/2011n_11937/2011n10y21r/tw_12094/202207/t20220715_170246.html

(12)　中国与全球化智库（CCG）「低龄留学热潮下的近观察」http://www.ccg.org.cn/archives/28501

(13)　同上。

(14)　蟻族とは中国の都市部で正規雇用に就けず、不安定な状況で集団生活する高学歴の若者たちを指す。啃老族とは、成人しても経済的に自立せず、親に扶養されている若者たちを指す。躺平族とは、日本語では寝そべり族と訳され、競争意識や消費意欲を低く保つことで社会との摩擦・衝突を最低限にしてやり過ごそうとする若者たちを指す。

参考文献・資料

王雪萍, 2007,「改革開放後の中国『国家公費派遣留学生』派遣政策の変遷」『中国研究月報』61(8): 19-32.

王雪萍, 2009,『改革開放後中国留学政策研究——1980-1984年赴日本国家公派留学生政策始末』世界知識出版社.

大塚豊, 1981,「文革後中国の高等教育機関をめぐる政策」『広島大学 大学教育センター大学論

集』10: 147-170.

大塚豊, 2010,「国家戦略としての中国の留学政策」『中国21』東方書店, 33: 55-74.

岡益巳, 1992,「入管法改正に伴う中国人私費留学生のアルバイト問題（Ⅰ）」『岡山大学経済学会雑誌』24(3): 61-90.

岡益巳, 1993,「入管法改正に伴う中国人私費留学生のアルバイト問題（Ⅱ）」『岡山大学経済学会雑誌』24(4): 139-160.

岡益巳・深田博己・周玉慧, 1995,「中国人私費留学生のソーシャル・サポート」『岡山大学経済学会雑誌』27(3): 493-523.

宋伍強, 2014,「1980年代以降日本における中国人新移民について」『社会科学』同志社大学人文科学研究所, 44(3): 47-58.

中国教育部改革開放30年中国教育改革与発展課題, 2008,『教育大国的崛起』教育科学出版社.

張玉琴, 2006,「中国の高等教育規模拡張の政策的要因について」『東京大学大学院教育学研究科紀要』46: 371-379.

坪井健, 2006,「在日中国人留学生の20年の動向と日本の課題――日本と中国の留学生戦略を背景として」『駒沢社会学研究』38: 1-22.

トロウ, マーティン, ［1976］2000,『高学歴社会の大学――エリートからマスへ』天野郁夫・喜多村和之訳, 東京大学出版会.

トロウ, マーティン, 2000,『高度情報社会の大学』喜多村和之編訳, 玉川大学出版部.

南部広孝・大塚豊, 1994,「1980年代における中国高等教育の変容」『広島大学 大学教育センター大学論集』24: 195-216.

松下奈美子, 2022,「中国：大きく変化する国際移動のパターン」田辺国昭・是川夕監修『国際労働移動ネットワークの中の日本』日本評論社, 287-314.

森直人, 2015,「教育システムと就業――『教育の機会均等と社会保障をどうつなげるか』」『季刊社会保障研究』51(1)1: 6-17.

楊燕・徐鉄杰, 2015,「邓小平与改革開放初期的留学教育工作」『歴史教学問題』95-101.

李敏, 2021,「90年代中国人留学生の日本留学の効果に関する研究――北京日本学研究センターを例とする」『広島大学 大学教育センター大学論集』53: 19-36.

李協京・田淵五十生, 1997,「中国人の日本留学の百年――歴史的奇跡と現在の留学事情について」『奈良教育大学紀要』46(1): 21-35.

劉文君, 2007,「高等教育のマス化と構造変化――日本と中国の比較」『東京大学大学院教育学研究科紀要』47: 439-450.

Stevens, Mitchell L., 2009, *Creating a Class: College Admissions and the Education of Elites*, Harvard University Press.

第4章

日本における高学歴母親の就業と子育て

西村 純子

第1節　はじめに

　本章では、1990年代から2020年頃までの間の日本における高学歴母親の就業と子育ての諸相と、その背後にある日本社会の制度編成の変動について論じる。過去30年間の日本女性の就業行動の大きな変化のひとつは、出産を経て就業を継続する女性の増加である。出生動向基本調査によると、1990年から94年に第1子を出産した女性においては、第1子が1歳時点で就業を継続していた女性は24.4％にすぎなかったが、2015年から19年に第1子を出産した女性においては、その値は53.8％にまで上昇している（国立社会保障・人口問題研究所 2023）。かつて幼い子どもをもつ日本の女性の就業率が低いことは、国際的にみても特異な点であったが、そうした側面は消失しつつあると言ってよい。

　以下では、日本の、特に幼い子どもを育てる女性の就業行動の変化が、どのような学歴間格差をともなっていたかに着目すると同時に、女性の就業行動の変化と関連する労働市場の動向と、仕事と子育ての両立を後押しする政策の展開について論じる。具体的には、以下のような流れで議論を展開する。続く第2節では1990年代以降の労働市場の趨勢と、仕事と子育ての両立を後押しする政策の展開を追う。第3節では1990年代以降の母親たちの就業行動について、データ分析の結果もふまえて議論し、第4節では高学歴の母親たちが仕事と家族生活の間でどのような経験をしてきたのかについて、出生コーホートによる

95

第Ⅰ部　移民を取り巻く社会、移民が結びつく社会

差異にも着目しながら、過去30年間の変化について論じ、第5節で議論を総括する。

　なお1990年代から2020年頃までの女性の就業行動や仕事と家族生活の間での経験の変化を検討するにあたり、本章では女性の出生コーホート間の差異に着目する。1990年代から2020年頃までに出産や育児を経験したのは、その期間の平均第1子出産年齢が27〜30歳であった（厚生労働省 2021）ことをふまえると、おおむね1960年代から1980年代生まれにあたる。そのため本章では、1960年代生まれから1980年代生まれをいくつかの出生コーホートに分け、就業行動や仕事と家族生活の間における経験の差異について検討する。

第2節　1990年代以降の労働市場の趨勢と子育て支援政策の展開

2.1　経済不況のもとでの労働市場

　日本経済は1990年代以降、「失われた30年」とも言われる長い経済不況下にあった。1980年代には平均して5％程度であったGDP成長率は、1990年代の10年間には平均で1％程度にまで落ち込んだ[1]。また賃金水準もほぼ横ばいであり、30人以上の事業所の一般労働者の1991年から2010年までの平均賃金増加率は0.03％であった[2]。

　こうした経済不況に対応するため、企業は新規採用を抑制した。特に1990年代後半にはアジア通貨危機、大手金融機関の破綻などがあいつぎ、企業の採用意欲は大きく落ちこんだ。1999年卒の大卒新卒者に対する求人倍率は1.25倍となり、2000年には0.99倍と1倍を割り込み（リクルートワークス研究所 2024）、いわゆる「就職氷河期」をむかえた。その結果、大学卒業後も正規雇用に就けずアルバイト等の非正規雇用に従事したり、あるいはそれまでには目立っていなかった「新卒無業者」（＝学校卒業後、就職も進学もしていない人）が数としてあらわれるようになった（藤本 2019）。

　経済不況への政策的な対応のひとつは、労働市場の規制緩和であった。1986年に施行された労働者派遣法では、その対象が専門知識を必要とする13業務に限られていたが、その後対象業務が拡大され、非正規雇用の受け皿となった。

第4章　日本における高学歴母親の就業と子育て

結果として、労働力の非正規化がすすんだ。25 〜 34歳の雇用者に占める非正規雇用者の割合は、1989年では男性で3.8%、女性で24.5%であったが、2023年には男性で14.6%、女性では31.4%に増加している（労働政策研究・研修機構2024）。

　他方で企業の基幹労働者で構成される内部労働市場は、その規模を縮小させながらも維持された。Yu（2010）によると、1990年から2005年の経済停滞期の男性正規雇用者の非自発的離職（解雇、組織変更、倒産等の企業側の理由による離職）は、それ以前の時期に比べて増加しておらず、また男性正規雇用者は経済停滞期においても、それ以前と変わらず配置転換等の企業内移動を経験していた。つまり経済不況下においても、企業の基幹労働力としての男性正規雇用者は、その雇用が守られ、企業内でのキャリア形成の機会が保たれていた。

　このような非正規雇用の拡大と内部労働市場の維持によって、労働市場の二重性が深まり（Sato and Imai 2011）、労働者は正規／非正規のラインで二分される傾向を強めた。企業の基幹的労働を担う正規雇用者は、長期雇用と企業内でのキャリア形成の機会が保障され、年金・健康保険等の社会保障給付と企業独自の福利厚生制度の恩恵を受けることができた。他方で主に補助的業務を担うことを期待された非正規雇用者の雇用は不安定で、昇進・昇給の機会は限定的である。またしばしば、正規雇用者よりも短時間で勤務する非正規雇用者は、その労働時間によって、さらに従業する企業規模によって、健康保険や厚生年金保険の加入対象とならないこともある。またそうした公的な社会保障の受給資格と連動して、企業独自の福利厚生制度の対象から除外される傾向にある。

　こうした労働力の二極化は、女性にもあてはまる。1986年に男女雇用機会均等法が施行され、女性にも正規雇用の「総合職」として企業の基幹的業務を担うようなキャリア形成の機会がひらかれた。こうした総合職としてのポジションを得たのは、主に大学以上の学歴をもつ高学歴女性であった。他方で、1990年代以降の内部労働市場の縮小と非正規雇用の拡大によって、大学以上の学歴をもたない女性が内部労働市場に参入できる機会は限定的であった。

2.2　子育て支援政策の展開

　日本の子育て支援政策は、少子化への対応として展開された。1989年の合

第Ⅰ部　移民を取り巻く社会、移民が結びつく社会

計特殊出生率は1.57であり、この値は戦後丙午（ひのえうま）で出生率が激減した1966年の1.58を下回る数値であったため、少子化を社会に強く印象づけた。

1993年版厚生白書では「未来をひらくこどもたちのために——子育ての社会的支援を考える」というサブタイトルがつけられ、合計特殊出生率が戦後最低の数値を記録しつづける状況のもと、少子化への対応として、仕事と育児の両立を可能にする環境の整備や、子育て負担の軽減の必要性が論じられている。その具体的な方向性として挙げられたのが、育児休業制度の定着・充実、保育サービス等の充実、短時間勤務制度や事業所内保育施設の整備などの企業による仕事と子育ての両立支援の充実である（厚生省 1994）。

以下では、1990年代以降に展開された、仕事と子育ての両立を支援するための主な政策として、①育児休業制度、②保育の受け皿の拡大、③短時間勤務制度について論じる。

2.2.1　育児休業制度

1992年に育児休業法が施行され、1歳に満たない子を養育する労働者は育児休業を取得できることとなった。さらに1995年には、育児休業給付金が創設された。育児休業給付金は、1995年の設立当初は休業前賃金の25％（休業中に20％、職場復帰後に5％）の給付であったが、この給付率はその後の法改正で引き上げられた。給付率は2001年には休業前賃金の40％（休業中に30％、職場復帰後に10％）に、2007年には50％（休業中に30％、職場復帰後に20％）に引き上げられ、2010年には休業前賃金の50％の全額が休業中に支給されるようになった。さらに2014年以降は休業開始から6か月は休業前賃金の67％、それ以降は50％が支給されるようになっている。

2005年からは育児休業の対象が有期雇用者へも拡大された。有期雇用者は「引き続き雇用された期間が1年以上」でありかつ「その養育する子が1歳6か月に達する日までに、その労働契約が満了することが明らかでない」という条件を満たす場合に、育児休業を取得できることとなった。この有期雇用者の取得要件のうち「引き続き雇用された期間が1年以上」という要件は2022年以降に緩和された[3]。

98

第4章　日本における高学歴母親の就業と子育て

　さらにのちに述べる待機児童問題が解消されないなかで、育児休業制度がそれへの対応の一部を担うことともなった。2005年からは保育所への入所を希望しているが入所できないなどの一定の条件が認められる場合には、子が1歳6か月になるまで育児休業の延長が認められるようになり、さらに2019年以降は、子が1歳6か月に達した時点で、保育所に入れない等の場合に再度申し出ることにより、子が2歳になるまで休業を延長できることとなった。

　また父親の育児休業取得率の向上も政策課題として認識され、それに向けた制度改正も重ねられた。2010年には、両親ともに育児休業を取得する場合には、育児休業取得可能な期間が、子が1歳2か月に達するまでの1年間に延長できる、「パパ・ママ育休プラス」と呼ばれるしくみがつくられると同時に、妻の出産後8週間以内に父親が育児休業を取得した場合、育児休業の再度の取得を認められるようにもなった。さらに、2022年10月からは、育児休業の2回までの分割取得や、労使協定を締結している場合には、労働者が合意した範囲で休業中に就業することが可能になった。

2.2.2　保育の受け皿の拡大

　保育所等の待機児童数は1990年代半ばから2000年代初め頃まで、2万人から4万人の水準で推移してきた（実方 2024）。こうした待機児童問題に対してとられた政策的対応は、1990年代から2010年代初め頃までは保育における規制緩和であった。それらは多岐にわたるが、岩藤（2024）によると、保育所定員の弾力化、短時間保育士の導入、保育所設置主体の規制撤廃などが挙げられる。1998年から、年度当初は認可定員の10％増、年度途中では15％増までの受け入れが可能となった。さらに2010年には年度当初の規制が撤廃された。こうして既存の施設で、より多数の子どもの保育を可能にするような制度変更がはかられた。また1998年からは、保育士不足を背景に、8時間勤務の常勤保育士の代わりに短時間勤務保育士の複数配置が可能となった。さらに規制緩和の3つめとして、保育所設置主体の規制撤廃がある。民間による保育所設置は、従来は社会福祉法人に限定されていたが、2000年からはそうした規制が撤廃され、営利法人等による保育所設置が可能となった。株式会社による認可保育所数は、2007年では118か所にとどまっていたが、2018年には1,753か所まで

第Ⅰ部　移民を取り巻く社会、移民が結びつく社会

増加し、2023年には3,278か所となっている（若林 2024）。

　他方で2010年頃までの保育所数の伸びは鈍く、2003年から2009年までの1年当たりの保育所の平均増加数は95.2か所にすぎない[4]。保育所数の増加は2010年以後にようやく加速し、2011年から2014年の1年当たり平均保育所増加数は339.3か所となった[5]。

　さらに2015年4月にスタートした子ども・子育て支援新制度のもとでは、ひとつの制度のもとに多様な施設・事業が含まれることとなった。具体的には、保育所、幼稚園、認定こども園に加えて、地域型保育とよばれる事業として、家庭的保育、小規模保育、事業所内保育、居宅訪問型保育が含まれる。これらの施設・事業の利用を希望する場合には、市町村から利用の認定を受け、認定区分に応じた給付を受けられるようなしくみとなった（内閣府 2016）。これらに加えて2016年からは、子ども・子育て支援法に定められた事業主拠出金を財源とする企業主導型保育事業が追加された。

　このように2015年以降は従来の保育所だけではなく多様な施設・事業のもとで保育を提供するようなかたちで、保育の受け皿が拡大されてきた。ただ、たとえば地域型保育においては保育士配置や給食等において、認可保育所よりも低い基準が採用されており、これら多様な施設・事業のもとで同水準の保育が提供されているかどうかは、検討が必要な点でもある。

2.2.3　短時間勤務制度

　1992年の育児休業法の施行当初は、1歳未満の子を養育する労働者に対して、事業主は短時間勤務、フレックスタイム、始業終業時刻変更等からいずれかひとつを選択して措置する義務が定められていた。その後の法改正により2002年からは、そのような措置の対象が3歳未満の子を養育する労働者に拡大され、さらに2010年からは、事業主には3歳未満の子を養育する労働者に対して、所定労働時間を6時間とする措置が義務づけられた。

　日本の正規雇用者は、職務内容、勤務地、労働時間の無限定性を受け入れることで比較的高い賃金と長期雇用を得ていると指摘されており（筒井 2015）、こうした働き方はとりわけ幼い子どもを養育する労働者にとっては、仕事と育児との両立を困難にしてきた。子どもが1歳になるまでは育児休業を取得する

第4章　日本における高学歴母親の就業と子育て

ことができても、職場復帰後にこのような働き方を期待される状況下では、就業継続は難しい。2010年からの短時間勤務制度の義務化は、こうした正規雇用者の働き方のうち、労働時間の無限定性に（少なくとも幼い子どもを育てている時期においては）歯止めをかけるものであった。これは、それまで仕事と育児の両立が困難であったために離職せざるを得なかった女性の、就業継続の可能性を高めうる制度変更であった。

2.3　女性の労働力の二極化傾向のなかでの子育て支援政策のインパクト

　2.1節でみてきたように1990年代以降、女性の労働力は、主に高学歴女性で構成される正規雇用層とそうではない層に二極化される傾向を強めた。そのようななかで導入された、仕事と子育ての両立を促進しようとする子育て支援政策は、女性労働力の二極化を強める方向に作用したと考えられる。というのも、2.2節でみてきたような子育て支援政策は、高学歴層が多くを占める正規雇用層には、仕事と育児を両立するうえでの恩恵が大きかったが、非正規雇用層は制度の対象とならなかったり、対象となる場合にもその恩恵を受けにくかったからである。

　たとえば育児休業制度は、制度が導入された1992年当初は、非正規雇用者がその多くを占める有期雇用者は対象外とされていた。また有期雇用者にも対象が広げられた2005年以降も、育児休業制度を利用するためには「引き続き雇用された期間が1年以上」でありかつ「その養育する子が1歳6か月に達する日までに、その労働契約が満了することが明らかでない」という条件を満たさなければならなかった。しかし半年や1年単位で雇用契約を結ぶような有期雇用者にとって、自身が「その養育する子が1歳6か月に達する日までに、その労働契約が満了することが明らかでない」という条件を満たすかどうかが明らかでないケースも少なくない。

　保育所の入所申請は居住地域の市区町村で行い、自治体によって利用選考（利用調整）が行われる。もし入所申込数が地域の保育所定員を上回る場合には、保護者の就労時間や家庭状況などによって優先順位が定められており、それに沿って入所が決定される。利用選考にあたっては、保護者の就労日数が多く、また就労時間が長いほど保育の必要性が高いと判断されるため、週当たり

101

第Ⅰ部　移民を取り巻く社会、移民が結びつく社会

の就労日数が少なく、就労時間が短い非正規雇用者に比べると、正規雇用者は子どもの保育所入所にあたっても、相対的に有利であった。

　さらに3歳未満の子を養育する労働者の1日の所定労働時間を6時間とする措置は、1日の所定労働時間が6時間以上の労働者には大きなメリットがあったと言えるが、1日の労働時間が6時間あるいはそれ以下であるような非正規雇用者にとってのメリットは小さかった。

　このように1990年代以降に導入された子育て支援政策の恩恵を受けたのは、主には高学歴女性で構成される正規雇用者であった。そうした女性はこの時期、仕事と子育てを両立させるための諸制度の充実にともない、子どもを育てながら就業する可能性を高めていった。他方で仕事と子育てを両立させるための諸制度の恩恵を十分に得られなかった層においては、出産や子育てというライフイベントは離職を引き起こしやすいままであったと考えられる。つまり日本では労働力の二極化と子育て支援政策の導入が同時にすすんだことによって、特に出産や育児に直面した女性の就業可能性に、学歴階層間での格差が生じたと考えられる。

第3節　1990年代以降の母親たちの就業行動

3.1　高学歴化ならびに未婚化・晩婚化の趨勢

　ここではまず高学歴化と未婚化・晩婚化の進展という観点から、日本の女性のライフコースの趨勢的な変化を確認する。

　図4.1は1990年から2023年までの大学進学率の推移を示す（短期大学への進学は含んでいない）。1990年の大学進学率は、女性が15.2%、男性が33.4%であったが、年々上昇し、2000年では女性31.5%、男性47.5%、2010年には女性45.2%、男性56.4%にまで上昇し、さらに2023年には女性54.5%、男性60.7%に達している。2023年においても男性の大学進学率が女性のそれを上回っているものの、その差は近年になるほど縮小しており、1990年には18.2ポイントあった女性と男性の進学率の差は、2023年には6.2ポイントにまで縮小している。このように高等教育を受ける人口という点での性差は縮小しているが、他

方で、専攻する分野には性による偏りがみられる。2023年時点で大学における専門領域別の女子学生比率をみると、人文科学系64.3%、社会科学系36.7%、理学系27.9%、工学系16.1%、農学系46.1%、医歯学・保健系63.5%[6]となっており、理学・工学系分野で学ぶ女性が相対的に少ないことがわかる。

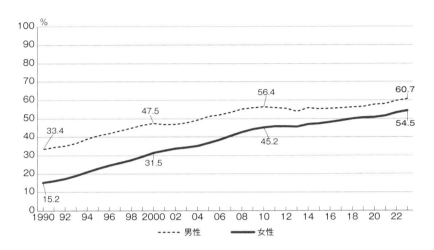

出典：文部科学省「文部科学統計要覧（令和6年版）」をもとに作成。

図4.1　大学進学率の推移

　次に未婚化・晩婚化の趨勢について確認する。図4.2は1950年から2020年までの女性と男性の年齢層別の未婚率の推移を示す。図4.2をみると、「25-29歳」および「30-34歳」層の未婚率は女性も男性も1970年頃から上昇し始め、1980年代と90年代に大きく上昇し、その後も緩やかな上昇を続けていることがわかる。1970年には「25-29歳」層の女性の未婚率は18.1%、男性では46.5%であったのが、2020年には女性で62.4%、男性では72.9%まで上昇し、「30-34歳」層では女性の未婚率は1970年には7.2%であったのが、2020年には35.2%に、男性では1970年の11.7%から、2020年では47.4%にまで上昇している。さらに2000年以降は「50-54歳」層の未婚率の上昇傾向も確認できる。女性では「50-54歳」層の未婚率は2000年には5.3%であったのが2020年には15.2%となり、男性では2000年の10.3%から2020年には24.2%まで上昇している。

第Ⅰ部　移民を取り巻く社会、移民が結びつく社会

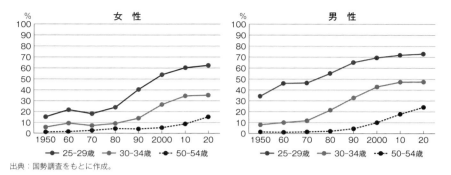

出典：国勢調査をもとに作成。

図4.2　年齢層別未婚率の推移

3.2　女性の就業行動の趨勢

　まず日本の女性の就業行動について、やや長期的な趨勢を確認しておきたい。図4.3は、1968年から2023年の女性の就業率を「25-29歳」「30-34歳」「35-39歳」「40-44歳」の年齢層別に示している。各年齢層に共通する傾向としては、1968年から1970年代半ば頃までにいったん就業率が低下して、その後上昇傾向に転じていることが挙げられる。他方で、1970年代以降に就業率が上昇傾向に転じたタイミングやその上昇幅には、年齢層による差異が確認される。「25-29歳」層については、1980年代に就業率が大きく上昇し、その後も上昇傾向が続いている。この年齢層における1980年代の就業率の大きな上昇は、さきにみた「25-29歳」層の未婚率が1980年代に大きく上昇したこととも関連があると推察される。「35-39歳」および「40-44歳」層については、1970年代から相対的に就業率が高く、2010年代以降にさらなる就業率の増加傾向がみられるものの、1970年代から2010年頃までの就業率は、相対的にみて大きく変化していない。一方で「30-34歳」層の就業率は、1970年代から2010年頃までは緩やかな上昇傾向を示していたが、2010年代以降、より顕著に上昇してきたことが確認できる。このように日本の女性の就業率は、年齢層ごとに異なる様相をみせながら上昇し、2023年には「25-29歳」で84.7％、「30-34歳」で80.1％、「35-39歳」で78.1％、「40-44歳」で80.5％となっており、これらの年齢層では就業率の差異が小さくなっている。これはすなわち、日本の女性の就業率のM字型カーブが消失してきたことを意味している。

104

第4章　日本における高学歴母親の就業と子育て

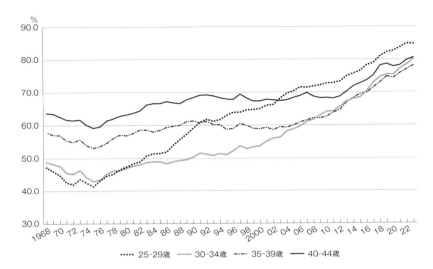

出典：労働力調査をもとに作成。

図4.3　女性の年齢層別就業率の推移

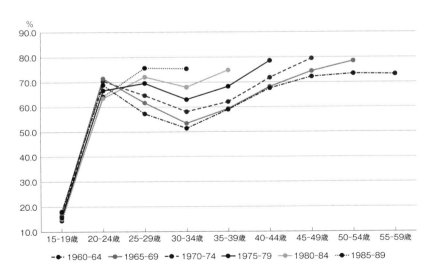

出典：労働力調査をもとに作成。

図4.4　出生コーホート別にみた年齢別就業率

第Ⅰ部　移民を取り巻く社会、移民が結びつく社会

　日本の女性のＭ字型カーブの趨勢は、図4.4の年齢別就業率をコーホート別にみたときに、よりはっきりと確認できる。この図で最も年長の1960-64年出生コーホートでは20歳代後半から30歳代前半にかけて就業率が落ち込むが、若いコーホートほどそうした落ち込みがみられなくなり、最も若い1985-89年出生コーホートではほとんど確認されなくなっている。1980年代生まれ以降の40歳代以降の就業率についてはデータとしてまだ確認することができないものの、1970年代生まれまでのコーホートの40歳代の就業率が70％を超える水準だったことをふまえると、1980年代出生コーホートにおいて40歳代での就業率が70％を下回ることは考えにくく、1980年代出生の若いコーホートでは20歳代後半から40歳代にかけて就業率が落ち込むことなく、年齢別就業率のグラフの形状は限りなく台形に近づいていくものと推測される。

3.3　1960年代後半から1980年代前半生まれの母親たちの就業行動のコーホート別分析

　ここでは、母親となった女性たちの就業行動の変化に着目する。前項の年齢層別就業率の長期的な趨勢からは、30歳代前半層の就業率が2010年代以降顕著に増加していること、また出生コーホート間の年齢層別就業率の変化からは、若い1980年代出生コーホートにおいては20歳代後半から30歳代前半にかけても就業率が高い水準を維持していることが確認された。20歳代後半から30歳代前半が、女性が出産を経験しやすい時期であることをふまえると、上記のような女性の就業行動の変化は、母親たちの就業行動が変化した可能性を示唆している。

　本項では、母親となった女性たちの就業行動をデータで確認する。具体的には、第1子を出産した年の就業形態に焦点を当てる。また第2節で論じたような1990年代以降の労働市場の動向と子育て支援政策の展開が、女性の就業行動に関して学歴階層間で異なるインパクトをもたらした可能性もある。そのため、第1子出産年の就業形態の学歴間の差異にも着目する。

　ここで用いるデータは「消費生活に関するパネルデータ」（以下、JPSCとする）のWave 1からWave 29である。この調査は公益財団法人家計経済研究所によって、1993年から2021年にかけて毎年実施されたパネル調査である[7]。

106

第4章　日本における高学歴母親の就業と子育て

調査は1993年に24-34歳（1959-69年生まれ）の女性1,500名を対象に開始され、以降1997年、2003年、2008年、2013年の各年に、それぞれ1970-73年、1974-79年、1980-84年、1985-89年生まれの若い対象者を追加しながら実施された。本章の分析では、調査開始時点ですでに29-34歳であった1959-64年生まれと、調査最終年の2021年時点で大半がまだ30歳代半ばに達していない1985-89年生まれを除き、1965年から1984年生まれを対象とし、かつ調査開始後に第1子を出産した女性に焦点を当てて分析する。

　表4.1に、分析対象の概要を示す。ここでは母親たちの就業行動の傾向をコーホート別に検討するが、コーホートはJPSCにおける調査への参加開始年別に、1965-69年、1970-73年、1974-79年、1980-84年の各出生コーホートに区分する。各コーホートの平均第1子出産年齢は29歳から31歳である。ただ最も若い1980-84年出生コーホートについては、調査最終年の2021年で37歳から41歳であり、30歳代後半から40歳代前半における第1子出産が十分に反映されていないことには留意する必要がある。最終学歴が大学以上の者の占める割合は、1965-69年出生コーホートでは16.5%であるのに対して、1980-84年出生コーホートでは41%に達しており、女性の高学歴化がすすんできたことを確認することができる。

表4.1　分析対象の概要

出生コーホート	ケース数	観察開始年	平均第1子出産年齢（歳）	最終学歴が大学以上の者の割合（%）
1965-69年	255	1993	29.2	16.5
1970-73年	162	1997	29.6	18.5
1974-79年	243	2003	31.3	27.6
1980-84年	200	2008	30.5	41.0

出典：JPSCより作成。

　次に、母親たちの就業行動を検討するにあたり、学歴階層別に第1子出産年の就業形態を検討する。図4.5には出生コーホートごとに、最終学歴が高校まで、専門学校または短期大学、大学以上の3つの層に分けて、第1子出産年の就業形態の分布を示す。1965-69年出生コーホートについてみると、最終学歴が高校までの層においては、正規雇用が12.3%を占めるのに対して非就業が

107

第Ⅰ部　移民を取り巻く社会、移民が結びつく社会

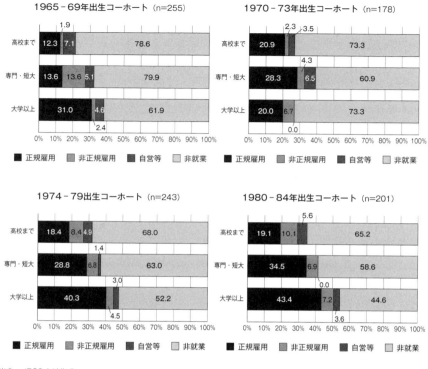

出典：JPSCより作成。

図4.5　出生コーホート別第1子出産年の就業形態の分布

78.6％を占めており、圧倒的多数が出産年に就業してないことがわかる。他方で最終学歴が大学以上の層においては、正規雇用が31.0％、非就業が61.9％を占め、高校までの層に比べて正規雇用の占める割合が高く、非就業割合が低いものの、6割以上の女性が非就業となっている。

このような傾向は、最も若い1980-84年出生コーホートでは大きく異なる。1980-84年出生コーホートにおいては、最終学歴が高校までの層では正規雇用19.1％、非就業65.2％と、年長の1965-69年出生コーホートに比べて正規雇用割合が増え、非就業割合が減少してはいるものの、依然として6割を超える女性が出産年に就業していない。他方で大学以上層においては、正規雇用が43.4％、非就業が44.6％を占めている。年長の1965-69年出生コーホートと比較したと

第4章　日本における高学歴母親の就業と子育て

き、1980-84年出生コーホートの正規雇用割合は、高校までの層では6.8ポイント大きくなっているのに対して、大学以上の層では12.4ポイント大きく、非就業割合は高校までの層では13.4ポイント小さくなっているのに対して、大学以上の層では17.3ポイント小さくなっている。すなわち高校までの層に比べて、大学以上の層において、正規雇用割合の増加と非就業割合の減少が、より顕著に生じている。ここからは、若いコーホートほど第1子出産年の働き方に学歴階層間の差異が顕著にみられるようになっており、若いコーホートにおいては、最終学歴が大学以上の高学歴女性が、出産にかかわらず就業する傾向をますます強めていることがうかがえる。

第4節　高学歴の母親たちの就業と子育ての諸相

　これまでの議論で、1990年代以降の労働市場の変動と子育て支援政策の導入という文脈のもとで、2010年代以降に出産や子育てをすることになった1980年代以降生まれの層において、大学以上の学歴をもつ高学歴の女性たちが、出産や育児を経ても就業を継続する可能性を高めてきたことを確認してきた。本節では、高学歴の母親たちが就業と子育ての間でどのような経験をしてきたのかについて、出生コーホートによる差異にも着目しつつ、母親たちへのインタビューに基づく知見を確認したい。

　本田（2008）では、家庭における子育てのありかたや、母親たちが子育てにおいて直面しているプレッシャーや就業との葛藤について、大都市の小学校高学年の子どもをもつ母親を対象としたインタビュー調査に基づき考察されている。調査の実施は2006年であり、この時期に子どもが小学校高学年であったことをふまえると、母親たちの多くは1960年代生まれであったと推察される。

　本田（2008）によると、母親たちの子育ては、多くの母親に共通する点や緩やかな差異しかみられない点がある一方で、通塾や子育て方針などについては、母親学歴に応じて、かなり明瞭なグラデーションが存在していた。高学歴の母親は、子どもに対して積極的な介入・関与、綿密な配慮を行い、塾などの外部手段も多く利用するのに対し、それ以外の層の母親は、やはり子どもに対して

109

第Ⅰ部　移民を取り巻く社会、移民が結びつく社会

さまざまな配慮をしながらも、より「自然な」子育てを行っていると指摘されている。

　インタビュー対象者のうち大学以上の学歴をもつ女性のなかには、結婚や出産以前には専門職に従事していたり、大企業で総合職についていた者も少なくなかった。しかし海外出張が多く、帰宅が夜中になるような働き方、通勤に時間がかかるうえに残業が多い職場だったことなどによって、多くの女性が子育てを優先し、就業を中断した。また子育て中も社会からの隔絶感や息苦しさを感じ、外の世界と関わりたいという切実な思いをもって、講座に参加したり通信教育を受講したりして、就業再開の可能性を探っている。しかし希望するような労働時間、勤務地、内容の求人が少ないこと、また、母親として子どものそばでさまざまな気配りをし、「何かあったときに」責任を果たす必要があるという気持ちから、就業再開に踏み切れなかったり、パートタイムでの就業を選択したりする結果となっている（本田 2008）。このように1960年代生まれの高学歴の母親の多くは、高い自己実現意欲をもち、また実際に結婚・出産以前には高い水準で職業達成する者も少なくなかったが、出産を経て就業継続することには大きな困難がともなっていたことがわかる。

　次に、より若い出生コーホートの高学歴の母親たちに着目してみよう。額賀・藤田（2022）では、2016年から2020年にかけて、0〜6歳の未就学児を1人以上もつ、首都圏在住の20歳代から40歳代の母親を対象に、子育ておよび稼得役割や職業役割に対する意識、就業と子育ての間の葛藤やそれへの対処戦略、家事や家庭教育をめぐるパートナーとの分担などに関して、インタビュー調査を行っている。保育所を通して協力者を募集したため、対象となったすべての母親は調査時点で就業している。母親たちの出生年には幅があると思われるが、1980年代生まれの者が多くを占めると想定される。

　インタビュー協力者のうち、大学卒の32名の就業形態の内訳は、正規雇用29名、非正規雇用2名、自営業1名となっている。他方で非大学卒23名の就業形態の内訳は、正規雇用17名、非正規雇用6名であり（額賀・藤田 2022: 206）、大学卒のほうが正規雇用者の占める割合が高い。

　額賀・藤田（2022）によると、母親たちには学歴にかかわらず、子どもを自分の生活の中心においてケアする／すべきであるという意識が観察された。そ

110

のような意識は、仕事をすることで子どもに十分に向き合うことができていないといった時間負債の感覚を生み、高学歴で、育児よりも仕事に時間をかけたい女性たちの就業意欲をくじいている。他方で、「子どもが3歳までは母親の手で育てたほうがよい」という「三歳児神話」に対しては、女性たちはそれぞれの立場のリアリティから、それを否定していた。すなわち家計補助として仕事を意味づける女性たちからは、「三歳児神話」に沿うような子育てを実践できる経済状況にないことによって、またキャリア志向の女性たちからは、「やりたいこと」を妨げる言説として、「三歳児神話」が否定されていた。

　さらに母親たちの子育てに対するスタンスには、本田（2008）で観察されたような、母親の学歴にゆるやかに対応した差異が観察されている。大学卒以上の学歴をもつ女性の多くは、親の教育的働きかけの大切さを強く意識し、積極的に子どもの教育環境を整えようとしていた。他方でそれ以外の層の女性たちには、「本人がやりたいこと」を重視し、親は後方から支援することを重視する態度を示す者が相対的には多かった。額賀・藤田（2022）によると、前者のような親の教育的働きかけを重視するような子育ては、子育てへの多くの時間と労力を必要とするため、女性たちの時間負債意識をさらに高め、高学歴でキャリアの追求が可能な女性たちにおいても、昇進等も含めた仕事へのコミットメントにブレーキをかけている。

　額賀・藤田（2022）におけるインタビュー協力者は、未就学の子どもを保育園に通わせている母親であるため、出産後も就業を継続したか、あるいは短い就業中断があったとしても出産後ほどなく就業を再開した女性たちである。第3節での議論をふまえると、1980年代生まれを中心とする比較的若い女性においては、このような層が多くを占めると考えられる。年長の出生コーホートの女性たちに比べて、こうした若い出生コーホートの、特に大学以上の学歴をもつ層においては出産後も就業する女性が増加している。その背景には労働市場において高学歴女性がキャリアを追求する機会が拡大すると同時に、一連の子育て支援政策がとりわけ高学歴女性の出産後の就業を後押ししてきた側面がある。しかしそのような層においても、母親に課せられた子育てに対する重い責任が、就業と子育ての間で葛藤を生んでいる。

第Ⅰ部　移民を取り巻く社会、移民が結びつく社会

第5節 おわりに

　本章では、1990年代から2020年頃までの日本における高学歴女性の就業と子育ての諸相について、コーホート間の差異に着目して検討してきた。これまでの議論は、以下のようにまとめることができる。

　男女雇用機会均等法の施行を契機に、女性にも正規雇用の「総合職」として企業の基幹的業務を担うようなキャリア形成の機会がひらかれた。そうしたポジションに就くことができたのは、主には大学以上の学歴をもつ高学歴女性だった。しかし1960年代生まれの女性の多くが出産・育児を経験したと想定される1990年代は、育児休業制度も設立されたばかりであり、保育園の待機児童も多く、子育て支援政策は未成熟であった。そのような状況下では、結婚や出産以前には高い水準で職業達成していた女性たちにおいても出産後の就業継続は困難であり、高学歴女性の多くが結婚や出産で就業を中断していた。

　1990年代以降の労働力の二極化傾向のなかで、正規雇用就業は大学以上の学歴との結びつきを強めていった。同時期に展開された子育て支援政策は、結果的に正規雇用者をその主なターゲットとするものとなっており、そうした政策の恩恵を受けた1980年代生まれの高学歴女性は、出産後も就業する傾向を強めた。しかしそのような層においても、母親に課せられた子育てに対する重い責任が、就業と子育ての間で葛藤を生んでいる。

　日本の母親の就業継続率の高まりが、学歴間の格差をともなって進展してきたことは、たとえば子どもへ投入される資源の階層間格差の拡大につながりうるものである。また高学歴女性が出産後も就業する傾向を強めたとはいえ、そこに子育てとの小さくない葛藤が存在するということは、職業的地位達成のジェンダー間格差を温存することにつながるかもしれない。現在観察されているような就業と子育ての諸相が、今後どのような帰結をもたらすかについては、さらなる検討が必要である。

第4章　日本における高学歴母親の就業と子育て

謝辞

　本稿の分析に際しては、慶應義塾大学パネルデータ設計・解析センターによる「消費生活に関するパネル調査（JPSC）」の個票データの提供を受けた。

注

(1)　労働政策研究・研修機構（2023）より算出。
(2)　厚生労働省（2024）より算出。
(3)　この点については無期雇用者と同様の取り扱いとされ、労使協定の締結により除外可能となった。
(4)　厚生労働省（2010）より算出。
(5)　厚生労働省（2018）より算出。
(6)　文部科学省（2024）より算出。
(7)　組織変更により、2017年から2020年の調査は慶應義塾大学パネルデータ設計・解析センターにより実施された。

参考文献・資料

本田由紀, 2008,『「家庭教育」の隘路——子育てに強迫される母親たち』勁草書房.
藤本真, 2019,「雇用・労働の平成史 第5回 平成10〜12年（1998〜2000年）——「就職氷河期」の到来と困難」WEB労働時報,（2024年8月19日取得, https://www.rosei.jp/readers/article/76569）.
岩藤智彦, 2024,「保育制度と規制緩和」全国保育団体連絡会・保育研究所編『保育白書2024年版』ちいさいなかま社, 146-50.
国立社会保障・人口問題研究所, 2023,「現代日本の結婚と出産——第16回出生動向基本調査（独身者調査ならびに夫婦調査）報告書」,（2024年9月25日取得, https://www.ipss.go.jp/ps-doukou/j/doukou16/JNFS16_ReportALL.pdf）.
厚生労働省, 2010,「保育所関連状況取りまとめ（平成22年4月1日）」（2024年8月18日取得, https://www.mhlw.go.jp/stf/houdou/2r9852000000nvsj.html）.
厚生労働省, 2018,「保育所関連状況取りまとめ（平成31年4月1日）」（2024年8月18日取得, https://www.mhlw.go.jp/content/11907000/000544879.pdf）.
厚生労働省, 2021,「令和3年度 出生に関する統計の概況 人口動態統計特殊報告」,（2024年9月3日取得, https://www.mhlw.go.jp/toukei/saikin/hw/jinkou/tokusyu/syussyo07/index.html）.
厚生労働省, 2024,「毎月勤労統計調査 全国調査 長期時系列表」, 政府統計の総合窓口e-stat,（2024年8月19日取得, https://www.e-stat.go.jp/stat-search/files?page=1&layout=datalist&toukei=00450071&tstat=000001011791&cycle=0&tclass1=000001035519&tclass2=000001144287&tclass3val=0）.
厚生省, 1994,『厚生白書（平成5年版）未来をひらくこどもたちのために——子育ての社会的支援を考える』.
実方伸子, 2024,「保育所の待機児童問題」全国保育団体連絡会・保育研究所編『保育白書2024年版』ちいさいなかま社, 138-41.
文部科学省, 2024,「文部科学統計要覧（令和6年版）」（2024年8月11日取得, https://www.mext.go.jp/b_menu/toukei/002/002b/1417059_00009.htm）.

第Ⅰ部　移民を取り巻く社会、移民が結びつく社会

内閣府, 2016,「子ども・子育て支援新制度なるほどBOOK 平成28年4月改訂版」(2024年10月2日取得, https://warp.da.ndl.go.jp/info:ndljp/pid/12772297/www8.cao.go.jp/shoushi/shinseido/event/publicity/pdf/naruhodo_book_2804/a4_print.pdf).

額賀美沙子・藤田結子, 2022,『働く母親と階層化──仕事・家庭教育・食事をめぐるジレンマ』勁草書房.

リクルートワークス研究所, 2024,「大卒求人倍率調査」(2024年8月19日取得, https://www.works-i.com/surveys/adoption/graduate.html).

労働政策研究・研修機構, 2023,「図1 実質GDP、為替レート」, 早わかり グラフでみる長期労働統計 (2024年8月19日取得, https://www.jil.go.jp/kokunai/statistics/timeseries/html/g0001.html).

労働政策研究・研修機構, 2024,「図9 各年齢階級の正規、非正規別雇用者数」, 早わかり グラフでみる長期労働統計 (2024年8月6日取得, https://www.jil.go.jp/kokunai/statistics/timeseries/html/g0209.html).

Sato, Yoshimichi and Jun Imai, 2011, *Japan's New Inequality: Intersection of Employment Reforms and Welfare Arrangements*, Melbourne: Trans Pacific Press.

筒井淳也, 2015,『仕事と家族──日本はなぜ働きづらく、産みにくいのか』中央公論新社.

Yu, Wei-hsin, 2010, "Enduring an Economic Crisis: The Effect of Macroeconomic Shocks on Intragenerational Mobility in Japan," *Social Science Research*, 39: 1088-107.

若林俊郎, 2024,「営利企業による保育施設と新制度」全国保育団体連絡会・保育研究所編『保育白書2024年版』ちいさいなかま社, 144-5.

第5章

理想と現実、均衡と衝突
——中国の高学歴女性の役割意識とライフコース

鄭 楊

第1節　はじめに

　本章では、中国政府の政策に伴い変容する女性の役割について、高学歴女性がどのように考えているのか、またその役割を全うするために、彼女たちはどのように人生の戦略を立てているのかを、1970年代（いわゆる「70後」）から1990年代（「90後」）生まれまでの女性を対象に考察する。

　本論を展開する前に、恐縮ではあるが、私が指導した「80後」の大学院生Aさんと行った日常会話を通じて、中国の高学歴女性が直面する女性の役割とそれに合わせて変化していく個人のライフコースをめぐる問題について筆者の問題意識を共有しておきたい。

　　　私は大学院生生活の3年間で、3つの大きな目標を達成したいと思っています。
　　　それは、修士論文の提出、結婚、そして出産です。

　このとおりAさんの修士課程における抱負は3つある。正直なところ彼女の率直な発言には驚いた。また、予想外の抱負にも驚いた。その理由を尋ねると、彼女は以下のように答えた。

　　　就職前に、結婚と出産というライフイベントから解放されたいからです。そ

115

第Ⅰ部　移民を取り巻く社会、移民が結びつく社会

れらを院生のうちに達成しておくことで、私は就活時に結婚や出産という理由
で雇用機会を制限されることがなくなります。また、今はまだ若い両親が私の
子どもの世話を手伝うことができるためです。

　彼女のこうした計画的なアプローチを聞くと、一見すると「計算高い女性」
と思われるかもしれない。だが、これは女子大学院生が社会に出るにあたり失
敗しないための優れた戦略だとも言える。
　上記の会話からすでに10年以上の月日が経っているが、それにしても、彼
女の発言は中国の高学歴女性が直面している葛藤や困難を見事に表していると
言えよう。とりわけ現在においては、教育期間の延長により、多くの高学歴女
性が結婚と出産の時期を遅らせる傾向にあり、その影響で彼女たちのライフコー
スは世間から「非標準なライフコース」と評されている。つまり先の大学院
生Aさんは、将来において自身に課せられるだろう親や職場の人々の期待を
見越して、自身が「標準のライフコース」を歩んでいるとみなされるように、
就職、結婚、出産の時系列を自ら入れ替えたのである。
　さて、Aさんのような「80後」世代の女性はまだ伝統的なライフコースを
維持する努力をしていた。しかし、それより後の「90後」世代の高学歴女性
は結婚や出産の時期をさらに遅らせたり、あるいはそれらをあえて選択しなか
ったりする。ここから若い世代になればなるほどさらに厳しい職業と家庭の間
のジレンマを抱えていることが、Aさんの戦略を通じて浮かびあがってくるの
である。

第2節 ▌ 幻想的な中国女性像 ——職業と家庭を両立する女性

　中国の女性といえば、キャリアウーマンや、仕事と家庭を両立する女性とい
うイメージが一般的に浮かんでくるだろう。1949年の新中国の成立とともに、
男女平等を提唱する国家政策のもと、中国女性の就業率は世界トップクラスに
まで到達した。また、1980年代に改革開放政策が実施され中国社会が急速に
発展する過程で、女性の教育水準は全体的に向上し、公共の領域における女性

116

第5章　理想と現実、均衡と衝突

の役割も拡大してきた。しかし、こうした社会の進展に伴い、中国女性は、「ワーク・ファミリー・コンフリクト（仕事と家庭の衝突）」に直面することになってしまったのである。社会の発展や教育水準の向上にもかかわらず、この問題は現代においてもいまだに解決されていない。それどころか競争社会の激しさと育児の精緻化により、むしろ現状はさらに厳しくなっている。

　中国婦女社会地位調査のデータによれば、過去30年（1990年から2020年まで）にわたって、全国の女性就業率は90.5％から69.8％へ約20％ポイント低下している（表5.1）。また、中国民政局の結婚と出産の統計データによると、2013年の結婚登録者のなかで20歳から24歳、25歳から29歳の割合はそれぞれ33.5％と35.2％であったが、2021年にはこの割合はそれぞれ18.6％と19.3％に低下している。さらに2020年の第7回人口センサスの結果によると、1990年代生まれの女性の生涯未婚率は4.6％から9.0％に上昇すると予測されている（封婷 2023）。実際に、1980年代以降、特に都市に住む女性を中心に、就業率の低下と初婚年齢の上昇の傾向がみられる。そこからさらに高学歴女性に焦点を当てると、晩婚・晩産、そして生涯未婚というライフコースを通じて「仕事と家庭」間の衝突を回避・調整する女性が増加していること、またこの傾向は中国社会でますます顕著になっていることがうかがえる（金光照・翟振武 2023; 王磊 2023）。

表5.1　1990 ～ 2020年の30年間における男女間の就業率（%）

	全国		都市		農村	
	男	女	男	女	男	女
1990年	96.1	90.5	90.0	76.3	97.4	93.9
2000年	93.6	87.0	81.5	63.7	97.3	94.8
2010年	87.2	71.1	80.5	60.8	93.6	82.0
2020年	—	69.8	—	66.3	—	73.2

出典：中国婦女連合会第1-第4期中国婦女社会地位調査のデータに基づいて作成。

　こうした女性の就業率の向上と職種の拡大は、社会全体の労働力資源の有効な配置と密接に関連している。そのため、「仕事と家庭の衝突」を和らげる対策に関する研究は、中国学術界において中心的な課題となっており、社会学、経済学、政策研究など多くの分野から注目されている。たとえば、市場監督の強化を通して女性の出産の権利を保障すること、女性の労働時間の柔軟性を高

117

第Ⅰ部　移民を取り巻く社会、移民が結びつく社会

めること、児童保育施設を増やして女性の育児の負担を軽減すること、就業ト
レーニングを提供して女性の職業技能を向上させること、男性の育児参加を奨
励して家庭の責任を分かち合うことといった提案および戦略がすでに挙げられ
ている（張娟 2024）。

　前述の先行研究による提案と戦略は、「仕事と家庭の衝突」を解決するため
に具体的で実行可能な方法を、政府や当事者の女性自身に提供しているように
みえる。その一方で、これらの戦略は社会が女性に対して、「公的領域での労
働者」、「私的領域での家事労働者」、そして「公私領域での人口再生産者」と
いう三重の役割を期待するとともに、三重の重荷を背負わせているようにもみ
える。また、これら3つの役割は互いに矛盾している部分もみられる。たとえ
ば、公的領域において「男女平等」の理念を実践して、職場で主体的な労働者
となることを、社会は女性に期待する一方で、私的領域では「賢妻良母」の役
割を果たし、育児と高齢者介護の役割を果たすことも、社会は女性に期待して
いる。さらに、少子化の進行を緩和するために女性は積極的に人口再生産者で
なくてはならない。こうした矛盾を伴う複数の役割を社会から期待されればさ
れるほど、女性は職業と家庭の双方からのプレッシャーに直面したときに、両
者のバランスを取ることが困難になる。その結果として、高学歴女性は家庭の
ために職場を離れるか、自身のキャリアのために家庭をもつのを遅らせるか、
あるいは拒否しなければならない。または「仕事と家庭の衝突」を調整する過
程で、自身の成長を諦めざるを得ない場合もある。

　上述したように、これまでの研究では女性の「ワーク・ファミリー・コンフ
リクト」を緩和するための福祉制度や政策に焦点が当てられてきたが、マクロ
とミクロといった2つの視点から、女性が複数の役割を果たすことの難しさに
ついて言及し、その困難の原因をその2つの視点から探る研究は多くない。

　そこで本章では、日常生活レベルというミクロな視点と国家による政策や制
度といったマクロな視点の両方から、「公的領域での労働者」、「私的領域での
労働者」、「公私領域での人口再生産者」という女性の3つの役割を考察する。
また、それらの役割と個人のライフコースの関係も検討する。具体的には女性
の理想的な役割に対する社会および家庭からの期待、そして女性自身の期待を、
より具現化するために、1950年から現在までの約70年間を3つの時期に分け

て考察する。すなわち、1950年代から1980年代の計画経済期、1980年代から2000年代の市場経済期、2000年代以降のグローバル市場経済期における女性の役割を考察する。各段階における理想的な女性像の特徴を明らかにすることで、高学歴女性が仕事と家庭を両立させるための方法をより深く理解することができると同時に、社会が抱く理想的な女性像との間にできたギャップを、女性は一個人としてどのように埋めていくのかを検討することができると考える。

　本章の目的は、彼女たちが国家政策に応じて変化する新しい社会的役割にどのように適応し、どのように自己調整を行い、どのように自己認識を形成しているのか、各々のライフコースの過程と自己認識が形成される要因を明らかにすることにある。

第3節　ライフコースの制度化 ——差異化、個人化、標準化

　本章では、コーリー（Martin Kohli）の「ライフコースの制度化」理論を援用し、1970年から1990年の出生コーホートを10年ごとに分けて比較分析する。その分析を通して「70後」「80後」「90後」が各時代の社会制度の影響を受けて、それぞれどのようなライフコースを形成しているのかを明らかにしたい。

　これまでのライフコースの研究では3つの発展段階を経て、北米のエルダー（Glen H. Elder）とドイツのコーリーを代表とする2つの研究パラダイムが形成されてきた。エルダーのパラダイムでは、主にミクロレベルに焦点を当て、社会的出来事が個人のライフコースに与える影響に注目する。その一方で、コーリーのパラダイムでは、マクロの社会制度が人々のライフコース全体を形作る過程に重点を置いている（鄭作彧・胡珊 2018）。

　コーリー（Kohli 2007）は「ライフコースの制度化」理論において、現代社会のライフコースが自然に形成されるものではなく、教育制度、雇用制度、退職制度などの社会制度によって形作られ、規範化されていくことを指摘している。コーリーによれば、これらの制度は、時間化、時系列化、個人化[1]という3つのメカニズムを通じて、子ども期・青年期、成人期、老年期という3つのライフステージを構築しつつ、予測可能でかつ計算可能なライフコースを形成して

第Ⅰ部　移民を取り巻く社会、移民が結びつく社会

いる。こうしてできたライフコースは、個人にとってみれば自身の人生を計画する際に便利な基準として働き、一方、社会にとっても個人を管理・統制するために役立つ指標となっている。

　さて、社会学的観点からみると、人々のライフコースは「年齢」といった時間を尺度とする連続的な過程であり、その過程において個人はさまざまな社会的出来事を経験し、異なる人生段階においてその都度相応しい社会的役割を果たすことになる。そのため、ライフコース研究では、個人が既定の社会条件のもとでその人生をどのように展開していくのかを検討することに主眼を置いている（Cain 2009; Giele and Elder 1998; Riley 1986）。

　このようにライフコース研究では、誕生から死に至るまでに生じる社会変動や歴史的事件が個人のライフコースに与える影響に注目してきた（森岡 1996; 正岡 1996）。たとえば、エルダーの大恐慌世代の研究（Elder 1974）やハレーブンのアモスケグ研究（Hareven 1982）のように、1960年代までは大恐慌や戦争などの歴史的大事件が特定のコーホートに与える影響に関心が集まった。

　しかし、社会の近代化と産業化に伴い、ライフコース研究では、国家や行政が個人の人生の規格化を押し進めるメカニズム、すなわち「標準」のライフコースに焦点が当てられるようになった。それと同時に、その規格には収まらない「非標準」のライフコースのパターンにも関心が向けられるようになった。たとえば、マクミランらの研究（Macmillan 2005）では、ライフコースの標準化、個人化、差異化が同時に進行する様子が指摘されている（安藤由美 2008）。このように、近代以降、青年期から成人期へのライフコースの移行は個人によって差異があるものの、概ね決められたスケジュールに従って進行していくという特徴がみられる。また、こうした変化を引き起こした原因は、近代社会では国家が教育や職業の付与を合理的に規制することで、ライフコースの画一化と個人化が同時進行しているからだと先行研究では指摘されてきた（Buckmann 1989）。

　現代社会における「個人化」については、コーリーは、社会制度というマクロな視点から論じている。たとえば伝統的な封建社会における身分制度というよりも、むしろ教育水準や職業選択などにより、個人は社会的役割を獲得できると指摘している。また、個人が自らのライフコースを計画する場合でも、そ

120

第5章　理想と現実、均衡と衝突

の選択は既存の社会制度によって、あらかじめ定められた範囲内でのみ行われる。その結果、人々には「標準化された」ライフコースが求められ、基本的には社会の規定に沿った生涯を送ることが期待されているという。

　さて、本章では、こうしたコーリーの「ライフコースの制度化」理論を用い、「70後」「80後」「90後」の女性のライフコースを比較検討することで、女性たちが社会的役割と個人の人生設計の間でどのようにバランスを取っているのかを明らかにしてみたい。これらの分析を通じて、「標準化された」人生と、女性たちのライフコースの独自性、さらに彼女たちが社会政策や制度から受けた影響を明らかにすることを目的としている。

第4節　計画経済期 ——「上から下へ」実施された中国の「婦女解放」

4.1　国家主導の婦女解放 ——女性の労働市場への参入と政治的な地位の獲得

　新中国における婦女解放運動は、女性自ら運動を起こしたわけではなく、国家の直接的な介入を受けながら、都市から農村に至るすべての女性が「家庭の人」から「社会の人」へと脱皮していく過程をたどった（李小江 1995）。

　具体的に言えば、1952年の時点では、国有企業に所属する女性はわずか60万人にすぎなかった。しかし、1957年から1960年のあいだに、国有企業に勤務する女性数は328.6万人から1,008.7万人へと急激に増加し、その倍増率は206.7％に達した（蔣永萍 2001）。このような劇的な社会変容は、国家による強力な政策介入なしには実現し得なかったと言えよう。つまり、国家の積極的な介入により、新中国の女性は公的領域における労働者という役割を獲得しただけでなく、その役割を遂行できることが規範的な期待に応えることができる女性であると見なされるようになったのである。

　結果として、こうした国家政策は伝統的な女性のライフコースに大いなる変化をもたらした。大躍進（1958～1960年）[2]や文化大革命（1966～1976年）を経て、農村部においても都市部においても、家事に専念する女性はほとんどいなくなり、多くの女性が家事以外の労働に従事するという社会体制が確立された（譚深 1993）。

121

第Ⅰ部　移民を取り巻く社会、移民が結びつく社会

　新中国の成立後、「婦女解放」は中国の政治的現代性を象徴するものとして位置づけられた（佟新 2003: 214; 羅麗莎 2006; 賀蕭 2017; Yan, Yunxiang 2003）。中国の「婦女解放」は、マルクス主義的女性解放理論に基づき、「女性を社会的生産労働に参加させることが女性解放の必須条件である」という認識が確立されたことで、家事労働の社会化や女性の労働権の保障が進められていったのである。たとえば、保育所や食堂といった育児支援施設の設立などは、国家と社会の共同責任として女性の社会参加を支える重要な制度となった（宋少鵬 2011: 7）。

　では、当時、社会進出した女性たちの状況を考察するため、以下で1950年代の北京市で暮らしていた夫婦へのインタビュー調査の一部を引用する[3]。

　まず、政府機関に勤務していた女性幹部である劉所長の話である。

　　　私は北京に来たばかりの頃、夫も私も自分のオフィスを持っており、それぞれが自身のオフィスに泊まっていました。長男は北海幼稚園に通わせていました。その幼稚園は週に一度だけ自宅に帰ろうというものです。私は毎日一歳未満の娘をおぶって出勤していました。忙しくて手が回らない時には、子守りを雇いたいと思ったのですが、経済的に余裕がなかったんです。

　　　その後、仕方なく子どもを他の人に預けることにしました。私は体調も悪かったのですが、病院に行く余裕もなく、我慢していました。そのままずるずると1953年まで体調が回復しませんでした。それから、日曜日を休日にするようにしたのですが、それまでは本当に休みなんてなかったので、終日休むことには慣れていませんでした。（左際平 2005: 191）

次に、食品工場で働く趙さんの話である。

　　　夫が単身赴任していた時期、私は一人で5人の子どもの面倒を見ていました。1958年には、家庭から社会に出て働くよう政府から言われましたが、家庭の事情で私は働きに出られませんでした。そのため、義理の父親が私の代わりに働きに行ってくれました。そして1959年になりようやく私は働き始めることができました。でも、その時、子どもが肺炎にかかり、私も仕事と子どもの看

病で体調を崩してしまい、痩せてしまいました。体重は50キロを切るほどでした。夫が勤めていた「単位」[4] が私の家の事情を理解してくれ、夫がようやく北京に戻ってきました。（左際平 2005: 200）

　劉所長、趙さんのインタビューから明らかなように、計画経済期（1950年〜1980年）において、中国政府は「女性解放」「男女平等」などの政策を通じて女性の就業を促進した。この取り組みは単なる性別平等という理念の実現にとどまらず、女性が政治的な身分と社会的地位を得るために重要だった（金一虹 2006; 左際平・蔣永萍 2009）。この過程で、社会制度による個人のライフコースの規格化が大きな役割を果たした。

　また、国家が掲げた「女性は半分の天を支えている」というスローガンが、標準化された女性像を形成する要因にもなった。つまり、都市部の女性にとって、就業は女性自身の自由な意思による選択というよりもむしろ政治的な権利や義務となったため、無職の女性は「能力が不足している」「政治的自覚がない」存在と見なされ、否定的に評価されるようになってしまったのである（蔣永萍 2001）。このような社会的規範は、女性の生活様式や社会的役割に深く影響を与えた。

　さらに注目すべき点は、当時の中国では欧米中心の近代社会で登場する「良き母」の規範がまだ形成されていなかったため、女性が比較的自由に社会進出できた点である（鄭楊 2023）。たとえば、前掲の劉所長が週に一度だけ自宅に帰る幼稚園に自分の子どもを託すことができた背景には、母親としての役割が厳密に定義されていなかったからだと考えられる。このように、女性のライフコースは社会制度の影響を受けるだけではなく、個人と国家の期待の交差によって形成されていったのである。

4.2　女性解放と公私領域の交錯 ——公的領域での労働を優先する社会構造

　中国の計画経済期の社会構造は、欧米社会のように公私の区分がはっきりしておらず、「公私鑲嵌」（公私は繋がり、重なりあっている）、「私嵌入公」（私的領域はあくまで公的領域の一部である）という特徴をもっていた（宋少鵬 2012: 117）。そのうえ、公的領域（生産領域）の労働者という属性は、男女を問わず

第Ⅰ部　移民を取り巻く社会、移民が結びつく社会

国家の政治生活に参与するための重要なシンボルになることで、計画経済期の独特な労働秩序も形成されていったのである。このような公的領域と私的領域の融合は、単なる職場と家庭との交錯だけではなく、国家政策と個人生活の統合によって形成された制度的枠組みにもなっていると言えるだろう。

「公的領域での労働者」と「私的領域での家事労働者」という役割に対して、当時の女性たちの意識と行動について考察するため、以下では左際平（2005）の行ったインタビュー調査を引用する。

裁縫で生計を立てる張さんはこう語った。

　　……私は1945年に結婚し、新聞社で集金の仕事もしましたが、生活はとても厳しく、しばしば食事が足りないこともありました。1949年解放後、夫は安定した職を得て、政府から住宅も配分されました。1958年には地域の裁縫グループにも参加しました。家計は困窮していましたが、国からは補助を受けていました。もし共産党がなければ、今の私たちの生活はなかったでしょう。この団地では、みんな私が社会主義のために一生懸命働いていることを知っている、私は仕事に関してお金の話を口にしたことは一度もありません。（左際平 2005: 192）

続いて、幼稚園の教師である劉さんは、以前より姑から嫌がらせを受けていたため、1949年解放後、夫と離婚した。解放前後の生活を比べて、劉さんは次のように語った。

　　昔は義母がやれと言ったことをやらなければなりませんでしたが、今は党がやれと言ったことをやらなければなりません。しかし、二つには大きな違いがあります。昔は他人のために働いていたため自由がなく、辛い思いをすることもありました。しかし、今は自分でお金を稼ぎ、自分で使うことができ、地位も得られます。党のために働くことは、結果的に自分のために働くことなのです。（左際平 2005: 192）

張さん、劉さんの話からもわかるように、公的領域での労働とは単なる経済

活動ではなく、個人のアイデンティティや地位形成にも大きな影響を与えていたことがうかがえる。

　このように計画経済期において、公的領域での労働は個人の社会的地位と政治的役割を決定づける要素と見なされ、その一方で育児や家事を含む私的領域での女性の役割は二次的なものとして位置づけられた（鐘暁慧・郭巍青 2018: 73; 宋少鵬 2012: 119）。また、公的領域における労働は、個人の感情や家庭の利益を犠牲にしたとしても遂行されるべきものとして優位に置かれ（李小江 1995; 左際平 2005）、劉所長のように、自身の健康を害したとしても仕事に献身する姿勢が称賛された。

　さらに言えば、この時期の「婦女解放」は、欧米のフェミニズムとは異なり、マルクス主義の無産階級革命理論に基づいて展開されているため、個人の権利よりも国家への義務が強調された。そのため、中国における女性解放は政府主導の、いわゆる「上から下へ」といったアプローチを取り、民族解放や階級解放と密接に結びついていた。特に「国家単位制度」は都市部を中心に、人々の就業と生活に基本的な保障を提供することで、国家との相互的な権利・義務関係を生み出した。それにより、女性の公的領域での労働は、単なる就業ではなく国への貢献という政治的意義を帯びていたのである。一方、私的領域における家事労働の周縁化が制度的枠組みのなかで展開されていった。たとえば、家事に専念する主婦は社会の主流から排除され、「寄生虫」というレッテルまで貼られ、世間の道徳的圧力を強く受けることとなった（宋少鵬 2012: 118-119）。このように、女性のライフコースは社会制度の影響を色濃く受けながら、国家と個人、そして公的領域・私的領域が交錯するなかで形成されていったのである。

4.3　「家国同構」における「男女平等」と「男性は主役、女性は脇役」の併存

　新中国における「男女平等」の推進は、女性の経済的自立を促す重要な政策として位置づけられた。だが、この政策の実施により女性の就業機会が拡大したとはいえ、それが必ずしも家庭内の性別規範や家計の構造に根本的な変化をもたらしたわけではない。実際の女性の就業機会の拡大は、以下のとおり「低賃金・高就業率」という労働市場の構造と深く関連していると言えるだろう。

第Ⅰ部　移民を取り巻く社会、移民が結びつく社会

　左際平によるインタビュー調査の対象者である、ある銀行の会計士、李さんは次のように語った。

> 　私は1950年に天津の簿記学校に通い、その後、人民銀行に採用されました。私は新中国成立後、女性の中で最も早い時期に就業した者の一人です。しかし、当時、経済的な独立を求める意識は特にありませんでした。むしろ、解放された喜びを純粋に感じていました。毎月29元の給料では、到底独立できるはずもありません。家計は主に夫の月収150元に依存していたのです。(左際平 2005: 202)

　ここからは女性の就業機会の拡大と「男女平等」の政策が進展する一方で、家庭内の性別規範は依然として維持されていたことがうかがえる。李さんが述べるとおり、女性の社会進出が経済的自立には繋がらず、夫への依存構造が続いたという現実が存在する。左際平（2005: 203）のインタビュー調査によれば、調査対象者の多くは「男は外、女は内」という伝統的な性別規範を支持し、家庭内での役割分担においても依然として「男は一家の大黒柱、女は家庭を支える存在」という考え方が根強く残っていたという。

　こうした「男女平等」「男は外、女は内」という価値観の併存には、計画経済期の「家国同構」という社会制度が深く関わっている。宋少鵬（2012）は、計画経済期の「家国同構」において、集団化生産体制が家父長制を温存し、男女別の役割分担が公的な生産体制を支えた結果、女性が無償で再生産の責任を担うこととなったと指摘している。国家は経済発展を最優先課題としていたため、家庭内の性別秩序の再構成には積極的に介入せず、それにより家庭内の性別秩序は大きな変化がなく維持されたのである。

　もちろん、女性労働者が家庭と職場でのバランスを取ることができるよう、政府は託児所、食堂などの政策的支援を推進した。しかし、保育施設などの「単位」付属の支援は、逆に女性労働者の家庭内負担を軽視し、家庭内性別規範の再生産を助長する側面もなくはなかった（宋少鵬 2012）。そのため、「家国同構」の体制下では、共働き世帯の増加にもかかわらず、育児や家庭内の仕事は依然として「私的責任」や「女の責任」として扱われ、家計の主な支え手は

夫であり、妻は夫の収入に依存するという構造が続いた。この実態は、たとえ女性労働者に対する政策的支援があったとしても家庭内の性別規範が変化しなかったことを裏付けている。

　このように、女性の社会進出と「男女平等」の進展があったのにもかかわらず、家庭内の性別規範は変わらなかった。この矛盾は国家の家庭内性別秩序への介入不足に起因していると言えるだろう。結果として、都市部における夫婦関係は、「国家の人」として男女平等に就業する関係であると同時に、家庭内での伝統的役割分担という二項対立的な構造に規定されることとなったのである（Rofel 1999）。

第5節　市場経済期 —— 経済改革による中国女性の自分探し

5.1　1980年代に始まった「婦女回家」論
——公的領域から私的領域への移行

　1980年代以降、中国は計画経済から市場経済への移行に伴い、経済の利益を最優先にする新たな社会構造へと突入した。この社会変革により、計画経済期における「低賃金・高就業率」といった就業モデルは市場原理と根本的に相容れなくなり、次第に衰退していった。特に、かつて国家が単位制度を通じて保障していた社会福祉は、市場経済の浸透に伴い、個人や社会に委ねられるようになった。この社会の構造的変化により、女性は就職難や失業リスクに直面し（方英2008）、新中国が理想とした公的領域における労働者像を体現していた女性たちは、市場経済時代においては生きづらくなった。

　こうした背景のもとで、1980年代初頭から「婦女回家」（女性が家庭に戻る）という議論が三度にわたり激しく交わされた。その過程で女性は公的領域での労働者役割を担うべきか、あるいはたとえ経済的自立を失ったとしても私的領域の家事労働者に回帰すべきかという対立が先鋭化した。

　この対立に対する学術界の議論の焦点は、鄭也夫（1994）の『男女平等的社会学思考』に集約されている。鄭也夫は、国家主導の女性解放運動を批判的に検討し、運動の本質が「上から下へ」という上意下達の脱ジェンダー化による

第Ⅰ部　移民を取り巻く社会、移民が結びつく社会

強制的な社会再編成であることを指摘した。その結果、女性は真の独立を獲得できず、むしろ女性が男性の役割に同化していく過程として解放運動が否定的に捉えられた。さらに、この解放運動は強者の男性を弱体化させ、弱者の女性を支援することで、最終的に男女の役割が曖昧になり、社会は伝統的な性別規範と家族の秩序を喪失するに至ると鄭也夫は結論づけた（鄭也夫 1994: 111）。だがこれに対する反論として、解放運動には女性を家庭から解放し社会進出を実現したという価値を強調する論考も多く発表されている（孫立平 1994; 金一虹 1995 など）。特に、全国婦女連合会からは、鄭也夫の主張に反論する声が目立ち、女性の解放運動がもたらした大きな成果を擁護する立場が取られている（劉伯紅 1994; 陶春芳 1994 など）。

　一方、1980 年代の改革開放以降、中国研究者は女性主体の視点から、女性が「女性らしさ」を再発見し、ジェンダー上の差異を積極的に強調し始めたことを指摘している。この変化は、文化大革命期における「脱性別化」政策への反発であると同時に、女性自身による女性の主体的な人間性を求める動きとしても捉えることができる（周美珍 2004; 呉小英 2009, 2014 など）。

　たとえばアメリカの人類学者羅麗莎（Lisa Rofel）は、市場経済期の中国女性の変容をジェンダーと近代化の交差点という観点から分析し、計画経済期の「脱性別化」政策とは異なり、市場経済の下では女性がロマンティックな恋愛を求め、妻や母としての役割に自己の価値を見出す傾向が強まったと指摘する。特に注目すべきは、中国政府の男女平等政策に対する羅麗莎の再解釈である。政府は経済改革を進めるなかで、毛沢東時代の女性解放を「女性の本質を抑圧する試み」として否定的に位置づける一方、市場経済期の女性の伝統的な性別役割の回帰を「ジェンダーの自然化」として肯定的に捉え始めたことが指摘されている（羅麗莎 2006: 214-218）。

　言い換えれば、1950 年代の計画経済期には、「男女都一様（男女は同様である）」というスローガンのもとで、女性の社会進出が奨励されたが、1980 年代の市場経済期には、女性らしさや母親としての役割を「自然な」ジェンダー規範として位置づけることで、男性労働者を優先する雇用モデルを政府は円滑に進めることができたとも言える。

　このように 1980 年代の市場経済への移行は、中国社会に急速な変化をもた

らした。また、人口抑制政策の実施により、「小皇帝」と称される一人っ子世代が誕生した。経済発展の進展と人口政策によって子ども数が激減しただけではなく、1980年代生まれの一人っ子世代の親たちは文化大革命という激動と貧困の時代を経験している。これらの複数の条件が複雑に絡み合うことで、「子ども中心主義」育児が急速に普及した。こうした変化は、従来の計画経済期における働く女性像から、「良き母親」や「良妻賢母」という新たな規範への転換を促し、家庭回帰をするか否かといった女性自身の選択にも大きな影響を与えた。

5.2　1990年代の体制改革による「下崗潮」
——リストラの現実と「婦女回家」の実態

1990年代以降、市場経済改革の深化に伴い、国有企業の「減員増効（人員削減と効率化）」という体制改革が大規模な「下崗（失業）」[5]を引き起こした。統計によれば、1995年〜2003年のあいだに国有企業数は11.8万社から3.42万社に激減し、労働力は1.126億人から0.688億人へと縮小した。その結果、国有企業就労者全体の約40%を占める約4,400万人が「下崗」されることとなった（陳秋霖・胡鈺曦・傅虹橋 2017: 52）。この体制改革により、多くの「下崗」労働者は技能や年齢などによる制約から再就職が困難となり、個人収入および社会的地位が大きな打撃を受けた。

中華全国総工会女性部の調査によれば、1995年の7省4市における失業者63万人のうち、女性は35万人（55.6%）を占めており、ここから女性労働者が特に深刻な影響を受けていたことがうかがえる（張秋俭 1996: 21）。また、これらのデータは、体制改革において、女性が大規模な人員削減に直面し、その失業割合が男性を顕著に上回っていたことを示している。さらに、全国総工会副主席の倪豪梅は、この状況について、技術進歩と産業構造の調整が必然的にもたらす現象であると指摘しつつ、女性労働者が直面する困難に特に注目した（倪豪梅 1998: 38）。

ところが、就業難が深刻化するにつれ、「婦女回家」論が浮上してくる。代表的な例として、2000年に中国共産党中央委員会は「国民経済および社会発展第10次5カ年計画に関する提言」を公布した際に、職場からの既婚女性の一

第Ⅰ部　移民を取り巻く社会、移民が結びつく社会

時退出を促す「段階的雇用制度の確立と柔軟な雇用形態の発展」を提案した（韓廉 2008: 64）。こうした「婦女回家」をめぐる議論は、全国婦女連合会の反対および当時の胡錦濤副主席の指示により早期に沈静化した（鄭楊 2015）。このように、国家レベルでは、「婦女回家」を就業問題の有効な解決策として見なしてはいないものの、計画経済期に比べて市場経済期の女性就業支援の力は明らかに弱まっていた。企業では効率性を重視し、女性労働者の積極的な採用を控え、リストラの際には女性を優先的に解雇する傾向があった（蔣永萍 2001）。その結果、リストラでやむを得ず女性が家庭へ戻るケースが多く見られた。

　当時の「下崗」女性労働者が再就職するべきかあるいは家庭に戻るべきか悩む状況についてさらに具体的に考察するために、鄭楊（2012）、周美珍（2004）の行ったインタビュー調査[6]の一部を次に引用する。

　以下は1950年代生まれの方さんの話である。

　　　1993年に私は1万元の退職補償金を受け取り、家庭に入りました。当時、私はまだ30代でした。実は家庭に戻りたくなかったのですが、体制が変わったので仕方がありませんでした。……再就職について考えたことがありましたが、年齢も年齢で、技術も身につけていないですし、月1000元未満の仕事は肉体労働ばかりで、ちゃんとした仕事はない……。それに比べてこの家は私を必要としているから。（鄭楊 2012: 167）

続いて、以下は1960年代生まれの王さんの話である。

　　　中学卒業後、私は「集体企業」[7]に配属され、営業職として働きました。仕事は辛く、長時間で、待遇も悪く、月末にノルマを達成できないと給料が減らされました。遠方から通勤し、月末の給料は600元しかありませんでした。業界は次第に不景気になり、スーパーが増えてきたため、私たちには競争しても勝ち目がありませんでした。

　　　20年働いた後、業界への不満が募り、私は1997年に自ら「下崗」を申し出ました。夫の月収は5、6千元あり、息子は幼少期から重い喘息を抱えていて、

第5章　理想と現実、均衡と衝突

その時は息子の成長の重要な時期だったため、夫は私に子どもの世話に専念するように言いました。

　母親として、私はより細やかな気配りができると思います。子どもをしっかり見守ることができるのはやはり母親です。夫は忙しく、家のことを頼むことはできませんでした。もし私の収入がもっと高ければ、家に戻るということは選ばなかったと思います。一つの家庭が円満になるためには、誰かが何かを犠牲にする必要があるのです。（周美珍 2004: 35-36）

　このように、1950年代生まれの方さんも、1960年代生まれの王さんも「女性は半分の天を支える」というイデオロギーのもとで成長し、国家の「男女平等」という政策に従い、公的領域での労働者役割を果たしてきた。しかし、1990年代の「下崗潮」により、国家体制改革の影響で彼女たちはリストラに直面し、最終的に私的領域における「良妻賢母」の役割に従わざるを得なかった。

　上述の方さん、王さんのインタビューは、当時の女性労働者が直面した「下崗」による状況と、それに伴う選択の葛藤を鮮明に描き出している。同時に、女性が置かれた状況をコーリーの「ライフコースの制度化」理論と照らし合わせると、社会制度が個人の行動と選択を規範化しており、「男女平等」政策による女性の社会進出推進や「体制改革」によるリストラといった国家政策が女性のライフコースに決定的な影響を与えていることは明らかである。

5.3　市場経済期における高等教育の発展と女性の教育機会の拡大

　1949年の新中国成立以降、男女平等が中国の基本的な国家政策として掲げられ、高等教育の発展過程においても、重要な課題であり続けてきた。しかし、女性の高等教育への進学率は長期にわたり低水準にあり、顕著な性別格差が存在していた。

　計画経済期において、中国の高等教育は発展の初期段階であったため、エリート教育という性格を強くもっていた。建国直後、全国大学在学生数はわずか11.7万人で、高等教育粗入学率は0.3％、女子学生の割合は20％未満であった。1965年には在学生数は67.4万人に拡大し、粗入学率は1.6％に上昇したが、女性の教育機会は依然として限られていた。文化大革命終結後の1977年、徐々

131

第Ⅰ部　移民を取り巻く社会、移民が結びつく社会

に高等教育は回復していった。しかし、大学生の入学率は長い間2%前後に留まり、女性大学生の割合が30%を超えることはなかった（表5.2参照）。

表5.2　1949 ～ 2020年中国における大学入学率（男女別）

時期	年	大学進学率	入学の学生数（万人）	男子大学生	女子大学生
計画経済期	1949年	0.3%	11.7万	80.6%	19.4%
	1958年	3.0%	66万	77.5%*	22.5%*
	1965年	1.6%	67.4万	74.3%	25.7%
	1966 ・ 1976年大学入試が停止された（文化大革命時期）				
	1977年	2.0%	27.3万	71.0%	29.0%
	1979年	2.1%	102万	69.9%	30.1%
市場経済期	1985年	3.5%	170.3万	70.0%	30.0%
	1990年	3.4%	206.3万	66.3%	33.7%
	1993年	5.0%	500万	65.5%	34.5%
	1998年	9.8%	340.9万	61.7%	38.3%
	1999年	10.5%	413.4万	59.3%	40.7%
グローバル経済期	2002年	15.0%	1,272万	56.0%	44.0%
	2004年	19.0%	2,000万	54.3%	45.7%
	2009年	24.2%	2,979万	49.5%	50.5%
	2012年	30.0%	3,325万	48.6%	51.4%
	2015年	40.0%	3,647万	47.6%	52.4%
	2018年	48.1%	3,833万	46.9%	53.1%
	2020年	54.4%	4,183万	46.3%	53.7%

注：中華人民共和国教育部発展企画司編『中国教育統計年鑑』の経年データ、および国家統計局国民経済総合統計司編『新中国60年統計資料集成』（2010年）に基づき、筆者が統合・作成したものである。なお、1958年のデータに「*」を付けているのは、「大躍進」政策により一時的に大学進学率が上昇し、その際に算出されたパーセンテージに基づくためである。

　市場経済期に入り、特に1990年代になると高等教育は重要な転換期を迎えた。1993年には、初めて高等教育の粗入学率が5%を超えた。このことは高等教育が大衆化教育の段階に入ったことを示している。1999年には「大学拡招」(8)政策が実施されたことで、高等教育の募集規模が拡大した。この政策は経済成長を促進し、若者の就職圧力を軽減することを目的としていた。この政策の実施により、1998年の普通高校入学者数は108.4万人から159.7万人に増加し、増加率は47.4%に達した。粗入学率も1998年の9.8%から2002年には15%に跳ね上がった。女子大学生の割合も順調に増加し、1998年の38.3%から1999年には40.7%、2009年には初めて50%を超え、50.5%に達した。こうした変化は、

132

第5章　理想と現実、均衡と衝突

単なる高等教育の量的拡大にとどまらず、ジェンダー構造における根本的な変容をもたらした。

多くの研究者は、「大学拡招」政策が人的資本の成長と社会経済の発展を促進した一方で、結婚・出産年齢の延期や、婚姻市場での適応困難を引き起こした点にも注目している（葛潤・黄家林 2020など）。高等教育の普及は社会的流動性を加速させ、家族構造の変化を促進したのである。特に都市部では、高等教育の拡大が家族の規模の縮小と新しい家族構造の形成に大きな影響を与えた（巫錫煒ほか 2022）。

また、「戸籍制度」といった都市と農村の二元構造[9]や地域差により、この教育改革の恩恵は人民に均等に分配されなかった。たとえば、2010年には北京市の高等教育粗入学率が59％に達した一方で、甘粛や雲南などの経済的に遅れている地域では、依然として高等教育の粗入学率が20％前後にとどまっていた（別敦栄・易夢春 2014:13）。また、伝統的な性別規範や戸籍制度の影響で、農村地域の女性が高等教育を受ける機会は依然として限られている（巫錫煒ほか 2022; 梁晨ほか 2012）。

上述のように、中国は計画経済から市場経済へ移行する過程で高等教育大衆化政策である「大学拡招」が実施されたことで、女性の教育機会が拡大した。これにより、女性はより自由に自分の人生を選べるようになったと言える。この政策は、1980年代の一人っ子政策と相まって、都市部で女性教育への投資が集中した。注目すべきは、この政策が単なる女性の教育機会の拡大にとどまらず、伝統的な「男尊女卑」の社会規範に制度的修正を加えた点である。2020年の教育部統計によれば、女性の大学進学率は1998年の38.3％から2020年には53.7％に至りついに男女の進学率が逆転し、高等教育段階におけるジェンダー・パリティ指数（GPI）が1.12に達した。

しかしながら、この女性の教育機会の拡大の裏には明確な地域格差が存在する。特に2020年時点における農村部女子の高等教育進学率は都市部女子の進学率と比べ依然として23.5ポイントの格差が存在している（中国教育部 2021年）。また、農村地域では伝統的なジェンダー規範が影響を与えているため女性教育への投資意欲が低く、女子の早期離学率が男子比1.8倍（中国国家統計局 2019年）である。

133

第Ⅰ部　移民を取り巻く社会、移民が結びつく社会

　このような教育機会の階層化は、単なる経済的格差を超え、社会階層の再生産メカニズムとして機能している点は看過できない。政府が打ち出した「教育現代化2035」計画においても、農村女性の高等教育への進学改善が重点課題として位置づけられており、この問題の解決の難しさが浮き彫りになっている。

第6節 ┃ グローバル経済期 ──教育機会の拡大と役割の変容

6.1　2000年代以降の中国高等教育の大衆化と女性教育機会の拡大

　前述したように、1999年に実施が始まった「大学拡招」政策は、中国高等教育をエリート段階から大衆化段階へと移行させる重要な制度的介入であった。教育部統計によれば、1980年代の進学率は約5%であり、「大学拡招」政策直前の1998年には約10%となった。また2002年には大学進学率が15%にまで増加し、2009年には女子大学生比率が50.5%に達した。その結果、高等教育におけるジェンダー・パリティ指数（GPI=1.02）の逆転現象が確認された（李春玲2016; 劉江・万江紅 2020）。

　ただし、こうした傾向は中国独自の現象ではなく、OECD加盟28か国のうち21か国で女子進学率が男子を上回る傾向が確認されている（UNESCO 2020）。さらに、一部の発展途上国でも同様の傾向が見られ[10]、女性の教育水準の向上と社会経済発展のあいだには、顕著な正の相関関係が存在することが先行研究でも指摘されている（劉文 2019, 2024など）。

　特に、1980年代以降に生まれた一人っ子世代は、1990年代の義務教育完全普及期と2000年代の大学拡大期という二つの重要な変革を経ているため、女性教育への世代間の投資弾力性が0.38（男子は0.25）に達したと指摘されている（李春玲 2016）。この数値は、政策介入が女性の教育機会の拡大において不均等に作用したことを示唆している。

　図5.1に示されているように、世代別に見ると、「50後」および「60後」の大学進学率は1〜2%にとどまり、「70後」世代も一人っ子政策や義務教育法、大学拡大政策といった一連の制度改革の恩恵をほとんど受けていないことがわかる。その結果、「70後」世代の「4年間大学及びそれ以上の学歴」の割合は

134

第5章　理想と現実、均衡と衝突

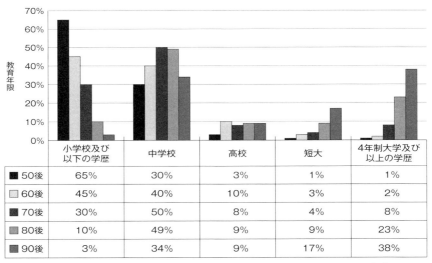

出典：2019年中国全国人口と家庭動態調査、および『中国教育統計年鑑（1949‐1981）』のデータに基づき作成。

図5.1　中国女性の教育水準の変化（1950～1999年生まれのコーホート）

わずか8％となっており、依然として大学進学率は低い状況にある。一方で、「大学拡招」政策の恩恵を大いに受けた「80後」「90後」の女性は、大学進学率がそれぞれ23％、38％であり、著しく高いことが確認できる。

　このように大学拡大政策は、1979年に始まった都市部中心の一人っ子政策と密接に関連しており、従来、男性に優先的に教育資源が投資される傾向が強かった家庭内の教育資源配分の構造を変化させたと言えよう。つまり、一人っ子政策により家庭内の教育資源が子ども一人に集中化したが、特に都市部では、一人っ子娘たちが前例のない教育機会を得ることが可能となったのである。

　スコット（Scott 2014）のライフコース制度分析に依拠すれば、これらの変化は一連の政策および社会的変化の相互作用として理解できる。その相互作用とは具体的には、規制的要素としての教育政策の拡大、規範的要素としての家庭における女性教育への戦略的投資、そして文化的・認知的要素としての市場経済による女性の職業モデルの転換が含まれる。

　その結果、1980年以降に生まれた女性は、より多くの高等教育の機会を得ることができたことで、ジェンダー逆転現象が生じたのである。具体的には

135

第Ⅰ部　移民を取り巻く社会、移民が結びつく社会

2010年代には、修士課程における女性の比率は51.3%に達し、これが「高度教育段階での逆転現象」を示している（文東茅 2005; 邵志芳・庞维国 2016）。このように、1999年の「大学拡招」政策は、高等教育の規模の拡大にとどまらず、女性教育の価値に対する社会制度的再構築を反映していると言えよう。

　都市部と農村部など、地域間での格差は依然として存在している。それにもかかわらず、全体的なジェンダーギャップ指数は、1990年の0.471から2021年には0.683に改善しており、ここからは制度の変遷が女性により多くの教育機会に影響を与えていることがうかがえる。つまり、制度、家庭内での戦略、そして社会文化が特定の歴史的文脈の中で相互に作用することで、女性の高等教育における実質的な進展を促進しているのである。

6.2　高学歴女性の就職難と家庭役割の再構築

　1999年より展開された大学拡大政策は、「80後」および「90後」の世代に直接的な恩恵をもたらした。この世代は、厳格な一人っ子政策のもとで生まれ、また、伝統的な「男児優先」思想と人口抑制政策が交錯するなかで成長してきた。その結果、出生性別比 [11] には統計的な偏りが見られるが（侯佳偉ほか 2018）、大学進学における女性の割合は著しく増加し、2006年には女性の進学率が男性を上回るまでに至った。

　しかし、高学歴の女性が増えたとはいえ、それが直接的に就職で有利に働くわけではない。コーリーの「ライフコースの制度化」理論とスコットの制度的分析枠組みを援用すれば、女性の就職難は多層的な制度的制約に起因している。特に、福利厚生が充実している中国の国有企業などの「体制内職場」では、終身雇用制度や定員管理制度が影響し、男性が優先的に採用される傾向にある。たとえば、産休や育児休暇など女性向けの福利厚生が整備されているにもかかわらず、業務への影響を懸念する管理者が女性の採用を制限することも、その一因である（蔡蔚萍 2016; 王偉宜・桂慶平 2020）。さらに、中国家庭追跡調査（CFPS 2018）および中国健康・栄養調査（CHNS 2015-2020）のデータによると、「70後」「80後」「90後」の大学進学率（短大および四年制大学を含む）はそれぞれ12%、32%、55%と上昇している。その一方で、初職としての国有企業への就職比率は、同じくそれぞれ68%、54%、41%と低下している。このいわゆる

136

「ガラスの壁」現象および制度的排除メカニズムは、たとえ女性が優れた学歴や能力をもっていたとしても、体制内職場において就職が難しくなる要因となっていることを示唆している。

また、民間企業などの「体制外職場」では、出産や育児に関する福利厚生が不十分であり、家庭と仕事との両立が困難であるため、多くの女性が退職を余儀なくされるばかりか、復職も難しくなる（劉江・張文明 2023）。言い換えれば、民間企業における柔軟性の欠如が、女性の雇用機会を構造的に制限しているのである。こうした制度の硬直性が、女性の雇用機会を制約している要因となっていることが見て取れる。さらに、35歳以上の高学歴女性は年齢差別に直面し、職場復帰の機会がさらに制限される傾向にある。

では、各世代の女性たちはどのような出産・育児観をもち、結婚後どのような居住形態を選択しているのだろうか。図5.2に示されているように、「90後」の女性は「自分の子どもを一人もつことで人生が完璧になる」という認識に賛同する割合が最も低く（75%）、一方で「70後」の女性はこの見解に最も高い割合で賛同している（90%）。

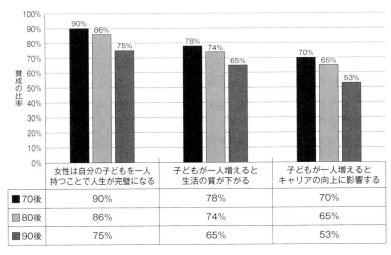

図5.2 1970～1990年のコーホートにおける出産育児への考え方

第Ⅰ部　移民を取り巻く社会、移民が結びつく社会

　この結果は、一般的に「70後」の女性がより「標準的なライフコース」を維持する傾向が強い一方で、仕事・家庭・出産の間で最も大きな葛藤を抱えていることも示唆している。それに対し、「90後」の女性はより柔軟な出産観をもち、出産が生活の質やキャリアに与える影響への懸念も最も低いことがわかる。さらに、若い世代の女性ほど、出産観が著しく柔軟になっている。これは個人が伝統的規範から解放された点や、リスク社会において、出産が義務から自由意思による選択へと変化した点を反映していると言えるだろう。

　また、婚姻後の居住形態にも、「ライフコースの制度化」における時系列的な変化が反映されている。図5.3によれば、夫の親と同居している割合が最も高いのは「90後」（43%）であり、次いで「80後」（32%）となっている。一方、「70後」は核家族化の割合が最も高い。楊勝慧・張現苓（2023）の研究によると、住宅所有率の低下がこの差異を生じさせている。

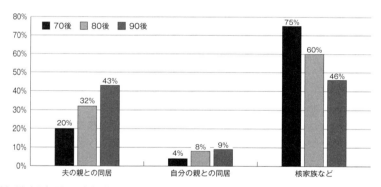

出典：2019年中国全国人口と家庭動態調査のデータ、および鄭作彧・胡珊（2023: 104）の研究結果を参考に作成。

図5.3　「70後」「80後」「90後」における既婚女性の居住形態

　こうした結婚観や居住形態の変化を踏まえつつ、筆者は一人っ子政策や大学拡大政策が交錯する複雑な影響も無視できないと考える。その理由は以下のとおりである。まず、「70後」の世代は一人っ子政策の影響をほとんど受けておらず、多くの兄弟姉妹を持つ家庭が一般的で、そこでは既婚子女の一人くらいが親と同居するという分配論理が機能していた。それとは対照的に、「80後」「90後」の世代は一人っ子政策の影響を強く受けており、これにより婚姻後に

義理の親や自身の両親と同居する割合が高まっている。国家統計局（2000年、2020年）の調査によれば、一人っ子政策実施前の「70後」世代の平均きょうだい数は3.2人であったため、多様な家族ネットワークを活用した「分散型扶養」が可能であった。一方、一人っ子世代の「90後」は、一人っ子率が82％に達し、事実上きょうだいがほとんどいないため、「集中型扶養」による親世代への依存が構造的に強化された結果、家族内同居率が必然的に上昇している。

　こうした状況を踏まえ、以下では一人っ子政策や大学拡大政策が与えた影響を分析しつつ、それらが女性の出産・育児観や居住形態にどのように反映されているかを考察してみたい。特に、本章の初めに触れた「80後」の大学院生Aさんの事例を通じて、コーリーの「時間化」、「時系列」、および「個人化」の概念が女性のライフコースにどのように作用しているのかを検討する。この事例は、一人っ子世代の特性に基づいており、高学歴を取得するため在学年数が延長され、その結果、就職、結婚、出産の時系列を自ら調整する選択を行った事例である。こうした選択が可能になった背景には、第一に祖父母による育児支援がある。こうした支援が「ライフコースの制度化」の文脈における家族戦略や個人の選択に結びついていることを反映している。

第7節　女性の三重の役割 ──70後、80後、90後の選択と思惑

　本章第2節ですでに述べたように、政府や社会は女性に対して、三重の役割を期待している。しかし、これらの役割、すなわち「公的領域での労働者」「私的領域での家事労働者」、そして「公私領域での人口再生産者」という役割は、互いにしばしば矛盾を孕んでいる。では、女性は実際にどのように人生の岐路で選択をし、この三重の役割をどのように果たしているのだろうか。こうした問題意識から、筆者は2015年から2024年にかけて行った育児や就職に関するインタビュー調査をもとに、世代別に高学歴女性5名のインタビュー内容を抽出し、以下のようにまとめた（表5.3を参照）。

第Ⅰ部　移民を取り巻く社会、移民が結びつく社会

表5.3　高学歴女性へのインタビュー調査

世代別	被調査者対象（学歴など）	女性における三重の役割への考えや思惑		
		①公的領域の労働者	②私的領域の家事労働者	③公私領域の人口再生産者
60後（1960年代生まれ）	岩さん（1962年生まれ）：博士、一人の子どもを持つ核家族	私たちの時代、大学生は少なく、卒業後は国から仕事が配給されていたため、就職難はなかった。また、経済的な独立が人格的な独立に不可欠だと考え、仕事をしないという選択肢はなかった。	私たちの時代、家族で昼食や夕食を大学の食堂で食べることは珍しくなかった。子どもは保育所に預けたり、祖父母や兄妹に頼ったりしていた。	一人っ子政策が厳格に実施されていたため、子どもは一人しか産めなかった。
70後（1970年代生まれ）	雫さん（1975年生まれ）：博士、一人の子どもを持つ核家族	大学卒業後、すぐに大学の教職に就いた。当時、成績優秀であれば、大卒で大学に勤務することは珍しくなかった。女性にとって、仕事を持つことは自分の社会的価値を示す重要な手段だと思う。	自分の子どもを溺愛していると思う。私は小さい頃に母親を亡くし、兄弟姉妹が多くて、いろいろな家で面倒を見てもらうことが多かった。そのためか、寂しい思いをした記憶があるためか、子どもをとても大切にしている。今でも子ども中心の生活を送っている。	夫も私も兄弟姉妹がいるため、一人っ子政策の影響で、子どもは一人しか産めなかった。
	蔵さん（1978年生まれ）：大学、二人の子どもを持つ核家族、第1児を妊娠した時から辞職して専業主婦に	最初の子どもができてからずっと専業主婦である。「女性も仕事を持つべきだ」という母親の強い影響を受けてきたため、自分で稼いだお金がないと、『窩在家里（役立たずもの）』のように感じて自己嫌悪に陥り、その結果、しばらくうつ病を患った。	姉のように、子どもを祖父母に預けたくなく、子どもに付き添い、良い母親になりたいと考えている。二番目の子どもが生まれてからは、住み込みのベビーシッターを雇いながら、一緒に育児を行っている。	2016年に二人っ子政策が実施された際、ちょうど二番目の子どもを妊娠した。その時に、ちょうど良い再就職の機会があったが、子どもを授かったからと夫も私も子どもを優先した。
80後（1980年代生まれ）	苗さん（1980年生まれ）：博士、三人の子どもを持つ、三世代で同居	勤めていた大学が高レベルな大学と合併したため、今後のキャリアを考えて博士号を取得しなければならなかった。長女がまだ1歳頃の時、博士課程の授業や論文に追われていた。	子育てをしながら博士号を取得する際、義理の両親と同居し、育児の支援を受けた。そして、二人目の子どもが生まれてからは、実の母親と同居し、育児援助を得た、その後実の父親と一緒に育児。	夫は一人っ子なので、もともと私たちは二人っ子を持つことができた。二人目、二っ子を妊娠した際にちょうど二人っ子政策が発表された。
	双さん（1985年生まれ）：大学、二人の子どもを持つ三世代同居、第2児が1歳になった時に辞職して専業主婦に	二番目の子が1歳の時に辞職し、専業主婦になった。母は猛反対し、「子どもの面倒を見るだけの女性になるなら、大学まで仕送りしたのは無駄になってしまう」と言った。私自身もこの選択については時間をかけて考えた。子どもが大きくなったら再就職する予定だ。	私の両親はずっと育児を手伝ってくれたが、第二子が生まれてからは、二人の子どもの世話でかなり疲れていたと思う。子育てはやはり母親の責任であり、自分なりの方法で育児をしたいと考え、次女が1歳の時に仕事を辞めた。	子どもが大好きだ。私も夫もきょうだいが多いため、二人っ子政策が施行された時、すぐに二番目の子どもを作った。
90後（1990年代生まれ）	柳さん（1990年生まれ）：修士、一人っ子、未婚	就職後、修士課程に進んだのは、高学歴なら安定した「体制内職場」で働けると思ったからだ。しかし、修士課程を終えた後も、今なお契約社員の仕事を続けている。	ずっと親と一緒に住んでいるため、ほとんど親が家事をしてくれている。暇があれば、私も少し手伝う程度だ。普段は食堂や外食が多い。	結婚や子どもを持つことにはあまり意欲がない。両親の結婚生活を見て、結婚に憧れを感じない。私自身が一人っ子で、親はかなり厳しかったため、子どもを育てる自信があまりない。
	穂さん（1994年生まれ）：博士、一人っ子、未婚	博士号を取得後、全国規模で履歴書を提出し、就職活動を行い、より良い大学での教職を目指しているから。	留学中、簡単な料理はできたが、得意ではなかった。外食が多く、胃の病気にもかかった。帰国後は、今も毎日親の手作り料理を食べている。	彼氏募集中。結婚は急ぐ必要はない。やはり、お互いに自然に愛を感じられなければ、結婚には踏み切れない。子どもは欲しいが、育てる自信がないので、親に頼るかもしれない。

140

7.1 優位に置かれた「公的領域の労働者」役割

女性の「公的領域での労働者」という役割は、調査対象の全員が重視しているが、それぞれが直面する課題はかなり異なっている。岩さん（1962年生まれ）は「大学卒業後、国から仕事が配給されて、就職難がなかった」と述べつつ、「仕事をしないという選択肢はなかった」とも語っている。岩さんの就職の時期は1980年代前半で、中国の市場経済期が始まるとともに、「婦女回家」論が激しく議論されていた時期と重なっている。この時期、大学進学率がわずか3％前後であったため、国家や社会にとって、高学歴女性は貴重な人材であり、公的領域の労働者として活躍しやすかったと考えられる。

雫さん（1975年生まれ）は「成績優秀であれば大卒でそのまま大学に勤務することは珍しくなかった」と述べ、女性にとって仕事が自分の社会的価値を示す重要な手段であることを強調した。雫さんの就職の時期は1990年代後半だが、この時期は体制改革による「下崗潮」によって多くの人々がリストラされた時期でもあった。しかし、この時期は大学進学率が10％未満であったため、高学歴女性は体制改革の負の影響を受けていない。

さらに同じ年代の蔵さん（1978年生まれ）は、「女性も仕事を持つべきだ」と考えつつも、良き母親になるために、退職して専業主婦になった。しかし、社会進出できるだけの能力をもっていたにもかかわらず、夫の収入で生活する自分に嫌悪感を抱き、うつ病を患うほど悩んでいた。蔵さんが育児をしていた2010年前後は、中国がグローバル経済期に突入し、子ども中心主義や消費中心主義が広がり始めた時期である。蔵さんの選択は、一見個人的な志向に思えるが、この時期の女性たちが共通して抱えた困惑や葛藤を象徴していると筆者は考えている。

このように、計画経済期、市場経済期、グローバル経済期という三つの時代において、「女性は半分の天を支える」「婦女回家」「子どもがスタート時点で負けないように、科学的な育児を」といったスローガンやフレーズが相次いで登場し、それぞれの価値観が互いに矛盾したり衝突したりしながらも、女性たちはその役割を完璧に遂行しようとしていたのである。

加えて1980年代生まれの苗さん（1980年生まれ）と双さん（1985年生まれ）

第Ⅰ部　移民を取り巻く社会、移民が結びつく社会

は、女性の三重の役割の遂行において、それぞれ異なる困難に直面している。苗さんは義理の親の育児援助を受け1歳の長女を育てながら、博士号を取得するというキャリアを築いた。しかし、農村部出身の双さんは、良き母親としての役割を全うすべきか、仕事を続けるべきかで悩んでいた際、母親から「子どもの面倒を見るだけの女性になるなら、大学卒業まで仕送りを続けたことが無駄になってしまう」と強く反対された。このような家庭内での対立は、女性が自身の三重の役割を調和するうえでの大きな障害となっていることがわかる。

　一方、1990年代生まれの「90後」たちは、1999年の大学拡大政策の恩恵を受けて大学進学の機会を得たものの、卒業後は就職難に直面している。たとえば、柳さんは「修士課程を修了後も契約社員にしか就けず、穂さんは海外で博士号を取得した後も全国規模で就職活動を行っている。このように、90後の高学歴女性にとって、それ以前の世代と比較して「公的領域の労働者」の価値が低くなり、その期待に十分に応えることができていないことがうかがえる。

7.2　低い位置に置かれた「私的領域の家事労働者」役割

　「私的領域の家事労働」に対する女性たちの認識は、世代ごとに大いに異なるが、一般的に「公的領域の労働者」の役割に比べて低く位置づけられている。1960年代生まれの岩さんは、大学の食堂で家族と昼食や夕食を共にし、子どもを保育所に預けているため、育児や家事が公的領域での労働者としての役割に支障をきたすことはなかった。この背景には、彼女が計画経済期に育ち、市場経済期の初期段階において男女平等を保障する制度が機能していたことが影響している。このような制度のもとでは、私的領域での家事労働と公的領域での労働者としての役割が相互に競合せず、両立が可能であったと考えられる。

　一方、1970年代生まれの雫さん、蔵さんは、育児を重視しつつも、仕事と家庭の両立を目指した。雫さんは母親の早逝という経験から、子どもへの責任感が強かったが、キャリアアップにも努力を惜しまなかった。蔵さんも、子どもを祖父母に預けたくないという思いから専業主婦を続けているが、母親としての役割よりも「公的領域の労働者」としての役割を優先する傾向にある。さらに、良き母親としての役割も果たすため、住み込みのベビーシッターを雇い、育児に取り組んでいる。このように1970年代生まれ「70後」たちは、計画経

済から市場経済への移行期に育ち、グローバル経済期における育児を経験しているため、公私の領域における役割の調整が難しくなり始めたのである。

1980年代生まれの女性（苗さん、双さんなど）は、育児を生活の中心に位置づけている。一人っ子政策の影響を受け、特に子どもの教育に対する責任を強くもっている。苗さんは博士号の取得と同時に育児を行い、両親の支援を受けながら家庭と学業を両立させた。双さんは、育児に専念するために仕事を辞め、家庭内での役割を優先した。このように、1980年代生まれの「80後」たちは育児を個人の生活の中心に据えるとともに、家庭内での自身の責任を深く認識していた。

1990年代生まれの女性（柳さん、穂さんなど）は、家事に対する姿勢が前の世代とは大きく異なる。彼女たちは、家事労働をほとんど自分で行わず、両親が主に家事を担当している。この世代は「90後」と呼ばれ、中国の教育改革や政策の恩恵を最も受けた世代であり、学歴至上主義が最も叫ばれた時期に成長し、家族の唯一の子どもとして、家族の希望を一身に受けて、幼い頃から学業に専念するため家庭の雑事から解放されてきた。しかし、その一方で、良い大学に進学し、高いキャリアを築かなければならないという義務も背負っている。したがって、「90後」の女性たちは、家族からの愛情を多く受けつつ、自分自身の成長に集中できる一方で、社会で成功しなければならないという強いプレッシャーも感じているのである。

これらの変化は、家庭内での女性の役割が時代とともにどのように変遷してきたかを明らかにしている。つまり、初期には社会での仕事が重視されたが、次第に家庭とキャリアのバランスが重視されるようになり、最終的にはより個人にあった人生の選択へと変容した。このように各世代の女性たちは、社会的背景に応じて家庭や社会における女性の役割を繰り返し調整し、再構築してきたのである。

7.3　人口政策の変遷と「公私領域の人口再生産者」役割

中国における人口政策は、1979年の「一人っ子政策（独生子女政策）」の導入に始まり、それ以降、中国社会は急速な変化を遂げてきた。この政策は、爆発的な人口増加が経済発展に及ぼす影響を懸念した結果、強力に実施されたも

第Ⅰ部　移民を取り巻く社会、移民が結びつく社会

のである。その後政策は段階的に実施され、2000年前後には北京や上海を中心に「双独両孩」の試行が始まった。2010年には全国規模で夫婦双方が一人っ子であれば二人の子どもをもつことが許可され、2013年の「単独両孩」政策を経て、2016年には「全面両孩」政策が施行された。こうした政策の変更は、少子高齢化問題に対する対策の一環であり、長年続いた一人っ子政策の転換点となった。

　このような政策の変遷は、調査対象の女性たちの育児観にも深刻な影響を与えており、その価値観は各時代背景を反映している。そこで以下では、各世代における女性の育児観とその変化を考察する。

　1960年代生まれの女性（岩さん）は、一人っ子政策が最も厳格に実施された時期に母親となり、政策に従った育児を行っている。彼女の育児観は、当時の政策に強く影響を受けており、「一人っ子政策」に従う子育てが前提であった。

　1970年代生まれの女性（雫さん、蔵さん）は、政策の緩和に伴い、より柔軟な育児観をもつようになった。雫さんは「今でも子ども中心の生活を送っている」と述べており、子どもの教育への関心が高まったことを示している。一方、蔵さんは、二人っ子政策が導入された時期に妊娠したため、再就職を断念して専業主婦を続けている。この世代はキャリアと育児のバランスを模索する時期であり、政策の変化に対して柔軟に対応している。

　1980年代生まれの女性（苗さん、双さん）は、「一人っ子政策」のもとで成長した最初の世代として、「子ども至上主義」の価値観が強く影響している。また政策変更による新たな育児に関する選択肢も積極的に受け入れた。苗さんは「単独両孩」政策に則り、結婚当初から二人の子どもをもつ計画を立て、2016年に二人目を出産した。双さんも、大家族で育ち、教育に対する関心が高く、政策の解禁を待って二人目の子どもを持つことを選択した。

　一方、1990年代生まれの女性（柳さん、穂さん）は、結婚や出産に対する価値観が上の世代とは大きく異なる。柳さんは、両親の結婚生活を見て結婚に対する憧れを抱かず、出産への意欲も低い。また穂さんは、子どもをもつことに対して不安を感じ、家庭内での育児へのサポートが必須だと述べている。この世代は、個人の自由と自立を重視し、結婚や出産に対して慎重な姿勢を取る傾向が顕著に見られる。

144

第5章　理想と現実、均衡と衝突

このように、人口政策の変遷とそれに伴う社会の変化は、各世代の家族観や育児観に多大な影響を与えてきたことがわかる。人口政策は単なる人口管理の手段にとどまらず、女性の社会的役割と個人のライフコース、さらには人生設計にも深刻な影響を及ぼしているのである。

第8節　おわりに

本章では、1970年代から1990年代に生まれた中国の高学歴女性（「70後」「80後」「90後」）を対象に、国家による政策が女性の三重の役割に与える影響を考察した。その目的とは、各世代の女性がいかに制度的制約に適応し、いかなる生存戦略を展開してきたかを具体的に明らかにするためであった。

本章の分析の結果、以下の三つの知見が得られた。第一に、すべての世代において「公的領域の労働者」の役割が最優先されていることが確認できた。第二に、「私的領域の家事労働者」の役割に対する認識と実践には、世代間で著しい差異が見られた。第三に、「人口再生産者」としての意識が世代を追うごとに柔軟になっていくことが確認された（表5.4を参照）。

表5.4　女性における三重の役割（世代別）

世代別	公的領域の労働者	私的領域の家事労働者	公私領域の人口再生産者
60後（1960年代生まれ）	◎	×	◎
70後（1970年代生まれ）	◎	○	○
80後（1980年代生まれ）	◎	○／△	○
90後（1990年代生まれ）	◎	△	△／×

注：インタビュー調査に基づいて作成。「60後」世代を最終の分析結果にいれてないが、世代の変化を明確にするために、参照例として挙げている。なお「◎、○、△、×」とは各役割に対する女性の優先度を表す。

インタビュー調査によれば、「70後」世代は、職業を通じて社会的価値を確立しつつ、子ども中心の育児観を持ち、仕事と家庭両方のバランスをとろうと模索していた。「80後」世代は、育児と仕事の調和が困難な中でも、世代間の育児援助を積極的に活用していた。「90後」世代は、学歴重視の社会のなかで、家庭における家事や育児といった実務経験が相対的に乏しいという特徴が浮き

145

第Ⅰ部　移民を取り巻く社会、移民が結びつく社会

彫りになった。

　また、「私的領域の家事労働者」における世代間の違いを理解するために図5.3のデータを照らし合わせてみると、親との同居率は、「70後」24％、「80後」40％、「90後」51％と推移しており、親からの支援は「90後」が最も多く、次いで「80後」、「70後」の順であることが明らかになった。特に、一人っ子世代である「80後」「90後」は、兄妹のいる「70後」よりも親から多くの支援を受けていると考えられる。

　さらに、「人口再生産者」に対する世代ごとの意識の変容も確認できた。「60後」世代は厳格に実施された人口抑制政策下において「子どもをもつべきである」という規範的意識が強かったのに対し、「3人っ子政策」の影響下にある「90後」世代は、子どもをもつことに対してより慎重な態度を示している。具体的には、図5.2に示されているように、「女性は自分の子ども一人を持つことで人生が完璧になる」という意見への賛同率が、「70後」90％から「90後」75％へと低下している。ここから人口再生産者に対する意識が柔軟化していることが確認できる。

　以上、本章では、中国の高学歴女性における世代間の比較を通じて、国家政策が女性の役割に対する意識に与える影響と個人の生活戦略に及ぼす影響を考察してきた。ただし、本章では「60後」世代を比較対象に含めることができなかった。そのため今後の研究課題として、「60後」世代を研究対象に加えつつ、3つの女性の役割に対する高学歴女性の意識の変化や、国家政策に合わせた生活戦略の多様性および変容について、より包括的かつ詳細に解明していきたい。

付記

　本研究は中国国家社科基金項目課題番号［16BSH056］：「0-3歳城市家庭育児困境与家庭政策研究」（研究代表者：鄭楊）、黒龍江省哲学社会科学研究規劃項目課題番号［22SHB167］：「生育政策与媒体話語博弈中女性"恐婚恐育"的実証研究（2013-2022）」（研究代表者：鄭楊）の研究助成金を得て行った研究成果の一部である。本章の作成には、賽漢卓娜先生、岩崎和彦先生から貴重なご意見をいただき、大久保美花先生には日本語表現を丁寧に修正していただいた。また、明石書店の安田伸編集部長には、執筆、校正の遅延にもかかわらず寛容なご対応をいただいた。心から感謝を申し上げる。

第5章　理想と現実、均衡と衝突

注

（1）　コーリーは、現代社会におけるライフコースの再編成を、時間化、時系列化、個人化という三つのメカニズムを通じて説明している。

　　時間化は、生命を連続的かつ測定可能な時間枠に埋め込むことで、生命を自然の流れから社会的に管理可能なプロセスへと転換させる。これにより、生命の各段階（子ども期、青年期など）が具体的な時間的枠組みで定義され、社会全体が個人のライフコースを標準化し、統制することが可能となる。

　　時系列化は、年齢を基準にライフコースを段階的に区分し、それぞれの段階に社会的役割や期待を割り当てるプロセスである。教育、雇用、退職などの社会制度はこの過程で重要な役割を果たし、制度を通して個人のライフコースは予測可能で規範的なものとなる。これにより、社会は個人を管理・調整する指針を提供し、個人は自分のライフステージを理解し、社会に適応することが促される。

　　個人化は、従来の社会的制約、特に共同体や家族の影響を乗り越えることで、個人が自らのライフコースを自由に設計できるようになるプロセスである。伝統的な社会的枠組みが解体され、個人は多様な選択肢の中から自己決定を行う自由を得られるようになる。

　　これら三つのメカニズムは、現代社会におけるライフコースがより高度に管理され、標準化され、個人化される過程を示している。さらに言えば、社会は個人のライフステージを規範的に予測可能なものにしつつ、新たな選択肢を提供するが、その自由度が増すことにより、個人の負担も増加する。

（2）　大躍進とは、1958年から1960年までの「毛沢東思想」に基づく中国の急進的な社会主義建設の試みで、大規模な生産力拡大運動である。当時「15年でイギリスに追い付き追い越せ」という国家目標を掲げて、つねに高い目標を目指した。この大躍進政策は熱狂的な大衆運動として展開され、短期間のうちに次々と生産目標が達成されていった。しかし農業生産力の限界を考慮していなかったため、中国農村は荒廃の極に達してしまい、結局、政策は失敗に終わった。

（3）　1950年代の婦女解放とその当時の人々が「男女平等」に対する実感を考察するために、左際平（2005）は、2002年と2003年に80名の既婚老人に対してインタビュー調査を行った。

（4）　「単位」とは一般的に中国都市部における社会成員が所属する組織形態（職場）を指しているが、1978年の改革開放以前、すべての資源は「単位」に独占されていたために、「単位」と個人との関係は非常に緊密であった。たとえば、住宅の有無、大きさという日常的な生活水準においても、個人は生まれてから死ぬまで「単位」と密接的な関係をもっている。さらに、制度の面から言うと、「単位」から離れる個人は社会的地位、一社会人として存在する基礎さえ失うことを意味するため、国家にとってもその人をコントロールしにくくなるということをも意味したのである（李漢林　2004）。

（5）　「下崗」とは、1990年代以降の中国の体制改革により、国有企業などで働いていた労働者が、企業の効率化や市場競争力向上のために行われた大規模な人員削減（リストラ）によって職を失う現象を指す。簡単に言えば、国営企業が経営再編や民営化の過程で、従来の安定した雇用を維持できなくなり、多くの労働者が強制的に解雇された状態である。日本の

147

第Ⅰ部　移民を取り巻く社会、移民が結びつく社会

バブル崩壊後の大企業におけるリストラや構造改革により、長期間勤めていた社員が解雇され、再就職に苦労する状況に似ている。しかし、中国の場合は、それが国家主導の改革という規模の大きさと急激な制度転換だったため、1990年代末期「下崗」した労働者の数が非常に多く、「下崗潮」とも言われ、社会全体に大きな影響を与えた。

(6)　市場経済期から、都市部を中心に増加した専業主婦の実態を考察するため、鄭楊（2012）は2009年から2010年にかけて専業主婦を対象にインタビュー調査を行った。また、「下崗潮」の影響を受けて積極的に家庭に戻った女性たちの理由について考察するため、周美珍（2004）もインタビュー調査を実施した。

(7)　中国の計画経済期には、就業先は主に「国有企業」と「集体企業」に分かれていた。国有企業は国家が出資し、重要産業を担い、国家利益の維持と安定した雇用・福利を提供することを目的とする。従業員は高い給与と充実した社会保障を享受する。一方、集体企業は労働者や協同組合が運営し、市場競争に柔軟に対応する。従業員の給与は業績に連動し、福利政策は簡素だが、個人の創造性が重視される。これら二つの企業形態は、経営モデルと理念において異なる特徴を持ち、異なる経済的・社会的ニーズに応えている。

(8)　1999年の「大学拡招」政策とは、高等教育の募集定員を拡大する政策である。この政策により、中国の高等教育進学率が急上昇した結果、高等教育はマス化段階に入った（張玉琴 2006）。

(9)　中国の戸籍制度（戸口制度）は、1958年に導入された人口管理システムで、国民の居住地や社会福祉へのアクセスを規制する役割を果たしている。中国の戸籍は主に2つに分けられ、都市戸籍（非農業戸籍）と農村戸籍（農業戸籍）がある。この制度は公共サービスと密接に関連しており、地域間の移動の自由度は低い。たとえば、長いあいだに農村から都市へ、都市から都市への移動は厳しく制限されていた。かつて、戸籍制度は中国社会の安定維持に歴史的役割を果たしたが、現代では経済成長との矛盾が顕在化している。特に、戸籍格差が教育機会や世代間貧困を固定化する「新二元構造」が批判の対象になっている。

(10)　データの出所：ユネスコ『グローバル教育データ：世界規模の教育統計比較』http://www.uis.unesco.org/Education/Pages/women-higher-education.aspx

(11)　出生性別比の偏りに関する国家統計局のデータによれば、1979年の出生性別比は105.8で正常範囲内であったが、1990年には111.7、2000年には116.9、2004年には121.2に達した。

参考文献・資料

──中国語文献

別敦栄・易梦春, 2014,「中国高等教育発展的現実与政策応対」『清華大学教育研究』1: 11-16.

蔡蔚萍, 2016,「女性教育優勢能否延続到労働力市場──基於高考成績、本科学業表現和就業情況的分析」『当代青年研究』6:52-58.

陈秋霖・胡钰曦・傅虹桥, 2017,「群体性失业対健康的短期与長期影响──来自中国20世纪90年代末下岗潮的证据」『中国人口科学』第5期: 51-61+127.

方英, 2009,「『全職太太』与中国城市性别秩序的変化」『浙江学刊』1: 211-216.

封婷, 2023,「中国女性初婚進度的新変動、原因和趨勢」『中国人口科学』1: 21-38.

谷玉良, 2023,「青年時間焦慮芻議」『中国特色社会主義研究』2:102-109.

韓廉，2008,「社会転型期全民自覚維护政策公正的範例——世紀之交的"婦女回家"、"階段就業"論争与"十五"就業政策」『湖南師範大学社会科学学報』6: 64-69.

賀蕭（Gail Hershatter）・張贇訳，2017,「記憶的性別——農村婦女和中国集体歴史」北京：人民出版社.

候佳偉・顧宝昌・張銀峰，2018,「子女偏好与出生性別比的動態関係：1979-2017」『中国社会科学』6: 86-101+206.

蒋永萍，2001,『50年中国城市婦女的就業的回顧与反思，半個世紀的婦女発展——中国婦女50年理論研討会論文集』当代中国出版社.

蒋永萍，2009,『社会転型中都市部女性的工作和家庭』当代中国出版社.

金光照・翟振武，2023,「中国女性未婚生育現状及其婚姻進度効応」『人口学刊』2: 1-14.

金一虹，1995,「也談男女平等的収穫与代価」『社会学研究』1: 98-101.

金一虹，2006,「『鉄姑娘』再思考——中国文化大革命期間的社会性別与労働」『社会学研究』1: 169-193.

金一虹，2013,「社会転型中的工作母親」『学海』2: 56-63.

李春玲，2016,「教育領域性別比例逆転帯来的社会挑戦」『社会科学文摘』5: 57-58.

李明歓，2004,「干得好不如嫁得好——関於当代女子大学生性別的若干思考」『婦女研究論叢』4: 25-30.

李漢林，2004,『中国単位社会——討論、思考与研究』上海人民出版社.

李銀河，2005,『性別問題』青島：青島出版社.

李小江，1995,「性別角色与社会発展筆談（二）『男女平等』在中国社会実践中的失与得」『社会学研究』1: 92-97.

劉伯紅，1994,「対『男女男女平等的社会学思考』的思考」『社会学研究』6: 68-71.

劉精明，2006,「高等教育拡展与入学機会差異：1978-2003」『社会』3: 158-179+209.

劉江・張文明，2023,「女性教育突破与学歴攀登——対中国（2001-2020年）本碩博教育性別逆転現象的研究」『中国青年研究』8: 104-112.

劉江・万江紅，2020,「中国的女性教育優勢被低估了嗎？——基於教育部全国数据的分析」『中国青年研究』9: 113-119.

劉文，2019,「国際高等教育性別結構転変的脉絡、条件与趨勢——基于全球90個国家和地区的比較分析」『江蘇高教』11: 107-113.

劉文，2024,『高等教育性別結構変化研究』廣西師範大学出版社.

羅麗莎（Lisa Rofel），2006,『另類的現代性——改革開放時代的中国性別化渇望』黄新訳，江蘇人民出版社.

梁晨・李中清・張浩・李兰・阮丹青・唐文林・楊善華，2012,「無声的革命：北京大学与蘇州大学学生社会来源研究（1952-2002）」『中国社会科学』1: 98-118+208.

倪豪梅，1998,「認真做好下崗女職工工作」『求是』5: 38-40.

邱婕，2022,「『三十』而立——適婚年齢女性的生命歴程制度化与時間圧縮」『中国青年研究』6: 59-67.

卿石松，2024,「女性教育提升与生育行為変遷——基於夫妻匹配視角的研究」『社会学研究』2: 179-202.

邵岑，2015,「教育拡張与教育獲得性別差異（1978-2008）」『青年研究』2: 10-19+94.

邵志芳・龐維国，2016,「高考成績性別差異研究的回顧与展望」『華東師範大学学報』（教育科学版）1: 69-75+118.

孫云暁・李文道・趙霞，2010,『拯救男孩（童）』北京：作家出版社.

孫立平，1994,「重建性別角色関係」『社会学研究』6: 65-68.

宋少鵬，2011,「『帰家』還是『被帰家』？——市場化過程中『婦女帰家』議論与中国社会意識形態転型」『婦女研究論叢』7: 5-12.

第Ⅰ部　移民を取り巻く社会、移民が結びつく社会

宋少鵬, 2012,「従彰顕到消失——集体主義時期的家庭労働（1949-1966）」『江蘇社会科学』1: 116-125.

陶春芳, 1994,「男女平等思想応該深入人心」『社会学研究』6: 73-75.

譚深, 1993,「社会転型与中国婦女就業」『中国婦女与発展——地位，健康，就業』河南人民出版社.

佟新, 2003,「話語対社会性別的建構」『浙江学刊』4: 211-16.

佟新・杭蘇紅, 2011,「学齢前児童撫育模式的転型与工作着的母親」『中華女子学院報』1: 74-79.

呉小英, 2009,「市場化背景下性別話語的転型」『中国社会科学』2: 164-176.

呉小英, 2014,「主婦化的興衰——来自个体化視角的闡釈」『南京社会科学』2: 62-68.

王磊, 2023,「中国家庭結構変化及其政治意涵——対『人口規模巨大的現代化』的思考」『人口与発展』1: 118-122+111.

王偉宜・桂慶平, 2020,「高等教育机会获得的性別不平等及其変化（1982-2015）」『清華大学教育研究』1: 78-86.

巫錫炜・曹增栋・武翰涛, 2022,「高等教育拡張与小家庭堀起——来自大学拡招政策的証拠」『社会学研究』3: 92-228.

文東茅, 2005,「我国高等教育機会、学業及就業的性別比較」『清華大学教育研究』1: 16-86.

許琪, 2016,「中国人性別観念的変遷趨勢、来源和異質性——以『男主外,女主内』和『干得好不如嫁得好』両個指標為例」『婦女研究論叢』3: 33-43.

楊菊華, 2017,「近20年中国人性別観念的延続与変遷」『山東社会科学』11: 60-71.

楊菊華, 2010,「時間、空間、情境——中国性別平等問題的三維性」『婦女研究論叢』6: 5-18.

楊勝彗・張現苓, 2023,「中国青年女性婚育行為及婚育観念的隊列差異」『北京社会科学』10: 95-106.

葉華・呉暁剛, 2011,「生育率下降与中国男女教育的平等化趨勢」『社会学研究』5: 153-177+245.

張絹, 2024,「中国労働力市場中女性的生育賞罰研究」『人口学刊』4: 53-66.

張秋倫, 1996,「女性就業現状与前景——調査、統計与分析」『社会学研究』第4期: 13-24.

鄭磊, 2013,「同胞性別結構、家庭内部資源分配与教育獲得」『社会学研究』5: 76-103.

鄭楊, 2019,「社会変遷中的育児模式変化与『親職』重構」『貴州社会科学』7: 87-98.

鄭楊, 2015,「導致女大学生就職難的性別角色分析——基於哈爾浜師範大学的田野調査」『黒竜江高教研究』6: 120-123.

周美珍, 2004,「回家 在婦女無奈選択的背後」『社会』第1期: 35-38.

鄭作彧・胡珊, 2018,「生命歴程的制度化——欧陸生命歴程研究的范式与方法」『社会学研究』2: 214-246.

鄭也夫, 1994,「男女平等的社会学思考」『社会学研究』2: 108-113.

鐘暁彗・郭巍青, 2018,「新社会風険視点下的中国超級媽媽——基於広州市家庭児童照顧的実証研究」『婦女研究論叢』2: 67-78.

左際平, 2005,「20世紀50年代的婦女解放和男女義務平等——中国城市夫妻的経歴与感受」『社会』1: 182-209.

——日本語文献

天野正子, 1990,「ライフコースと教育社会学」『教育社会学研究』46: 5-15.

安藤由美, 2008,「現代日本社会におけるライフコースの標準化・制度化・個人化をめぐって」『社会分析』35: 19-37.

小笠原祐子, 2014,「ライフコースの社会学再考——ライフサイクル視点再導入の検討」『研究紀要』75: 139-153.

張玉琴, 2006,「中国の高等教育規模拡張の政策的要因について」『東京大学大学院教育学研究科紀要』46: 371-379.

前田信彦（1998）「家族のライフサイクルと女性の就業」『日本労働研究雑誌』459: 25-28.

正岡寛司, 1996,「ライフコース研究の課題」, 井上俊ほか編『ライフコースの社会学（岩波講座現代社会学9)』岩波書店, 189-221.

森岡清美, 1996,「ライフコースの視点」, 井上俊ほか編『ライフコースの社会学（岩波 講座現代社会学9)』岩波書店, 1-9.

鄭楊, 2012,「市場経済の転換期を生きる中国女性の性別規範—3 都市主婦のインタビューを通して」落合恵美子・赤枝香奈子編『アジア女性と親密性の労働』京都大学学術出版会.

鄭楊, 2023,「育児と仕事の競合——中国における『専業ママ』の母親規範を問い直す」平井晶子・中島満大・中里英樹・森本一彦・落合恵美子編『〈わたし〉から始まる社会学——家族とジェンダーから歴史, そして世界へ』有斐閣.

——英語文献

Brückner, Hannah, and Karl Ulrich Mayer, 2005, "De-Standardization of the Life Course?" R. Macmillan, ed., *The Structure of the Life Course*, Elevier Ltd., 27-53.

Buckmann, M., 1989, *Script of Modern Life Course*, The University of Chicago Press.

Cain, Leonard D., 2009, "Life Course and Social Structure," Walter R. Heinz, ed., *The Life Course Reader: Individuals and Societies Across Time*, Johannes Huinik, and Ansgar Weymann, Campus Verlag.

Elder, Glen H., Jr., 1974, *Children of the Great Depression*. University of Chicago Press.

Elder, Glen H., Jr., 1975, "Age Differentiation and the Life Course," *The Annual Review of Sociology*, 1: 165-190.

Elder, Glen H., Jr., M. Johnson, and R. Crosnoe, 2003, "The Emergence and Development of Life Course Theory," J. T. Mortimer and M. J. Shanahan, eds., *Handbook of the Life Course*, Kluwer Academic/Plenum Publishers, 3-19.

Giele, Janet Z., and Glen H. Elder, 1998, "Life Course Research: Development of a Field," Janet Z. Giele and Glen H. Elder, eds., *Methods of Life Course Research: Qualitative and Quantitative Approaches*, Sage Publication.

Hareven, Tamara K., 1982, *Family Time and Industrial Time*, Cambridge University Press.（正岡寛司監訳, 1990,『家族時間と産業時間』早稲田大学出版部.）

Hareven, Tamara, 1986, "Historical Changes in the Social Construction of the Life Course," *Human Development*, 29(3): 171-180.

Jahoda, Marie, 1982, *Employment and Unemployment: A Socio-Psychological Analysis*, Cambridge University Press.

Kohli, Martin, 2007, "The Institutionalization of the Life Course: Looking Back to Look Ahead," *Research in Human Development*, 4(3-4): 253-271.

Kohli, Martin, and Martin Rein, 1991, "The Changing Balance of Work and Retirement," Martin Kohli, Martin Rein, and Anne-Marie Guillemard, eds., *Time for Retirement: Comparative Studies of Early Exit from the Labor Force*, Cambridge University Press.

Macmillan, R., ed., 2005, *The Structure of the Life Course*, Elsevier Ltd.

Modell, John, Frank Furstenberg Jr., and Theodore Hershberg, 1976, "Social Change and Transitions to Adulthood in Historical Perspective," *Journal of Family History*, 1: 7-32.

Riley, Matilda W., 1986, "The Dynamics of Life Stages: Roles, People, and Age," *Human Development*, 29: 150-156.

Rofel, Lisa, 1999, *Other Modernities: Gendered Yearnings in China after Socialism*, University of California Press.（黄新訳, 2006,『另類的現代性——改革開放時代的中国性別化渇望』江蘇人民出版社.）

Scott, W. Richard, 2008, *Institutions and Organizations*, Sage Publications.（姚伟・王黎芳译訳, 2010,『制度与组织——思想观念与物质利益』中国人民大学出版社.）

第Ⅰ部　移民を取り巻く社会、移民が結びつく社会

Yan, Yunxiang, 2003, *Private Life under Socialism: Love, Intimacy, and Family Change in a Chinese Village 1949-1999*, Stanford University Press.（龔小夏訳，2017，『私人生活的変革──一個中国村庄里的愛情，家庭与親密関係（1949-1999）』上海書店出版社.）

第II部

日本における
高学歴中国人移民女性の
ライフコース

第6章

高学歴移民女性の
学歴別キャリア獲得

賽漢卓娜

第1節　はじめに

　筆者は、数年前に一度九州地域の中国人女性団体の中秋節パーティに参加した。イベントが終了したあと、中心メンバーの女性たちと数人の日本人夫が残り、円卓を囲んでくつろいでいた。ある女性が、向かいの日本人夫に急に話を振った。

　　　奥さんはよく努力される方ですね、日本の大学で常勤教員になれるなんて素晴らしい。でも、（このテーブルに座った女性たちをくるっと指差して）私たちはただの平凡な主婦に見えますけど、実はみんなドクターですよ。日本に来なければ、どなたも教授、医師なんです、みんなエリートよ！　（ある女性に向かって）ご主人はあなたに感謝しなければならないね。来日しなければ、あなたは中国で普通に医師をやっているし、とっくに主任医師になっていたはずよ。

　当の女性はうつむき、ほかの女性たちも先ほどまでの笑顔が曇り、場の雰囲気が一瞬凍った。この40〜50代の女性たちは、現在は大学で週に数コマ中国語を非常勤講師として教えていたり、研究室付きの助手や研究員をしていたり、いずれも非正規雇用で補助的な仕事をしている。中国での経歴はどんなに輝かしくても、日本の国立大学で修士号や博士号を取得したとしても、日本では、

155

第Ⅱ部　日本における高学歴中国人移民女性のライフコース

「○○さんの奥さん」「お母さん」の肩書きが目立ち、「名前のない者」になっている。彼女たちには、堅実な職業についている夫がいる。経済的に不安のないはずの彼女たちのうなだれた姿が今でも目に焼きつく。

第2節 ▊ 移民女性の「学歴過剰」と「経済活動における不本意な不参加」

　国際標準教育分類（ISCEO）の基準に照らし、大学卒業以上の高等教育修了者（ISCED 6 ～ 8）（以下では「高学歴者」と略す）を対象として検討しよう。つまり、学士、修士、博士である。学歴過剰率とは、高い学歴をもつ人々に占める低技能職および中技能職の労働者の割合である（経済協力開発機構（OECD）・欧州連合（EU）2020: 106）。仕事に対する学歴過剰の現象は、別の言い方をすると、下位雇用で（牟田 1995）、高学歴者が低学歴者の仕事を代替することである。多くの分野で、仕事の遂行にとって必要な学歴に応じて労働者の学歴が次第に高くなる。「経済活動における不本意な不参加（状態にある人々）」とは、働く意思をもちながら職業活動をできない人々のことを指す。そのなかには求職意欲をそがれた人々、すなわち自分に見合う職は得られないと考え求職活動をしていない人々も含まれている（OECD・EU 2020: 174）。残念ながら、OECD・EUによる国際比較可能なデータには日本の情報が欠落しているため、直接的に示せない。日本国内の2020年の国勢調査のデータを引いてみよう。

　高学歴者は在日中国人女性総人口の25.2％、つまり4人に1人である。中国人女性の高学歴率は、在日外国人女性の19.3％、日本人女性の13.8％よりも高い（総務省 2020）（表6.1）。さらに、表6.2で示されるように、年齢別でみると、働き盛りの30 ～ 50代の各年代の中国人女性の高学歴者率は、日本人女性に比較するとさらに高く、特に40代の中国人女性は突出して43.4％で半数近くに達し、同年代の日本人女性よりも24ポイントも高い。2020年国勢調査当時の40代は、おおよそ1971 ～ 1980年生まれの中国人女性の世代である。高学歴の人口の多い順に40代、30代（1981 ～ 1990年生まれ）、50代（1961 ～ 1970年生まれ）の順である。

156

第6章　高学歴移民女性の学歴別キャリア獲得

表6.1　国籍別女性の学歴

国籍別女性	大卒及び大学院卒者数	人口に占める割合
日本人女性	7,575,029	13.80%
外国人女性	216,363	19.30%
中国人女性	85,538	25.20%

注：2020年国勢調査に基づく筆者再計算。

表6.2　在日中国人女性の労働力率、学歴

国籍別女性		大卒及び大学院卒者数	人口に占める割合(%)	労働力人口				非労働力人口	
				そのうち就業者(主に仕事)	人口に占める割合(%)	そのうち家事のほか仕事	人口に占める割合(%)	そのうち家事	人口に占める割合(%)
日本人女性	30代	1,945,166	29.8	3,309,356	50.7	691,823	10.6	1,113,676	17.06
	40代	1,677,149	19.34	4,457,901	51.4	1,523,113	17.56	1,293,554	14.91
	50代	1,067,635	13.35	3,964,971	49.57	1,520,739	19.01	1,463,612	18.3
中国人女性	30代	38,269	35.9	40,693	38.2	10,544	9.9	16,905	15.9
	40代	30,841	43.4	26,224	36.9	9,476	13.3	13,491	19
	50代	8,171	19.5	11,685	27.9	5,151	12.3	10,517	25.1

注：1. 2020年国勢調査に基づく筆者再計算。
　　2. 15歳以上を対象とし、年齢不詳者は含まない。
　　3. 労働力状態人口は、労働力人口と非労働力人口以外に、「労働力状態『不詳』」もあり、ここでは省略。

　しかし、在日中国人女性の高学歴率は、高就労率に結びついていない。30～50代の在日中国人女性の就労率は同年代の日本人女性よりも低い。フルタイム就労[1]において、中国人女性は、外国人女性のなかでは高いものの、どの年齢層においても日本人女性よりも低い。日本人女性のフルタイム就労率は各年齢層において5割前後であるのに対し、中国人女性はいずれの年代においても4割以下になっている。そのうち、50代は3割以下であり、日本人女性から21.7ポイントの差がついている。また、高谷他（2015）の2010年国勢調査オーダーメイド集計に基づく分析によれば、中国籍女性の労働力参加率は55.7％で外国人女性のなかでは比較的高いが、婚姻状態によって大きく異なっている。離別者や未婚者と比較し、有配偶者の労働力参加率が低い。日本人夫をもつ中国人女性のうち、就業者は38.7％で、家事に専念する専業主婦は48.3％である。就業者のうち、フルタイム就労は22％で、パートタイム就労は15.6％である。言い換えれば、わずか2割強の中国人結婚移民女性がフルタイムあるいはそれに近い状態で就労し、64％は専業主婦もしくは兼業主婦である[2]。中国人夫を

157

もつ中国人女性の場合、前者よりも若干高いものの、低い程度にとどまる。さらに、就業者の多くは現場作業主体のブルーカラー職に従事し、デスクワーク主体のホワイトカラー職は1割にも達していない。

　以上のデータで示されたように、高学歴の傾向がうかがえるにもかかわらず、統計データには、「専業主婦」あるいは「兼業主婦」としてカウントされる人が多数であり、中国人移民女性の「主婦化」現象として現れてきた（賽漢卓娜 2021）。しかしながら、瀬地山（1993）によれば、社会主義社会は資本主義社会と異なる変容図式を取っており、つまり、女性解放のスローガンのもと、男女をほぼ等しく働かせるのである。国家が産業主義の担い手となって、安い賃金で夫婦二人を働かせる一方、次世代の労働力の再生産のために、託児所などは国家で整備する。海外移住した高学歴の中国人女性の間でも、中国の「持続就業モデル」を内面化しており、就労願望が強いことがうかがえる[3]（坪谷 2008; 賽漢卓娜 2020）。それにもかかわらず、日本で生活する高学歴の中国人女性はなぜか働く人は少ないのである。

　以上で示されたとおり、学歴過剰と経済活動における不本意な不参加は日本在住中国人移民女性にみられる。つまり、日本国内のデータから、中国人女性移民は下位雇用で就労しているか、あるいは職に就いていない状態にあることが推察できる[4]。また、日本において、女性の場合は男性に比べ経済活動に参加していないことが多い。とりわけ移民女性はこの傾向が高いが、経済活動に参加していない移民女性のうち、職に就くことを望んでいる人は決して少なくないと思われる[5]。移民女性の高学歴化は日本のみならず、OECD諸国にも移民女性は高学歴の人々のなかで大きな比率を占めており、全体的に「外国生まれ女性＞現居住国生まれ女性＞外国生まれ男性＆現居住国生まれ男性」と示せる。さらに、OECD・EU（2020: 174）によれば、働く意思をもちながら経済活動に参加していない理由として、①家族に対する女性の責任、②就業意欲がそがれたこと、③6歳以下の子どもをもつことなどが挙げられている。上記の理由において、いずれも移民女性は、現居住国生まれの女性よりも深刻であることが判明している。「学歴過剰」と「経済活動における不本意な不参加」は移民女性を取り巻くジェンダー不平等な社会構造を、最もよく表している。

　ところで、第1に、移民女性の「学歴過剰」と「経済活動における不本意な

第6章　高学歴移民女性の学歴別キャリア獲得

不参加状態」の実態、そしてそれに至る経緯や理由はまだ明らかになっていない。「アップ・オア・アウト」の専門性の高い職種の世界において、高学歴の女性は「パイプラインの漏れ」、つまりさまざまな節目に去っていく割合が高いことが判明している（Goldin 2021=2023）。では、「パイプラインの漏れ」は、いったいどのように、どうなっているのかを明らかにする必要がある。第2に、一口に高学歴者と言っても、大卒、修士、博士の教育達成段階の違いによって、もともとキャリアプランは違う。たとえば、博士課程への進学理由として、研究意欲や大学教員や研究職など特定の職への就職意欲が主に挙げられている（文部科学省 2022）。そのため、高学歴者内部の多様性を看過して一括りの「高学歴者」としてではなく、高学歴者を学歴別に探求する必要性がなかろうか。本章では、60後、70後の世代の修士号取得以上を超高学歴と定義する。

　したがって本章では、日本在住の各教育ステージの既婚高学歴中国人移民女性に注目し、彼女たちが来日後、出産、育児など家庭領域でのケア労働が期待され果たされているなか、キャリア形成において「学歴過剰」と「経済活動における不本意な不参加」の実態、それからその状態に至る経緯、理由を明らかにすることを目的とする。

第3節　先行研究

3.1　高度人材としての移民

　日本における「高度人材ポイント制」は、2012年導入された。日本が積極的に受け入れるべき高度外国人材とは、「国内の資本・労働とは補完関係にあり、代替することが出来ない良質な人材」であり、「我が国の産業にイノベーションをもたらすとともに、日本人との切磋琢磨を通じて専門的・技術的な労働市場の発展を促し、我が国労働市場の効率性を高めることが期待される人材」とされている[6]。だが、日本における専門職移民の主要な供給源は、「日本型雇用」のなかにスムーズに入り、「日本企業のマスに近い人材」である留学生で「定着志向の強いホワイトカラー職外国人」である（永吉 2020）。専門職移民のうち、2014 ～ 2024年で全体の約65％が中国籍移民である（法務省出

第Ⅱ部　日本における高学歴中国人移民女性のライフコース

入国在留管理庁 2024）。

　日本は「高度人材ポイント制」は実施したものの、各国間での国際競争のなかで高度人材の獲得はしばしば難航している。その理由として、日本の平均的な給与水準は先進各国と比較して低い水準であること、社内キャリアアップを前提としているため社外を含めたキャリアアップやスキルアップにつながらないこと、昇進・昇給の遅さやキャリアパスの不透明さ、無駄な会議や残業の多さ、男女の不平等とワークライフバランス、言語や子どもの教育などの生活環境の整備が進んでいないことなどが挙げられている（高度外国人研究会 2024; Oishi 2012）。上記の問題は、日本の「移民政策の断片化が構造的に進行し続け」ていると関連している（小井土・上林 2018）。ジェンダーの側面で言えば、たとえば中国人男性の職種が来日後、「専門」「管理」で増加し、職業的な社会移動において上方移動傾向であるのに対し、中国人女性は、来日後無職が増え、下方移動傾向があると指摘されている（坪谷 2008）。来日後の高学歴者とりわけ移民女性はジェンダー格差に陥る可能性が払拭されるわけではない。

3.2　再生産労働者としての移民女性

　移民女性に着目する研究は、主に再生産労働あるいは親密性労働に集中している。社会経済階層の上昇を期待し、「グローバルサウス」から「グローバルノース」へ「グローバル・ハイパガミー」を期待していた「アジアの花嫁」は来日後、性役割分業に則って家庭内の再生産労働に従事しており、その結果、「ナショナルな標準家族」としての国際結婚が再生産される（安里 2018; 高谷 2018; 賽漢卓娜 2017）。結婚移住女性たちの「良きヨメ」としての再生産労働は、地域社会および当事者において内面化され、「地域に溶け込める」第一の条件となる（李 2023）。

　また、女性労働移民は、「家事労働や大抵ケアに携わるような職業に集中」し、「女の仕事」という性別分離における女性の従属的な経済的位置と、低賃金の職に集中し、受入国において「限定的なシティズンシップ」（パレーニャス 2007）しか得られない。さらに、受入国において女性移住ケア労働者の多くが、本来の能力・技能よりも低く扱われ、「アジアや東欧・ラテンアメリカ出身の移民には、比較的豊かな階層出身者や高学歴者が多く含まれている」

160

（Harney 2007: 219）との指摘もある。

3.3　高学歴母親の就労

　多くの国では子どもをもつ女性は学歴が高いほど就業率も高いという正の相関が認められる（England et al. 2012）。アメリカやドイツでは子どもをもつ女性の就業率は低学歴層以上に高学歴層で大きく上回っている。日本では既婚女性の就業行動に対して学歴が有意な効果をもたず、高学歴化と女性の労働力参加の関係が「緩」く、既婚女性の就業率は学歴と必ずしも明確な正の相関を示さない（Brinton 1993; Brinton and Lee 2001: 134; 岩間 2008）。

　また、子どもをもつ女性の就業は世帯の経済的地位と家族要因によっても規定される。高学歴女性は、高学歴同類婚をすることが多く、高学歴カップルである高学歴同類婚では夫の年収は最も高い（打越 2018）。夫に安定した雇用や収入がある階層では、経済的な理由から妻が就業する必要性は低く、女性の労働市場への進出と夫の収入の間に負の相関があることは、日本でも「ダグラス＝有澤法則」として指摘される（安倍・大石 2006; 川口 2002）。さらに、高学歴に対する需要が高い社会ほど、女性の就業率の学歴差が大きくなる（Steiber er al. 2016）。日本は欧米の先進諸国とは異なり女性内での学歴間の就労率に大きな違いがない（OECD 2015）。相変わらず女性が自分の労働あるいは所得を男性のそれを補助するものとして意味づけている（筒井 2015）。出産後の就業率を押し上げたのが非正規雇用であり、大卒層の正規雇用就業率は上昇していない（麦山 2022）。非正規雇用が大卒層にとって魅力的な選択肢となっておらず、出産育児を経た高学歴女性にとって依然として十分な労働報酬を得られる正規雇用の仕事が乏しいことがうかがえる。しかし、上記の研究は主にマジョリティ女性、言い換えればホスト社会生まれの女性、たとえば日本の家族社会学分野では、研究対象は暗黙の了解として日本人女性とし、同じ日本社会在住の移民女性に関心が薄い。

　このように、現在の日本における高度人材の制度は、日本国内にすでに居住している人材、とりわけ高度な学歴・技能をもつ移民女性を無視している。また、再生産労働者としての女性労働移民に注目するあまり、学歴過剰状態にある働く移民女性、あるいは経済活動において不本意なまま不参加状態に置かれ

第Ⅱ部　日本における高学歴中国人移民女性のライフコース

ている専業主婦／兼業主婦の側面を見落としている。さらに、家族社会学分野における主流な研究においては、高学歴母親＝マジョリティ女性＝日本人母親といった暗黙の了解があり、日本で生きる移民母親の存在を見過ごしていると言えよう。

第4節 ｜ 調査概要

　「パイプラインの漏れ」の実態と原因を明らかにするため、質的研究、ここではライフストーリー研究を取り入れる。本章の分析で用いるデータは、2018 ～ 2024年12月にかけて、日本の地方都市を中心とする各地（九州、関西、中部）在住の高学歴中国人女性に対して行った半構造化インタビューと参与観察で得た34ケースである（表6.3）。地方都市を調査地としたのは、大都市圏と地方都市の間に地域格差が存在し、就労先は限られている可能性があるからである。

　これらの女性は、日本や中国、欧州で最終学歴を得て、全員大卒あるいは大学院卒である。内訳は、大卒16名、修士号取得者10名、博士号取得者8名である。修士号取得者と博士号の取得者である超高学歴者は半数以上を占め、文系と理系の双方がいる。調査協力者の出生コーホートは、1960年代生まれ（本章では中国の慣習に沿って略して60後と呼ぶ）は16名、1970年代生まれ（同70後）は9名、1980年代生まれ（同80後）は9名である（表6.3）。ここで、中国における「大卒」という学歴について、少し説明を加えよう。中国においては、1980年の大学進学率わずか3％から、1999年からの高等教育の学生拡大募集により、2003年の15％に達し、2018年は50％を超え、2023年は60％まで達した（中国教育部 2024）。M・トロウの高教育発展段階説（Trow 1975=1983: 61-64）に従えば、60後、70後にとっての大学はエリート段階にあり、80後とりわけ1985年以降生まれの85後からは大衆化段階へ移行したと言えよう。したがって、同じ「大卒」でも出生コーホートによって、社会（本章との関連ではとりわけ就業）における重みが異なることを断っておく。

　調査当時、全員が婚姻継続中であり、かつ日本での育児経験がある。34名中、日本人男性と結婚しているのは19名、中国人男性と結婚しているのは15名で

第6章　高学歴移民女性の学歴別キャリア獲得

表6.3　調査協力者一覧

No.	出生コーホート	学歴	最終学歴取得地	日本語能力	就業状況	配偶者就業状況	同居家族	中国での就業
A	60後	大学	中国	N1	家族就業	農家	義父母、夫、子2	会社員
B	60後	大学	中国	N1	パート	自営業	義父母、夫、子3	会社員
C	60後	博士	日本	N1	主婦	教員	夫、子2	無
D	60後	大学／鍼灸学校	日本	N1	自営業	正社員	義父母、夫、子2	無
E	60後	博士	日本	N1	非常勤講師	教員	義父母、夫、子2	無
F	60後	大学	日本	N1	通訳ガイド等	正社員	夫、子2	無
G	60後	大学	日本	N1	専業主婦／コーチ	経営者	夫、子1	政府職員
H	60後	大学	日本	N1	専業主婦／装飾品製作	経営者	夫、子1	政府職員
I	60後	博士	中国	N1	契約職員	正社員	夫、子1	無
J	60後	大学	日本	N1	パート	正社員	夫、子1	会社員
K	60後	修士中退	中国	N1	契約職員	正社員	義母、夫、子1	無
L	70後	博士満退	日本	N1	非常勤講師	正社員	夫、子2	無
M	70後	修士	日本	N1	自治体職員	正社員	夫、子2	会社員
N	70後	博士満退	日本	N1	非常勤講師／華僑団体役員	正社員	夫、子1	無
O	70後	博士満退	日本	N1	非常勤講師	飲食店経営	夫、子2	無
P	70後	博士	日本	N1	非常勤講師	正社員	夫、子1	会社員
R	80後	博士満退	日本	N1	税理士	正社員	夫、子1	無
S	80後	博士	日本	N1	大学教員	正社員	夫（別居）、子2	無
T	80後	修士	日本	N1	専業主婦	正社員	夫、子1	無
a	60後	修士	日本	N1	司法通訳等	正社員	夫、子2	大学研究員
b	60後	大学	中国	N1	専業主婦／ボランティア	大学教員	夫、子2	政府職員
d	60後	修士	日本	N1	専業主婦／執筆業	正社員	夫、子2	大学教員
e	60後	修士	日本	N1	契約職員	正社員	夫（別居）、子1	ホテルマン
f	60後	博士	日本	N1	実験助手	大学教員	夫、子1	医師
g	70後	博士満退	日本	N1	保険外交員→専業主婦	会社経営	夫、子2	無
h	70後	博士	日本	N1	自治体有期職員	正社員	夫、子1	会社員
i	70後	博士	日本	N1	大学教員	自営業	単身赴任中（夫、子1）	大学職員
j	70後	博士	ドイツ	N2	専業主婦	正社員（営業部長）	夫、子2	学生／アシスタント研究員
k	80後	大学	中国	N2	正社員	正社員	夫、子2（調査時義父母来日中）	無
l	80後	大学	中国	N2	専業主婦	正社員	夫、子2	社区職員
m	80後	大学	中国	N1	パート	正社員	夫、子2	不明
n	80後	博士	日本	N1	大学有期雇用教員	パート／主夫	夫、子1	無
o	80後	大学	中国	N3	専業主婦→帰国	正社員	夫、子2	会社員
p	80後	大学	日本	N1	正社員（産休）	正社員	夫、子1	無

163

第Ⅱ部　日本における高学歴中国人移民女性のライフコース

ある。ほとんどの夫婦は高学歴同類婚であり、夫の職業は正社員、大学教員、経営者など、総じて経済的地位は安定している。全員が、調査時に5年以上の長期間日本に居住し、ほとんどの調査協力者は上記エリアの地方都市に住み、1名のみは第一子出産後東京へ移住した。なお、調査協力者のプライバシーを保護するため、一部の個人情報を加工したうえで、アルファベットで示している。さらに結婚形態を区別するため、アルファベット大文字は日本人男性との婚姻を、小文字は中国人との婚姻と示す。

表6.4　中国人高学歴移民女性の内訳

本　人	夫の出身国	日本	中国	合計（名）
出生年代	1960年代	11	5	16
	1970年代	5	4	9
	1980年代	3	6	9
合　計		19	15	34

　調査協力者の募集は主に各地の中国系移民団体や移民女性団体が主催するイベントや継承語教室などを通して行った。これらの団体は主に出入国関連・地域イベント・生活の情報発信、またコロナ期の物資提供、助け合いなどのために結成されている。WeChat グループでのオンライン交流がある一方、オフラインの集まりもある。他の募集ルートとして、筆者の友人や大学関係者を通しても調査協力者を募集した。初来日の調査協力者の在留資格は主に「留学」「日本人配偶者等」で、ごく一部は「高度専門職」「家族滞在」である。現在の身分は、主に「永住者」や帰化者に大別できる。「高度専門職」「家族滞在」も少数ながらいる。

第5節　｜　分析結果 ——高学歴中国人移民女性のキャリア形成

　以下では、来日後に出産と育児を経た中国人高学歴移民女性について、受けられた教育ステージとキャリアを組み合わせてグルーピング化して、それぞれのグループごとにみられる課題を検討していく。それによって、これらの女性

が直面する経済的、社会的な不平等が、グローバルな権力構造のなかでどのように再生産されるかにも注目していく。

5.1　大卒グループ──主婦業プラスアルファ

　このグループは、中間的な専門の知識、技術と能力を提供する学士プログラムを受けた人々である。大卒グループには日本で大学を卒業してそれ以上進学していない「日本大卒グループ（G1）」と、中国での大卒後に来日して大学院に進学していない「中国大卒グループ（G2）」に分けられる。G1（5名）とG2（11名）は合わせて計16人である。大卒グループは、国際結婚している60後が中心で（10名）、子育て真最中の中国人同士で結婚している80後（5名）と、中国人同士結婚の60後（1名）である。

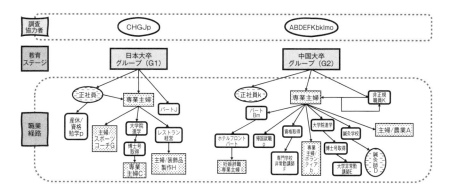

注：1．調査協力者のアルファベット大文字は国際結婚を、小文字は中国人同士の結婚を示す。
　　2．職業経路のうち、楕円は正規雇用／自営業、丸角四角形は非正規雇用、四角形は専業主婦を意味する。

図6.1　大卒高学歴移民女性の来日後の職業経路　N＝16

5.1.1　「日本大卒グループ（G1）」

　G1（CHGJp）は、産休中の80後のpさんを除き、残りの4名全員は日本出会い自由恋愛型国際結婚の60後である。Cさんとpさんは本章の調査協力者のうち、日本で新卒採用され、正社員になっている（た）限られた者である。Cさんは、中国の名門外国語大学の日本語学部に在学中に退学するまで日本留学をし、また抜群な日本語能力で留学先大学の新卒採用で正規職員として採用され

165

第Ⅱ部　日本における高学歴中国人移民女性のライフコース

た。だが、日本人夫の希望で「寿退職」して専業主婦になった。子育てが一段
落してから再び大学に戻り、修士から博士課程まで進学し、50代で博士号を
取得した。しかし、彼女は「非常勤講師すら見つからない」と嘆く。残りの3
名（HGJ）は来日前、中国ですでに就労経験があり、歴史的な社会背景で機会
を失い、高等教育を受けるため海外留学の潮に乗って来日した。また、3名と
も来日時、標準就学年齢よりも年上の「大齢留学生」であり、卒業とともに出
会った日本人男性と結婚した。夫の希望でしばらく家事・育児に専念したあと、
主婦業の傍ら、それぞれパートタイム就労や趣味の延長線上でスポーツコーチ
や、料理屋を切り盛りすることを経て装飾品作製などを経験していた。

　Ｇさんは60後で、中国の沿岸部某省の公務員であり、30歳で来日して大学
へ進学、卒業とともに会社経営の日本人男性と結婚して夫の本拠地に移住した。
夫の希望で専業主婦になり、子どもが1名いる。

　　　専業主婦は中国国内ではお手伝いさんの仕事だよね。中国人女性はやはり社
　　会に認めてもらいたい。私は日本人ママ友に、「子どもが成長したら社会に出て
　　働きますか」と聞いていた。そうしたら、ずっと主婦でいたいって。なんでそ
　　んなに志がないのか！　私は14年間専業主婦をして、心を尽くして夫と子ども
　　の世話をしていた。夫は全然変わろうとしない。いまだにまったく食事を作れ
　　ない。他人に愚痴をこぼすと、「ご主人は稼いでくれているから、あなたは安心
　　して家にいられるでしょう、満足知らず」と言われる。
　　　結婚後、体調を崩した、苦しかった、日本に留学するまで来て専業主婦にな
　　るなんて！　ずっと自分と戦って、まあキャリアウーマンと家庭の両立は無理だ
　　と、自分を説得し続けて、2年間もかかってね、ようやく、それじゃ、家にい
　　ようと。子どもが大きくなって、夫を説得してスポーツクラブを開いた。遊び
　　とはいえ、少しばかりの自己実現ができている、今は私の最も幸せの時期だ。
　　県大会で、私のチームは3年連続金賞を取れたよ。

　Ｇさんについては、中国と日本のジェンダー観念の違いに振り回され、狭間
に置かれていることがわかる。中国の「持続就業モデル」が内面化し、「専業
主婦」は社会の寄生虫とみなして、社会貢献せず働かない自分を受け入れられ

166

ない。他方、日本などでは、ジェンダー化された家族の規範のもと、女性はまず妻や母として家族のための無償の奉仕を求められ、また女性は何よりもその無償労働により評価される。このようなジレンマに陥る。G1については、調査時はすでに50代に入り、趣味など生かして主婦業プラスアルファの特徴をみてとれる。G1と下記のG2は、「標準家族」の日本人既婚女性のライフコースに最も近い形を取っていたことがわかる。ただし、G1は、必ずしも高い修学キャリアを求めていると限らず、大卒で満足した可能性がある一方で、中国で就労した時期の「賑やかさ」と日本で主婦を務める「寂しさ」のような、社会から断絶した感覚から社会復帰を求めている可能性も否定できない。

5.1.2 「中国大卒グループ（G2）」

　G2（ABDEFKbklmo）の11名のうち、60後の6名（ABDEFK）は中国出会い国際結婚であり、1名（b）は中国同士結婚の60後であり、残りの4名（klmo）は全員中国人同士結婚の80後である。80後のkさんは、日本のIT企業の採用試験に合格し、中国の大学を卒業するとともに高度人材として来日した。同じIT技術者の中国人夫は彼女の後を追って来日し、2人の子どもに恵まれ、両系の祖父母は交互に来日して孫の面倒と家事の支援してもらっている。あとの3名の80後は、高度人材の配偶者である。彼女たちは来日前にすでに就職し、夫の海外就労に追随して辞職して来日した。来日後、彼女たちの未熟な日本語能力で就労先は非常に限られ、子どもの誕生後に育児支援の不足で就労困難になる。oさんは、「私に用意されているのはせいぜいコンビニのアルバイト、それならやる必要がないでしょう」と嘆き、インタビュー後、夫を説得して帰国した。60後のbさんは、中国で大学を卒業したが、来日後、夫の進学とキャリアを支え、家事と育児を引き受けて進学を断念し、専業主婦の傍ら、ボランティア活動を続けてきた。

　これら60後の中国大卒の7名は、前述したように、当時の状況ではまさに「天の寵（寵）児」と呼ばれるほどのエリートであった。国際結婚の6名のうち4名は、大学時代に日本人留学生あるいは駐在員と出会い、結婚して来日した中国出会い自由恋愛型であった。2名は仲介業者による紹介で日本人男性と見合いして来日した仲介型国際結婚であった。全員は来日後大学院への進学や

第Ⅱ部　日本における高学歴中国人移民女性のライフコース

キャリアアップを希望したにもかかわらず、日本人家族の反対でいったん専業主婦にならざるを得なかったのである。その後、家業手伝いをした人もいるが、家庭の外へ出て、「鍼灸学校」「大学院修士、博士課程」「資格取得」などの努力の末、自宅で鍼灸院を開く鍼灸師（D）や大学非常勤講師（E）や専門学校の非常勤講師／通訳ガイド（F）になり、専門知識を生かして社会と関わるようになった。Kさんは、中国の名門大学の日本研究専門で鍛えられた日本語能力を生かし、自治体の非常勤職員としてフルタイムで働いていた。「もともとは大学で研究職として活躍する夢をみたけど、今は正規職にもなっていない」と嘆く。

　このように、大卒グループ（G1とG2）では結婚後の職業経路の全体像として、専業主婦を短期間ではなく長期間にわたり通過する傾向が強い。その後、チャレンジしたものの、最終的に専業主婦プラスアルファに収斂されるか、日本人女性と同様に非正規雇用にたどり着くことになる。国際結婚をしている大卒の60後は、日本人家族の圧力を受けて専業主婦にならざるを得ず、「ナショナルな標準家族」の性別役割観念が押し付けられていた。とりわけ、最終的に専業主婦プラスアルファにとどまる傾向は、後述の日本で大学院卒のグループに比較すると、強く現れるのである。「エリート」だったG2の中国大卒者である60後は、同じ状況に置かれているG1よりも強いキャリアへの努力がみられ、主婦プラスアルファの枠を破り、専門性のある非正規雇用までこぎ着けたことが判明した。G2は、もともと中国社会で自他に認められたエリートである以上に、高度な専門職を目指した女性たちであった。彼女たちにとって、結婚や育児などの家庭をもつことは「持続就労型」のライフプランと何の矛盾もないと思っていた。それは、同年代あるいはもっと年長の日本人夫との間に大きな認識の不一致である。「エリート」女性にとっては、専門職に就かなかっただけではなく、正規職すら就かなかったことは大きな挫折と自認している。

　それに対し、G2の中国人同士結婚をしている80後は、日本語能力不足と育児負担の集中という二重の圧力で就労どころか、日本社会への統合は機能していないことが判明した。彼女たちの大切なキャリア形成期は断片化している。いずれにして、多くの既婚有子大卒の移民女性は修学キャリアあるいは／かつ職業キャリアを形成できなかったのである。

第6章　高学歴移民女性の学歴別キャリア獲得

5.2　修士号取得者グループ ──非正規労働者の予備軍

　このグループは、中間的な専門の知識、技術と能力を提供する学術的、もしくは実務的・職業的固有のプログラム、つまり修士号を取得した人々を指す。修士号取得者グループには、大学院進学を果たし、「修士号取得グループ（G3）」と、「博士号取得挫折グループ（G4）」と大別できる。それぞれ5名で計10名である。公務員になった1名除き、全員は専業主婦あるいは非正規雇用者である。

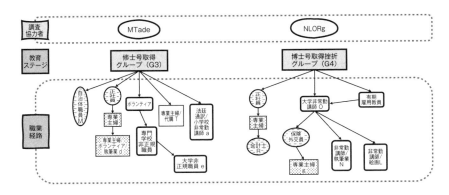

注：1. 調査協力者のアルファベット大文字は国際結婚を、小文字は中国人同士の結婚を示す。
　　2. 職業経路のうち、楕円は正規雇用/自営業、丸角四角形は非正規雇用、四角形は専業主婦を意味する。

図6.2　修士号もち高学歴移民女性の来日後の職業経路（N=10）

5.2.1　「修士号取得グループ（G3）」

　G3（MTade）には、中国人同士で結婚しているのは3名で、国際結婚をしているのは2名で、それぞれ70後1名と80後1名である。国際結婚の2名はともに留学を先行して、日本出会い自由恋愛型である。Mさんは、早い段階で帰化し、地方国立大学を卒業した後に県の正規職員になった、というきわめて珍しいケースである。日本人夫は年上で、退職後に子育てと家事を引き受けて、妻の在職中の社会人修士課程と就労を陰ながら応援した。Tさんは、修士卒業後結婚し、子育てをしながら私人代購[7]（楊 2023）もしていた。中国人同士で結婚している3名（ade）は全員60後である。eさんは地方国立大学で学部、

169

第Ⅱ部　日本における高学歴中国人移民女性のライフコース

修士課程まで学び、卒業後、留学生同士で結婚し出産した。子どもが幼いとき、夫は転勤を命じられたが、子どもの希望を尊重しeさんは残り、一人で子育てをした。子どもの年齢に沿って、小学校時はボランティア活動、中学校時は自宅近くの専門学校、高校時は某地方国立大学、そして、子どもの大学進学先に合わせて某著名国立大学で働くという、嘱託職員といえどもこのような戦略を立てて実施していた。aさんとdさんはともに中国の大卒者というエリート層である。中国で結婚し、学校や研究機関などに配属され、第1子を育てていた。aさんは先に留学した夫を追って、dさんは自分自身が先に留学で来日し、後に夫は追って来日した。aさんとdさんのどちらも生活が基盤に乗るまで子どもを祖父母のもとに残していた。当時、中国ではまだ一人っ子政策が実施されており、親族の助言で二人とも日本で第2子を出産した。しかし、第二子の出産をきっかけにaさんは正規職に就かず、dさんは正社員を辞めた。dさんが就職した一流電機メーカーの仕事が細分化されること、年功序列、年齢格差、ジェンダー格差、さらに中国人女性として将来性を感じないなどのことが辞職に拍車をかけたという。

　改革開放後海外へ向かう早期の世代として、60後の移民女性にとっては、お手本になるロールモデルはなく、すべて新たな経験と挑戦になり、中国社会の経験や親世代の教えは異国では無効である。というのは、異国の資源が限られている状況下では、夫婦の両方のキャリアを発展させにくく、移民男性の職業地位の向上を集中的に優先させるため、移民女性が「持続就業モデル」を実現するのは困難である。家庭内役割を引き受けざるを得ない移民女性は、結果的に従属的な地位になってしまう。Tさんは、G2の80後と同様に、育児負担の集中という圧力で就労しておらず、彼女たちにとって重要なキャリア形成期は、在宅可能な柔軟な作業に限られており、十分なキャリア形成に至りにくい状況にある。

5.2.2　「博士号取得挫折グループ（G4）」

　G4からG6までは、高度な研究者としての認証を得るための教育（たとえばPh.D.）を受けた人々であり、つまり、より高度な専門性をもつ研究者を目指すことでこれまでのG1〜G3と一線を画す。しかし、G4（NLORg）は博士課

程単位取得満期退学し、博士号取得を断念した人たちである。G4は、70後4名と80後1名で、日本出会い自由恋愛型国際結婚をしている4名と、中国人同士結婚の70後の1名から構成され、全員文系である。G4には大齢留学生がおらず、Nさん、LさんとOさんは高卒後来日し、学部から博士課程まで10年あまり日本で大学生活を送っていた。80後のgさんと70後のRさんは、ともに日本語専攻で、中国で大学を卒業してから来日し、大学院から留学した。5名はともに博士号を取得し、大学で教鞭をとることを夢見ていたが、結局、全員は博士課程に4年以上在籍したものの博士号取得を断念し、当初の人生設計を変更せざるを得なかった。彼女たちはその後模索し続けた。80後のRさんは、教育系企業と専門学校に就職したあと、転勤族の夫との共同生活を念頭に自身のキャリアを「移動できる仕事」しかできないと考え、最終的に税理士になった。Nさん、Lさん、Oさんは、大学での中国語非常勤講師を主な仕事とし、子育ての傍ら、社会活動家、アマチュア画家、家業の経理などをしている。この4名は、専門職および大学というアカデミックな場所をベースに活動している。唯一、大学から完全に離れたのは、gさんである。

　gさんは、70後で大卒後来日した。旧帝大の博士課程を満期退学し、中国人男性と結婚した。勤務していた保険会社の外交員を辞職し、専業主婦になった。2人の子どもがいる。

　　私は博士課程でかなり苦労していた。その頃は中国語の非常勤講師をしていて、まあ、自分で学費を稼いで、それから生計を立てなければならなかった。通訳のバイトもしていた。奨学金には当たらなかったからね。（論文）投稿はうまくいかなくて、とにかく投稿しまくって。（最終的に）論文の数は足りたと思うけど、研究科からその国で掲載された論文は質の保証ができないと結局認めてくれなかった。
　　博士課程6年目に満退して、結婚した。翌年に出産した。家で翻訳のバイトをしていた。学位を取れば帰国したかもしれないけど（笑）。……上の子が1歳になったときに（夫の独立開業に伴い）東京に来た。いろいろな仕事を探して、中国語教室の面接を受けたりしたけれど、夜間の教室が多くて時間が合わないし、昼間の大学の非常勤も人脈がなくて無理だった。通訳しようと思ったら出

第Ⅱ部　日本における高学歴中国人移民女性のライフコース

　張が必要で、できないし、いろいろな選択肢を諦めて、探して探して、母親が
　できる仕事がほとんどない！　そんななか、米国系保険会社に出会い、正社員と
　して保険外交員になった。試験を最短で2年で取得した。でも、2人目が生ま
　れてから、生活がさらに変わってね、お父さん（夫）はまったく頼れない。
　　45、6歳のときに、あと20年続けられる仕事を探さなきゃと思った。（今の
　仕事は）無理だろうなと思った。ここ数年はすごい頑張って、（営業は）やっぱ
　り合わない。……先週、辞表を提出した！　ちゃんとした、正社員としての仕事
　を見つけたいけど、その場合、子どもたちを置いていかなければならないから、
　自分が何をしたいのか、今、悩んでいるところなんだ。

　文系での博士号取得の難易度は令和時代に入っても依然として高く、とくに
研究職を目指す場合は長期的な努力が必要である。日本の博士課程の進路は不
透明であるため、進学者は減少する状況にある[8]。平成時代に留学したgさん
は、経済的理由、指導体制などと関連する学業不振で最終的に博士号の取得を
断念せざるを得なくなった。文系の博士論文は、独自の研究テーマを設定し、
先行研究を精査したうえで新しい知見を導き出す必要があるため、このプロセ
スには多大な労力と時間を要する。日本における留学生への奨学金による学業
の支援は希薄で、大半は私費留学生である。日本人学生でも単位取得満期退学
が続出している中で、奨学金と仕送りの援助の見込めない私費留学生はなおさ
ら困難であろう。博士課程では、研究職や教員を目指す者が多いが、そうした
職に就くまでの経済的な不安定さが満期退学の一因となっている。もう一つは、
大学院の時期は、男女ともに結婚が視野に入り、家庭を築く時期と重なり、と
くに若手女性研究者にとって、「研究と出産」あるいは「研究か出産か」の究
極な二者択一になりがちで、葛藤やプレッシャーを強く感じる時期でもある。こ
のグループの複数の調査協力者からは、博士課程の長い道のりで将来がみえな
いうえ、出産リミットへの心配という女性ならではのリスクが語られた。さら
にgさんは、夫に追随して東京へ移動したことで、移民にとって貴重な社会関
係資本を失い、非常勤講師の口すら見つからなくなった。このように、複数の
原因で残念ながら博士号の取得は挫折した。その後の就労としては、見極めて
ほかの業界に就職したり、帰国したりする以外、多くの博士課程満期退学者は

172

日本の大学の外国語教育を支える非常勤講師という非正規労働者となる。私費女子留学生は、日本人文系の博士課程で単位取得満期退学者の多い理由と類似しているが、より深刻である。最後に、就労の際、育児負担で支援が乏しく、非正規雇用でも就労先も限られる。

　このように、修士号取得者グループは、大卒グループに比べ、専業主婦を通過点とすることが少なくなる、正規雇用はまだきわめて限定的で、G4のように、教育現場などで働く非正規労働者が増加したにすぎない。日本で高度な学位を取得したにもかかわらず、正規雇用までこぎつけたのはわずか3名である。しかも、正規雇用者になったにもかかわらず、日本型企業の風土に不適応および育児支援の不足によって家庭に戻った人もいる。超高学歴者の修士号取得者を待ち受けるのは、大卒者を想定する新卒採用労働市場を年齢的な理由で利用しにくいことと、職歴がなく、子育てによる時間の制限などによって、中間採用労働市場も正規雇用への就労機会が非常に限られている。このように、10年を超える留学生活を送った超高学歴者は人生において、一度も正規雇用に就くことができないという深刻な状況を生み出している。そういう意味で、博士課程への進学は非正規雇用の予備軍になるといっても過言ではない。

5.3　博士号取得者グループ ——大学の周辺労働者から中核労働者へ

　このグループは、高度な研究者としての認証を得て（たとえばPh.D.）、独自の研究と知識への重要な貢献が含まれた出版可能な水準の論文の提出が必要とされる、高度独自の研究がなされた人たちである。博士号取得者グループには、さらに「博士号取得キャリア挫折組（G5）」と「博士号取得キャリアゴール組（G6）」と大別できる。それぞれ6名と2名、合わせて8名である。彼女たちは高いハードルを乗り越えて最終的に博士号を取得した。大学によって学位取得の実績や難易度に差があるが、G5とG6に対して日本国内で博士号を授与した大学は旧帝大、一流私立大学、地方国立大学、公立大学、一般私立大学であり、海外の場合は中国とドイツのトップ大学である。文系と理系は半々である。国際結婚をしているのは3名、中国人同士結婚をしているのは5名である。出生コーホート別では、60後2名、70後4名、80後2名である。

第Ⅱ部　日本における高学歴中国人移民女性のライフコース

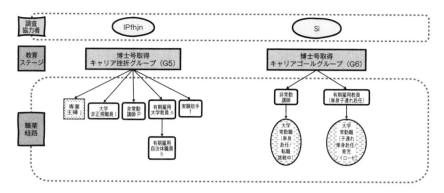

注：1. 調査協力者のアルファベット大文字は国際結婚を、小文字は中国人同士の結婚を示す。
　　2. 職業経路のうち、楕円は正規雇用／自営業、丸角四角形は非正規雇用、四角形は専業主婦を意味する。

図6.3　博士号保持高学歴移民女性の来日後の職業経路（N=8）

5.3.1　「博士号取得キャリア挫折グループ（G5）」

　G5（IPfhjn）には、60後2名、70後3名、80後1名である。国際結婚者は2名で、中国人同士結婚者は4名である。国際結婚をしているPさんは、地方国立大学で文系の博士号を取得した後、県外の公募を諦め、夫の勤務地で家族との共同生活を選んだが、九州地域の県内は公募が少なく、現在は中国語の非常勤講師をしている。jさんはドイツの大学で生物学博士号を取得するまで世界トップレベルの研究所でアシスタント研究員として勤めていた。博士号を取得した直後、日本在住の中国人夫のプロポーズを受け、来日した。夫の勤務地である東海地域某地方都市に移住後、1年間日本語学校へ通っただけで就労したことがなく、翌年に子どもが生まれ、その後ずっと子育てを続けてきた。nさんとhさんはともに任期付き教員／研究員として採用され、nさんはその後任期付きポストの繰り返しで常勤職にたどり着けず、hさんは勤務校の理不尽な事情で辞めざるを得ない状況になり、その後地方自治体の有期雇用の専門職として採用された。そして、60後のfさんとIさんは中国では、専門性の高い専門職に就いた（就く予定）であった。fさんは、中国の医科大学臨床医療専攻卒業後、内科医師として4年間勤務していた。夫の留学を契機に仕事を辞め、1990年代半ばに子どもと共に来日した。その2年後、地方国立大学の医薬系修士課程に入学した。夫は仕事で帰国し、修士課程を終えたfさんは追随して上海へ

第6章　高学歴移民女性の学歴別キャリア獲得

渡り、現地の医療サービス会社に就職した。のちに夫は大学でポストを得たため、日本へ戻った。fさんは、再び来日し、博士課程に進学し博士号を取得した。しかし、彼女は、臨床の夢をあきらめきれず、日本医師国家試験に挑み、予備試験に合格したものの、本試験を8回挑戦しても合格がかなわないままである。彼女は受験勉強の傍ら、看護助手、医療事務、医療通訳士や実験助手などさまざまな非正規雇用の仕事を歴任していた。Iさんは、中国の最高学府を誇る清華大学で物理学博士号を取得した。交換留学中に現在の日本人夫と出会い、結婚後夫の出身地である九州某県の地方都市に移住した。就職してすぐ妊娠出産すると職場に迷惑をかけるとの理由で、夫から就職活動を反対され求職しなかった。子どもが4歳になり保育園に入ってから、「社会と接触しなければと思って」近所の大学の委託事務職員として働くようになった。夫は出張が多く、子育ては主に彼女が担う。現状について不満足でありながら、「正式な仕事、たとえば大学の助教ポストだったら、きっと朝から晩まで、残業で12時までかかるじゃない、子どもはどうする、家はどうする。中国にいたら、継続して仕事していたと思う。しかも、ふつうは正規なポストでしょう」と嘆く。

このグループの博士号を取得した移民女性は、jさんを除く全員はより専門性のある職業に就くとはいえ、現状では任期つきポストあるいは非正規雇用に甘んじるしかない。日本では年間1万5,000人の博士人材が社会に輩出されている[9]。「科学技術研究調査」（総務省 2024）によれば、現在の日本の研究者数は90万7,400人で、そのうち女性は18万2,800人である。研究者に占める割合は18.5％と過去最高となっているが、OECD加盟諸国の女性研究者比率と比較すると、最下位である。博士課程進学者は2003年をピークに漸減している状況の背景には[10]、博士課程修了後のキャリアパスに対する不透明感から、優秀な人材が博士課程進学を躊躇することが原因の一つである（松澤 2017）。上の状況からも、博士号を取得した移民女性は大学などの部門で正規雇用者になる大変さを物語っている。しかし、それだけではなく、出身国で得た学歴や職業につながる資格等を移住先で置き換え困難といった、職業資格の認定が日本などのアジア諸国で進んでいないことも障碍である。以上のように挙げられている原因によって、博士号を取得したというきわめて高い専門性、優れた言語能力を存分に発揮できる職業に出会えず、歴然とした学歴過剰になっている。

第Ⅱ部　日本における高学歴中国人移民女性のライフコース

博士号に用意されるポストは、現状ではほんの一握りで大変競争が激しい公的あるいは民間研究機関しかなく、かつ大都市圏に集中している状況を鑑みると、家族とともに地方都市に在住している超高学歴・専門職高学歴移民女性の正規雇用への道は日本人女性同様、いやそれ以上に悲観的と言わざるを得ない。

5.3.2　「博士号取得キャリアゴールグループ（G6）」

　G6（Si）の2名は、長年の努力が実り、無期限雇用の大学常勤職に就いた。iさんは70後で中国人同士結婚をしており、Sさんは80後で国際結婚をしている。2人とも就職までは大変な道のりを歩み、長いパイプラインをくぐり抜けてキャリアのゴールに到着した。iさんは別の地域にある私立大学から博士号を取得後、子どもを出産して非常勤講師をしながら子育てしていた。子どもは小学校4年生になったとき、ようやく採用が決まり、それは九州の地方都市にある大学だった。夫婦で相談して、iさんは子育てを夫に託して単身赴任したのである。

　Sさんは、80後で、博士号を取得した後に日本人夫と結婚した。任期付き職を含み、子連れでの単身赴任先は3か所に数える。子ども2名がいる。

　　……息子が生まれて、リサーチ・フェローしていた母校で半年間の育児休暇を取得した。最初の3か月は母親が日本にきて、後半3か月は義理のお母さんが上京する代わりに私が行った方がいいと思って、九州で3か月間義理の両親と同居して育児をした。翌年10月、私は東北地方の〇〇大学に就職したとき、おばあちゃんのもとで3か月間子どもの面倒をみてもらった。冬は私の母が来日したとき、子どもを迎えて3か月間一緒に過ごしていた。1歳半で地元のこども園に入園し、4月から夏までの1学期間、一人で子どもの面倒をみたけど、冬は再度暖かい九州に預けた。大学の任期は3年間で、子どもと一緒に過ごしたくて、任期中必死で九州方面の仕事を探し、県内は2回ほど落ち、他県でも探して、何があっても子どもと一緒にいたいと、一生懸命応募した。幸いにして、九州他県にある大学に任期付きで採用された。その後、この大学内保育所に子どもを通わせて仕事をしていた。ファミリー・サポートのサービスを週2回利用して、食事もあって、その間に研究をしたりしていたよ。金曜日に子どもを連れて福岡のおばあちゃんの家に電車で移動して、月曜日は非常勤講師を

してから子どもを連れて△△市に戻るという（パターンの繰り返し）。とてもストレスフルな生活だ。

　現在、G6の2名のいずれも夫の勤務地から離れ、彼女たちは単身赴任を余儀なくされている。Sさんは子育てしながらも研究を怠っておらず、必死に研鑽し続けてきたことがわかる。Sさんのキャリア形成初期において、子どもの父方と母方の祖母の支援を受けて、一部の期間を支えていた。その後の長い期間は、単身で子育てをしている。

　上述ように、医師免許や学歴など、国境を越えた制度的な制限も人材の浪費につながる。また、家族の共同生活と子育てを優先したり、夫のキャリアを優先したりすることは、自身の研究者としてのキャリアを断念するか、後回しにすることとなる。キャリアと育児などの家庭内の役割を両立させるならば、夫あるいは私事代理人[11]（Acker 1990）の育児家事の分担が必要になる。しかしながら、そう簡単ではないようである。女性研究者は共働きであることが多く、研究者はポストに就くことが難しい職業の一つであるため、夫婦揃って同じ機関に所属することは難しく、単身子育てになることが日本では珍しくない。現状の日本において、結婚して出産しながらも研究者を目指すなら、単身子育ても覚悟しなければならない。だが、縁もゆかりもない土地で、外国人女性が単身子育てをしながら教育に研究に奔走することは、まさしく「ストレスフルな生活」で当の女性を疲弊させる。

第6節　学歴別・結婚類型別・出生コーホート別の考察

　本章は、子育て経験のある在日中国人高学歴移民女性の「学歴過剰」と「経済活動における不本意な不参加」を中心に検討し、調査対象者が中国での生活から勉学時期にかけて形成した、内に秘めた意欲と実際の就労が一致していないことが浮き彫りになった。こうしたことが生じる要因は、すでに述べてきたように、複合的な要因によるが、ここでは「学歴別のキャリア」「結婚形態による違い」「出生コーホートにみる違い」の観点から整理してみたい。

第Ⅱ部　日本における高学歴中国人移民女性のライフコース

6.1　学歴による違い

　高学歴者の調査協力者34名全員が働く意思をもちながら、次のようになっている。専業主婦、つまり「経済活動における不本意な不参加」状態にあるのは11名である。非正規雇用者、つまり「学歴過剰」状態にあるのは16名で、半数近くを占めている。正規雇用者・自営業者はわずか7名で、年代別でみると60後1名、70後2名、80後4名である。皮肉なのは、移民女性の「学歴過剰」「経済活動における不本意な不参加」かどうかは学歴や言語能力とは関係ないことである。たとえ超高学歴者で高度な日本語能力を有するとしても、専業主婦か非正規労働者となる可能性がある。本章の知見の一つは、日本において、移民女性の学歴の向上は、正規雇用を生み出すに至らず、専門性のある非正規雇用に結びつくことになることを示したことである。

　日本の大学や大学院のシステムは、国籍の別を問わず、資格取得後における高度専門職にふさわしい職をきわめて少数しか準備していない。留学生に関して言えば、留学生を増大させる政策をとって海外の学生に日本の大学の選択肢を示して誘致しながら、努力して勉学に励んだ留学生に対して、低レベルの職業しか準備していないことになっている。卒業後に帰国して就職するというのはすべての学生に当てはまるはずのない事実であり、留学先で就職してキャリアを積むことは学生にとっても社会にとっても有益なことである。それだけではなく、就学期間中にも問題がある。過酷なアルバイト等で生活費を賄わざるを得ず、また結婚生活への順応に時間や精力を傾けると、勉学もままならない場面も出てくる。途中で勉学を断念せざるを得ないケースが散見され、博士号あるいは修士号を取得した者も大多数は非正規雇用に留まる。

6.2　結婚類型による違い

　国際結婚をしている19名の調査協力者のうち、専業主婦は5名、非正規雇用者は10名で、正規雇用者か自営業者は4名である。中国人同士で結婚をしている15名の調査協力者のうち、専業主婦は6名、非正規雇用者は6名で、正規雇用者は3名である。本章のもう一つの知見は、中国人男性と結婚した女性は、家族からは専業主婦化への文化的な圧力がないにもかかわらず、職業地位上日

第6章　高学歴移民女性の学歴別キャリア獲得

本人男性と結婚した女性よりも正規雇用が優勢になっておらず、第1世代のホスト社会における適応、言語能力の制限および育児資源調達の困難などにより、性別役割分業型、つまり「ナショナルな標準家族」に陥る可能性があることを示唆している。キャリアアップのための海外移住は、女性にとって、逆戻りして、もう一つのジェンダー不平等な海へたどり着くことを意味する。

　だが、二つの形態には微妙な違いがある。国際結婚をしている移民女性は、日本の性別役割分業を中国人同士で結婚した女性よりも実践している傾向が強く、時間が経つにつれて内面化していることもうかがえる。女性はまず妻や母として家族のための無償の奉仕、無償労働といった性別役割分業を継続的に甘受することと関連していると言えよう。この傾向は、家庭内外から強く圧力をかけられた60後世代でより観察できる。それから中国の大学において日本語を専攻した女性もこの傾向があることが興味深い。一方、中国人同士の結婚の場合は、来日後、社会と接している男性は長時間労働などによってより日本的な性別役割分業観を内面化しているのに対して、女性はたとえ夫のキャリアアップのため、あるいは子育てのため否応なく家族に対する責任は重くなったとしても、中国で内面化したジェンダー観念がそれほど変化していない。それでも、彼女たちは、異国で適応しながら、夫のキャリアや育児を優先するあまり、彼女自身のキャリアが二の次になりがちである。言い換えれば、中国人同士で結婚している場合であっても、来日した途端に中国で実践してきた「男女平等主義」を「ナショナル標準家族」に切り換え、男女で大きく異なる働き方をするようになるということである。女性側で正規雇用のキャリアを維持した者は、中国の祖父母を呼び寄せたり、子どもを夫に残して単身赴任したりするなどのストラテジーを活用する。

　国際結婚のなかにも、留学先行か結婚先行かによって、勉学の継続や再開に関する選択肢が異なったものになっている。より強く制限を受けていたのは、60後の中国出会いの女性たちである。国際結婚でも、時間とともに中国での出会いから日本での出会いへ変化していくなかで、確実に変化がみられる。これは70後に顕著に表れるが、出会いは女性の日本留学期間中であったせいか、結婚後日本人男性および家族から妻の進学・就労に対してより理解され、抵抗や制限が少なくなった。出会った当時、留学中の妻の頑張っている姿に触れて

179

第Ⅱ部　日本における高学歴中国人移民女性のライフコース

いること、そして、何よりも日本社会が時代とともに変化していることに関連していると言えよう。さらに、80後の国際結婚になると、義理の娘の就労のため、日本人姑が孫の面倒を進んで世話することが正規雇用者の事例でみられるようになる。

6.3　出生コーホートによる違い

　60後の16名のうち、専業主婦は6名、非正規雇用者は9名で、自営業者は1名である。70後の9名のうち、専業主婦は2名、非正規雇用者は5名で、正規雇用者は2名である。80後の9名のうち、専業主婦は3名、非正規雇用者は2名で、正規雇用者は4名である。本章の3つ目の知見として、若い世代になるにつれて、正規雇用者が着実に増加し、より専門性の高いキャリアのゴール、より両性の平等に近づきやすいようにみえる。

　他方、60後と70後の非正規雇用がメインであるのに対し、子育て世代の80後の正規雇用と専業主婦という二極化現象が見られる。80後の専業主婦は、60後にみられた性別役割分業に陥ったケースに類似し、彼女たちはもはやパイプラインの漏れで、将来のキャリア形成には支障が生じよう。家族に対する女性の責任は、日本社会のジェンダー化された家族の規範、不足する育児支援、さらに長時間労働、そして性別役割分業型労働市場によって付与されるものである。「ナショナルな標準家族」を実践することは、とりわけ60後で国際結婚をしている女性に顕著である。大卒グループの60後のほとんどは専業主婦になるよう圧力がかけられ、その結果専業主婦となって長期間を過ごしており、女性の従属化が際立って表れている。だが、中国で大学を卒業した60後の移民女性は、中国ではまさにエリートコースを歩むキャリアウーマン、あるいは仕事と家庭を両立して「生涯働く」ことに強くこだわる人たちであるだけに、皮肉な印象を受ける。この彼女たちは、日本社会でキャリア形成を阻害する最も高いハードルに対峙し、それを超えるのは簡単ではなかった。結局、60後は伝統的ジェンダー役割に直面して、もがきつつも押し付けられ、70後は非正規雇用でかろうじて「持続就業モデル」を維持し、80後は正規雇用と専業主婦の二極化現象が発生し、専業主婦は育児期後非正規雇用者として労働力市場に参入するであろう。

180

| 第7節 | おわりに |

　高学歴移民女性からは、家庭内のケアワークとのバランスを取りながら、キャリア形成に向かって、つねに苦闘して経験を積んでいる姿が見て取れる。調査結果によれば、中国人高学歴移民は、高学歴だとしても、凄絶な苦闘を経てもなお、キャリア形成が困難である事実が浮き彫りになった。

　移民女性は日本人以上に性別役割分業を基盤とした近代家族になることを強要されがちで、培ってきた人的資本が活かされることはない。そして、海外から導入される「特定技能」等の短期雇用の「非移民（出稼ぎ）」的労働者とは異なり、注意を払われることもなく、あたかも日本社会に溶け込み切った存在としてキャリア形成の苦悩についても意識されることなく、労働政策において置き去りにされている。移民女性の「学歴過剰」と「経済活動における不本意な不参加」状態に至る経緯は自ら望んだものではないこと、「学歴過剰の経済活動への参加」あるいは「経済活動における不参加」状態の間は家事育児に専念しているだけではなく、将来的な理想像を実現させるためのキャリアプランの一環としての「キャリアの準備段階」である側面を併せもつべきなのにまったく準備期間として機能していないこと、高学歴者の学歴別、年齢別、家族構成別を探求しても、高学歴の意味は限定的で正規のより専門性の高いキャリア形成に結びつきにくいことが判明した。

　これは、ジェンダー、人種／エスニシティ、ネーション、階級、そして年齢などのどれか一つだけのシングルイッシューではなく、数々のカテゴリーが相互に交差するところに発生したものであり、形成し合っているインターセクショナリティに起因している（Collins 2021）。中国人高学歴移民女性では、こうした要素のなかでとくに、社会的不平等、つまり女性であること、そして移民であることと同時に、日本人女性ではなく、中国人男性移民でもないことがインターセクショナリティの基礎を形成している。

　本章では、出生コーホート（学歴を形成した時代背景）、結婚形態（中国出会い＝最終学歴、日本出会い＝学歴途中）、学歴別キャリア（学歴中断後の学歴の意

第Ⅱ部　日本における高学歴中国人移民女性のライフコース

味や再開の可能性）という点から分析した。しかし、いずれの点からみても、高学歴がキャリア形成に結びついたとは言い難いものであった。原因は次の点である。第1に、外国人移民女性における学歴の無価値化、過去の人生の無視が指摘できる。第2に、日本社会における出産、育児の役割が女性によるという意識の根強さで、とくに外国人女性の場合には彼女らが日本の「伝統文化」を知らないがゆえに都合の良い3歳児神話や母子密着の「伝統文化」が押し付けられて、その意識が牢固なものになっている。第3には、当事者の「やりがい」や「喪失感」が不可視化している。海外出身高学歴者の望む就労促進は、本人の自己実現だけにとどまらず、副次的な効果として、日本が国際競争に勝ち抜くために海外から受け入れようとしている高度人材の日本国内にある鉱脈を発掘することでもある。

付記

　本章はJSPS科研費21K01879の助成を受けたものです。本章の遂行にあたりインタビューに応じて下さった方々に御礼申し上げます。

注

(1)　本章では、「そのうち就業者（主に仕事）」は「フルタイム就労」とみなし、「そのうち家事のほか仕事」はパートタイム就労の「兼業主婦」とみなし、非労働力の「そのうち家事」は「専業主婦」とみなす。

(2)　高谷他（2015）によれば、20％と64％を足すと、84％であり、残余は不明である。

(3)　瀬地山（2021）によれば、社会主義の影響で共働きは当然とされているが、都市部では豊かな層を中心に専業主婦が誕生しつつある。本章の研究対象である60後、70後が来日したのは、1980年代末、1990年代、遅くて2000年代であることを鑑みると、そこまで中国社会で影響を受けておらず、むしろ共働きを当然視する考え方をもっていると思われる。80後は、改革開放後生まれの世代でもっと多様な生き方に触れる可能性がある。

(4)　OECD（2018）には、日本のデータは欠落している。

(5)　OECD（2018）の「経済活動における不本意な不参加」には、日本のデータは同じく欠落している。

(6)　2009年5月29日高度人材受入推進会議報告書により抜粋。

(7)　楊（2023）によれば、代理購入とは主に代購者が出入国の際に商品を持ち帰る形と、海外在住の代購者が商品を現地で購買し消費者に郵送する形から成る。中国では「私人代購」とも呼ばれている。

(8)　松澤（2017: 354）によれば、「我が国は諸外国と比較して人口当たりの博士号取得者数は

少ない。人口100万人当たり131人、2010年度にも関わらず、博士課程進学者は2003年をピークに漸減している状況にある。この背景には、博士課程修了後のキャリアパスに対する不透明感から、優秀な人材が博士課程に進学することを躊躇することが原因の一つではないかといわれている」。ただ、2023年度は微増し、今後はその傾向を見守りたい。

(9)　2021年度の日本の博士号取得者数は1万5,767人。日本の研究者における博士号保持者は、2023年で18万6,000人である（文部科学省科学技術・政策基盤調査研究センター 2024）。

(10)　大学院博士課程の入学者数は2003年度をピークに長期的には減少傾向にあったが、2023年度は増加し1万5,000人となり、対前年度比4.4％増である。もしかすると、長期にわたるコロナ時代の影響があるかもしれない。

(11)　Acker（1990）によれば、私事を代理したり、子どもを世話したりする人を私事代理人と呼ぶ。

参考文献・資料

安倍由紀子・大石亜希子, 2006,「妻の所得が世帯所得に及ぼす影響」小塩隆士・田近英治・府川哲夫編『日本の所得分配——格差拡大と政策の役割』東京大学出版会, 185-209.

Acker, Joan, 1990, "Hierarchies, Jobs, Bodies: A Theory of Gendered Organizations," *Gender and Society*, 4 (2): 139-158.

安里和晃, 2018,「親密性の労働と国際移動」安里和晃編『国際移動と親密圏——ケア・結婚・セックス』京都大学学術出版会, 13-47.

Brinton, M. C. and S. Lee, 2001, "Women's Education and the Labor Market in Japan and South Korea," M.C. Brinton ed., *Women's Working Lives in East Asia*, Stanford, CA: Stanford University Press, 125-50.

Brinton, M. C., 1993, *Women and the Economic Miracle: Gender and Work in Postwar Japan*, Berkeley: University of California Press.

文部科学省, 2022,「『博士人材追跡調査』第4次報告書」,（2024年12月25日取得, https://www.nistep.go.jp/wp/wp-content/uploads/NISTEP-RM317-SummaryJ.pdf）.

文部科学省・科学技術予測・政策基盤調査研究センター, 2024,「科学技術指標2024」,（2024年12月25日取得, https://www.nistep.go.jp/sti_indicator/2024/RM341_00.html）

Collins, Patrica Hill and Bilge, Sirma, 2020, *Intersectionality 2nd*, Cambridge: Polity Press.（小原理乃訳, 2021,『インターセクショナリティ』人文書院.）

England, P., J. Gornick, and E. F. Shafer, 2012, "Women's Employment, Education, and the Gender Gap in 17 Countries," *Monthly Labor Review*, 135(4): 3-12.

Goldin, Claudia, 2021, *Career and Family: Women's Century-Long Journey toward Equity*, Princeton: Princeton University Press.（鹿田昌美訳, 2023,『なぜ男女の賃金に格差があるのか』慶応義塾大学出版会.）

Harney, Demaria Nicholas, 2007, "Transnationalism and Entrepreneurial Migrancy in Napales, Italy," *Journal of Ethnic and Migration Studies*, 33(2): 219-232.

法務省出入国在留管理庁, 2023,「国籍・地域別高度外国人材の在留者数の推移」,（2024年12月27日取得, https://www.moj.go.jp/isa/content/001421740.pdf）.

法務省出入国在留管理庁, 2023年12月末,「在留外国人統計」,（2024年11月3日取得, https://www.e-stat.go.kp/statsearch/files?page=1&layout=datalist&toukei=00250012&tstat=000001018034&cycle=1&year=20230&month=24101212&tclass1=000001060399).

法務省出入国在留管理庁, 2024,「高度人材ポイント制の認定件数（累計）の推移」,（2024年12

月27日取得, https://www.moj.go.jp/isa/content/001427054.pdf）.

石原真衣・下地ローレンス由孝, 2022,「インターセクショナルな『インズ』を鳴らすために」『現代思想』50(5): 8-23.

岩間暁子, 2008,『女性の就業と家族のゆくえ——格差社会のなかの変容』東京大学出版会.

川口章, 2002,「ダグラス＝有澤法則は有効なのか」『日本労働研究雑誌』44(4): 18-21.

経済協力開発機構（OECD）・欧州連合（EU）編, 2020,『図表でみる移民統合——OECD／EUインディケータ（2018年版）』明石書店.

小井土彰宏・上林千恵子, 2018,「特集『日本社会と国際移民——受入れ論争30年後の現実によせて」『社会学評論』68(4): 468-478.

高度外国人材研究会, 2024,「報告書」,（2024年12月27日取得, https://www.meti.go.jp/shingikai/external_economy/highly_skilled_foreign/pdf/20240726_1.pdf）.

李善姫, 2023,『東北の結婚移住女性たちの現状と日本の移民問題——不可視化と他者化の狭間で』明石書店.

松澤孝明, 2017,「博士人材のキャリアパス追跡と調査成果」,『日本物理学会誌』72(5)：354-356.

麦山亮太, 2022,「出産・育児期における女性就業とその学歴差の長期趨勢」『社会学評論』73(2): 86-102.

牟田博光, 1995,「インドネシアの高等教育拡大の現状と問題」『比較教育学研究』21: 95-107.

永吉希久子編, 2020,『移民と日本社会——データで読み解く実態と将来像』中央公論新社.

OECD, 2015, "Employment Outlook 2015",（2025年1月5日取得, https://www.oecd.org/en/publications/oecd-employment-outlook-2015_empl_outlook-2015-en.html）.

Oishi, N., 2012, "The Limits of Immigration Polices: The Challenges of Highly Skilled Migration in Japan," *American Behavioral Scientist*, 56(8): 1080-1100.

パレーニャス・ラセル・サルザール, 2007,「女はいつもホームにある——グローバリゼーションにおけるフィリピン女性家事労働者の国際移動」移豫谷登士翁編『移動から場所を問う——現代移民研究の課題』有信堂, 127-147.

賽漢卓娜, 2017,「『ナショナルな標準家族』」としての日本の国際結婚」平井晶子・床谷文雄・山田昌宏編『家族研究の最前列② 出会いと結婚』日本経済評論社, 71-101.

賽漢卓娜, 2020,「高学歴既婚移民女性のフルタイム職への挑戦」『比較家族史研究』34: 25-48.

賽漢卓娜, 2021,「『主婦化』される高学歴移民女性」『中国21』54: 215-236.

瀬地山角, 1993,「東アジアにおける女性の『社会進出』の比較」『家族社会学研究』5: 31-36.

瀬地山角, 2021,「東アジアの少子高齢社会における高齢者労働の比較研究——外国人・女性・高齢者の労働力化の違いに着目しながら」『比較家族史研究』35: 8-38.

総務省, 2020,「国勢調査の結果」,（2024年7月31日取得, https://www.stat.go.jp/data/kokusei/2020/kekka/pdf/outline_02.pdf）.

総務省, 2024,「科学技術研究調査」,（2024年12月25日取得, https://www.stat.go.jp/data/kagaku/kekka/kekkagai/pdf/2024ke_gai.pdf）.

Steiver, N., C. Berghammer, and B. Haas, 2016, "Contextualizing the Education Effect on Women's Employment: A Cross-National Comparative Analysis," *Journal of Marriage and Family*, 78(1): 246-61.

高谷幸, 2018,「現代日本におけるジェンダー構造と国際結婚女性のシティズンシップ」安里和晃編『国際移動と親密圏——ケア・結婚・セックス』京都大学学術出版会, 49-78.

高谷幸・大曲由起子・樋口直人・鍛冶致・稲葉奈々子, 2015,「2010年国勢調査にみる在日外国人女性の結婚と仕事・住居」岡山大学大学院社会文化科学研究科『文化共生学研究』14: 89-107.

中国教育部, 2024,「2023年全国教育事業发展统计公报」,（2025年1月5日取得, http://www.

moe.gov.cn/jyb_sjzl/sjzl_fztjgb/202410/t20241024_1159002.html).

Trow, Martin,1975, *Problems in the Transition from Elite to Mass Higher Education*, California: Graduate School of Public Policy, University of California.（天野郁夫・喜多村和之訳，1983，『高学歴社会の大学——エリートからマスへ』東京大学出版会.）

坪谷美欧子，2008，『〈永続的なソジョナー〉中国人のアイデンティティ——中国からの日本留学にみる国際移民システム』有信堂.

塚崎裕子，2008，『外国人専門職・技術職の雇用問題——職業キャリアの観点から』明石書店.

筒井淳也，2015，『仕事と家族——日本はなぜ働きづらく、産みにくいのか』中公新書.

打越文弥，2018，「夫婦世帯収入の変化からみる階層結合の帰結——夫婦の学歴組み合わせと妻の就労に着目して」『家族社会学研究』30(1): 18-30.

楊芳溟，2023，「中国人随伴・結婚移住女性はなぜ母国向けの『代理購入』を行うのか——社会的行為としての側面に着目して」日本女性学研究会『女性学年報』44: 3-22.

第7章

高学歴中国人移民女性の
教育戦略とキャリア

施 利平

第1節 | はじめに

　今日の日本においても、家庭かそれとも仕事かという選択は、女性にとって悩ましい選択である。というのも、いまだに家事や育児と介護などのケアワークが女性に大きく偏っているため、家庭と仕事の両立が困難だからである。一方、近代家族は「教育する家族」（広田 1999; 本田 2005）であり、そのなかでも家庭教育は、子どもが乳幼児から大学進学に至るまで長期にわたり取り組む必要のある教育として、主に母親の役割とみなされてきた（本田 2008; 品田 2016）。このように教育する母親役割か自身の就労かといった選択もまた同様に悩ましい選択であろう。それにもかかわらず、子どもの教育と女性の就労との関連をめぐる問題はこれまで十分に検討されてこなかった（中澤・余田 2014; 中野 2023）。

　母親が働けば収入が増えるため、そのぶん、子どもに対してより多くの教育投資を充てることができる。一方で、母親が就労すれば子どもと過ごす時間は制約を受けざるを得ないゆえ、子どもの学業達成や教育達成にはむしろ負の影響が及ぶおそれがある。こうした見解はすでに先行研究で言及されているものの、母親の就労と子どもの学業達成・教育達成に関する実証研究が少なく、それらの因果関係の有無については、今後の研究の蓄積を待たなくてはならない（中澤・余田 2014: 183）。たとえば中野（2023）は、子どもへの教育戦略と母親

187

第Ⅱ部　日本における高学歴中国人移民女性のライフコース

自身の仕事がどのように絡み合っているかが検討されたことはほとんどないと指摘する。つまり子どもを「教育する母親」として「徹底した母親業」をこなすことは、母親自身の仕事に対する意欲を抑制せざるを得ないのか、また子どもへの教育戦略が母親自身の仕事に対する意欲とどのように絡み合っているのか、といった問題に光が当てられてこなかったという（中野 2023）。

　これまで、就労する女性・母親については、家庭外で働く者として、また家庭内で子どもを教育する母親として、職場と家庭の双方からコミットメントが求められるゆえ、時間とエネルギーの分配や、双方のバランスの取り方において多くの葛藤を抱えていることが議論されてきた。たとえば本田（2008）は、多くの母親が家庭教育と母親自身の自己実現という二重の要請を内面化しているゆえに葛藤し、その結果として自分自身の人生設計を妥協的なものにせざるを得ないと指摘する。とりわけ高学歴女性は、子どもの学業や学力を重視し、〈親が導く子育て〉をする傾向がある（額賀・藤田 2021）。一方、高学歴で仕事をもつ母親は、高学歴で専業主婦の母親ほど、子どもの教育にテマ・ヒマをかけることができないため、子どもの通塾時間が短く、小学校・中学校の受験率が高学歴専業主婦の家庭より低い（平尾 2004; 片岡 2009）。その違いは、高学歴専業主婦にとっての良い子育てとは、外部から自己承認を得る手段であるためだと説明されてきた（山田 2000）。他方、高学歴で働く女性にとっても、良い子育てが同様に親としてのステータスであり、高学歴の親に相応しい子育てのあり方であるという見解もある（西村 2001）。つまり、高学歴女性は、自身が就労しているか否かに関わりなく、子どもの教育を重視する傾向にあることがうかがえる。他方、実際に就労している場合、職場と家庭の双方からコミットメントが求められるため、時間不足とともに精神的なフラストレーションを抱えることが多く、場合によっては自身の就労を中断や中止せざるを得ない（本田 2008）。このように、高学歴女性の教育役割と自身の就労との両立が困難であることが、これまでの研究でわかってきたが、両者の因果関係などの関連はまだ十分に解明されていないと言えよう。

　一方、高学歴移民女性の就労と子どもへの教育との関連に関しても、ほぼ上記と類似した現状であると考えられる。これまで中国人移民女性の就労と子どもへの教育戦略はそれぞれ異なった研究分野で研究されてきたため、両者の関

連に目配りした研究が十分であるとは言い難い。移民女性の就労は、主に移住先の移民政策や労働市場のジェンダー構造と家庭内役割のありようによって説明されてきた。欧米諸国に移民した高学歴中国人女性は当該国の移民政策の制約を受けるだけではなく、また中国国内の職歴と学歴が移住先で認められないため、国内と同等な地位の職業に就くことが困難である。そのうえ、移住先では親族からのサポートを十分に受けられないため、多くの場合、家事や育児といった家庭内役割を引き受けざるを得ない（Man 2004; Ho 2006）。その結果、高学歴移民女性は移住先で職業の下方移動を経験する傾向にある（Man 2004; Ho 2006）と言われている。また日本在住の高学歴中国人女性は、労働市場における性別役割分業といったジェンダー構造の影響を受け、専業主婦化またはパート労働者化する傾向にあることも明らかにされている（坪谷 2008; 賽漢卓娜 2020）。他方、欧米在住の中国人移民家族は子どもの学業達成を重視する傾向が強い（Lee and Rong 1988; Louie 2004）。同様に、日本在住の中国人移民家族も子どもの学業達成を重視するとともに中国語の継承や維持を重視する傾向があることが報告されている（坪谷 2008; 賽漢卓娜 2020）。

　これらの先行研究を精査すると、高学歴中国人女性は移住先の移民政策と労働市場におけるジェンダー構造の影響を受けるとともに、親族からのサポートを十分に得られないまま、母親は主たる担当者として子どもの教育にあたらざるを得ないことがうかがえる。また、その母親が子どもの教育を重視すればするほど、子どもの教育と女性自身の就労との間に、多くの葛藤を抱え込むことになると予想されるが、実際の両者の関連については必ずしも研究されているとは言えない（賽漢卓娜 2014）。

　こうした背景を踏まえて、本章では高学歴中国人移民女性の子どもへの教育戦略と自身のキャリア（主に職業キャリアを指すが、修学キャリアも含む）との関連に焦点を当てる。異なった時期に生まれ育った高学歴中国人女性の子どもの教育戦略と女性自身の就労の実態を明らかにしたうえで、子どもの教育を重視することは女性自身のキャリアの中断をもたらし、性別役割分業のジェンダー体制を促進する方向に向かうのかを考察する。

第Ⅱ部　日本における高学歴中国人移民女性のライフコース

第2節 | 先行研究 ——高学歴中国人移民女性の就労と中国人移民家族の子どもの教育

2.1　高学歴中国人移民女性の就労の特徴 ——主婦化とパート労働者化

　これまで高学歴・ホワイトカラーの中国人移民女性は移民後、職業の下方移動を経験する傾向にあると言われてきた。カナダやイギリス、オーストラリアに移民した高学歴・専門職または管理職に従事していた中国人女性たちは、移住先の移民政策の制約を受けるばかりか、労働市場で中国国内の学歴や職歴が認められないため、移住先で管理職や専門職に就けないどころか、フルタイムの就労でさえ困難である。同時に、移住前に中国国内では親族からサポートを受けていた、または外部に委託していた家事や育児などの家庭内役割も移住後、彼女たちは一身に引き受けざるを得ない。そのため、高学歴女性は中国国内の「既婚女性労働者モデル」の規範を身につけながらも、フルタイムで就労できず、家庭内役割を引き受けざるを得ないゆえ、理想と現状との間で葛藤が生じやすいと報告されている（Man 2004; Ho 2006; Cooke 2007）。

　また留学後、日本で就労した高学歴中国人女性および結婚後に日本に移民した高学歴中国人女性は、労働市場における性別役割分業といったジェンダー構造のもと、自らの就労を中断や中止して、主婦化またはパート労働者化する傾向にある（坪谷 2008; 賽漢卓娜 2014）。日本には性別役割分業に沿った専業主婦モデルがあるとはいえ、日本在住の高学歴中国人女性が出身国で内面化した共働き規範に依拠しながら、主婦化またはパート労働者化した場合、欧米諸国に移民した中国人女性と同様な葛藤を経験することが多い（坪谷 2008; 賽漢卓娜 2020）。したがって高学歴中国人女性は共働き規範に依拠し、就労を通して経済的に自立することによって、自身の社会的価値を見出そうとする。またその女性が夫婦間の対等性を担保する必要があると考えるならば、自ずと就労することを求めるようになる。しかし、中国人女性は日本で就労する場合、外国人労働者として日本の企業でいかに適応するかといった問題が生じることもさることながら、労働市場のジェンダー構造の影響を受け、家庭内の家事や育児役割も引き受けざるを得ない。とりわけ子どもの教育役割は、母親に大きく偏

190

第7章　高学歴中国人移民女性の教育戦略とキャリア

っているため、中国人移民女性は主婦化またはパート労働者化する傾向が確認
されている（坪谷 2008; 賽漢卓娜 2020）。

2.2　中国人移民家族の子どもへの教育 ──教育重視、母親に偏る教育責任

　総じて中国系を含むアジア系移民は、子どもの家庭教育と学校教育を重視し、
子どもの学業達成を通して家族全体の社会的地位の上昇をはかる傾向にあると
指摘されてきた。それは移住先でマイノリティとしての不利な状況から脱出し、
社会的地位の向上をはかるための戦略であると考えられる（Louie 2004）。また
それは、教育達成と職業達成との間に強い関連がある移住先の社会構造にも影
響を受けている（Hirschman and Wong 1986）。他方、東アジア出身の移民家族
が子どもの教育を重視するのは、出身国・地域の価値観や家族観に基づくもの
である。東アジア出身の移民は儒教の影響を受けて、教育による立身出世とい
う価値観を共有している（Louie 2004）。そのほか、アジア系アメリカ人家族は、
かりに親世代は多くの犠牲を払ったとしても、子世代に教育投資を行うことに
よって、家族全体の社会的地位と生活水準の向上を目指すという世代間の相互
扶助を是とする家族観も移民家族の教育戦略に影響を与えている（Lee and
Rong 1988; Louie 2004）。

　出身国による影響については、それ以外に現代中国社会における教育投資の
経済的効果の高さと一人っ子に対する家族の期待の大きさも、その一役を買っ
ていると考えられる。中国では1977年に大学入試制度が復活してから、教育
が再び社会移動の媒介となった。学歴は社会階層の上昇に大きく影響するため、
学歴重視の傾向が改革開放政策の初期段階に表れ、とりわけ1990年代末以降
高まっている（蔣 2011）。一方、各々の家族においては1979年以降の一人っ子
政策により誕生した一人っ子に対する期待が大きいため、家族全体の資金とエ
ネルギーを集約して、その子どもに教育投資をするようになる（Fong 2004;
Kuan 2015）。その結果、乳幼児期の早期教育から始まり、長期にわたり多大な
教育投資を惜しまずに行うようになる。ただし、一方では共働き社会の中国で
は子どもの世話を祖父母世代に大きく頼る傾向にあるが、他方では子どもの教
育は主に親世代、とりわけ母親の役割として期待されている。そのため各種の
習い事から、就学後の各教科の勉強に至るまで、母親が責任をもち、全面的に

191

第Ⅱ部　日本における高学歴中国人移民女性のライフコース

子どもの教育をマネジメントすることが要請されるのである（楊 2018; 落合ほか 2004; Xiao 2021）。それにより子どもの教育責任が女性に重くのしかかることで、就労と家庭の両立が困難になり、女性の就業率が低下していく（馬 2011）。

　こうした移住先の社会構造的要因とともに出身国の価値観と教育投資がもつ経済的効果の高さから影響を受けて、中国人移民家族は、移住先でも子どもの教育を重視し、子どもに多くの教育投資をする傾向が確認される。実際に、1980年代以降に来日したニューカマーの高学歴中国人移民は子世代の学業達成とともに母語の継承や維持を重視する傾向があることと、子どもの教育役割は主に母親によって担われていることが明らかにされている。たとえば坪谷（2008）と坪田（2021）は、高学歴中国人女性は子どもに中国語を教えるとともに、定期的に中国に帰省をすることで子どもの母語の継承や維持に努めていると指摘する。

　要するに日本在住の中国人移民家族においても、子どもの教育を重視し、子どもの教育に励む母親像が析出されているのである。他方、日本国内では女性の就労と育児が両立できる環境が整っておらず、育児に関する公的なサポートは必ずしも十分であるとは言えない。そのうえ、母国を離れて日本で暮らす中国人家族は、中国国内の親族から家事や育児のサポートを十分に得られないことも事実である。となると、公私ともに十分な家事や育児のサポートを得られないまま、就労と子どもの教育を両立させるには多くの困難を伴うことが予測される。だが、実際にはどのような困難があるのか、またどのようにしたら両者は両立できるのかといった問題はいまだに十分に検討されていない。

　天童・多賀（2016: 230）は、「『より良い子育て』をめぐる競争が激化するなかで母親の家庭教育への自己投入が、自らの労働市場からの撤退を促し、ジェンダー体制の再編をもたらす側面が見出せる」と述べている。在日高学歴中国人移民女性の子どもへの教育戦略と自身のキャリアにおいても、子どもの教育重視は女性自身のキャリアの中断をもたらし、性別役割分業のジェンダー体制を促進する方向に向かうのかという問いを立て、本章では検証を行う。

　具体的には異なった出生コーホートの高学歴中国人女性たちのライフヒストリーを通して、それぞれのコーホートの高学歴女性の子どもへの教育戦略と女

192

性自身のキャリアの詳細を明らかにする。そのうえで両者の関連について、異なった出生コーホートの間で共通点または相違点がみられるのかを考察する。分析に用いる3つの対象者グループの特徴は以下に述べる。

　グループⅠは1950-60年代生まれの留学生グループである。これは1977年に大学入試制度が復活した初期に大学に進学し、また改革開放以降海外留学が可能となった1980年代後半から1990年代前半に来日したコーホートである。1991年に日本のバブル経済が崩壊したとはいえ、日中両国間の経済格差が大きかった当時、日本に留学することは、階層上昇を果たすためのステップであり、留学後、日本に残ることが多くの中国人留学生の目標であった（坪谷2008）。このグループは学業達成を通して大学進学と日本留学の両方をやり遂げ、学業による立身出世を実践したグループである。かれらの子どもの多くが現在すでに大学・大学院を出ており、社会人として自立している。

　グループⅡは改革開放後の経済発展を体験し、上昇志向の強い1970年代生まれのいわゆる「70後」である。かれらはまだ大学進学率（1990年の大学進学率は3.4%）が低かった当時の中国で勉学を通じて大学進学をし、社会的地位の上昇を実践したグループである。それと同時に市場経済システムの導入により、ビジネスで成功するチャンスにも恵まれ、自らの力で豊かになる可能性が開かれているため、上昇志向が強い世代である。このグループの子どもは現在中学生から大学生に属す。

　グループⅢは一人っ子政策が導入された1979年以降の1980年代に生まれ育った一人っ子世代（いわゆる「80後」）である。国の経済力の上昇とともに国内の経済格差が拡大し、大学進学率が2000年の12.5%から、2010年には24.2%、2020年には54.4%へと大きく上昇して、学歴競争も激化する時期である。かれらの多くは一人っ子であるか、またはきょうだいの数が少ないため、親世代からの期待が高く、親による学業への関与や課外学習が一般化し、子どもの時から熾烈な学歴競争に巻き込まれてきた世代である（Fong 2004; Kuan 2015）。このグループの子どもの多くは現在小学生である。

193

第Ⅱ部　日本における高学歴中国人移民女性のライフコース

第3節　調査方法と調査対象者

　本研究では中国出身で現在関東圏に在住する短期大学・大学以上の学歴をもち、同じく中国出身の男性と結婚し子育ての経験をもつ1950-80年生まれの女性対象者を友人や知人を通して、機縁法で募った。対象者のなかには、インタビューした対象者から友人や知人を紹介してもらった者も含まれる。

　2024年3月から8月まで一対一の対面形式で半構造化したインタビュー調査を行った対象者は10名、一方、グループインタビュー形式で調査を行った者は2名である[1]。調査対象者のプロフィールは表7.1のとおりである。

　12名の対象者のうち、50-60年コーホートは6名（出生コーホートと年齢順によってX1-6とする。以下同様）、70年コーホートは3名（以下S1-3とする）、80年コーホートは3名（以下E1-3とする）である。50-60年コーホートと70年コーホートの全員は来日前にすでに結婚しており、国内で専門職および研究職の従事者であった。対象者の来日目的は、先に来日した夫と合流するため（これを「家族結合」と呼ぶ）である。他方、80年コーホートのうちの2名は、来日前には独身であり、高校卒業後または大学を中退して、留学目的で来日している。残り1名は先に留学しているボーイフレンドと合流する（これを「家族形成」と呼ぶ）ために、IT技術者として就労ビザを取得して来日している。対象者の夫は50-60年コーホートと70年コーホートの全員が大学・大学院卒で、国内で大学教員や研究員、または会社員をしていた。80年コーホートの夫のなかには来日前に学生であった者も2名いる。

　対象者のうち、中国国内で出産した2名を除くと、残りの10名は来日後出産している。高学歴のうえ、国際移動をしているためか、出産年齢が高く、子ども数が少ないのが特徴である。12名の対象者のうち、初産年齢が30歳以上の者が多く（12名のうちの7名）、20代後半で出産している者は5名である。また全体的に子どもが1人か2人の者が多く、子どもを2人もつ者が7名で、子どもが1人のみの者は5名である。

194

第7章　高学歴中国人移民女性の教育戦略とキャリア

表7.1　対象者のプロフィール

	生年(年)	結婚年(年)	来日時期(年)	来日目的	来日前の最終学歴	来日前の職業	現職(退職直前の職業)	夫の来日前の最終学歴	夫の来日前の職業	夫の現職	子どもの人数(続柄、生年)
X1	1959	1986	1990	家族結合	大学	研究員	非常勤の中国語教師	大学	大学教員	(会社員)	1 (長男1995)
X2	1962	1988	1989	家族結合	大学	大学教員	主婦(非常勤の中国語教師)	大学院	大学院生	大学教員	2 (長男1989、次男1999)
X3	1963	1986	1991	家族結合	博士課程中退	大学教員	(会社員)	大学院	大学院生	企業研究員	2 (長女1991、次女1991)
X4	1963	1987	1993	家族結合	大学院	大学教員	(会社員)	大学院	大学教員	大学教員	1 (長男1990)
X5	1963	1988	1989	家族結合	大学	エンジニア	主婦	大学	エンジニア	会社員	1 (長女2004)
X6	1969	1994	1996	家族結合	大学	医者	研究員	大学	会社員	会社員	1 (長男2005)
S1	1970	1996	1996	家族結合	短大	会社員	主婦(パート)	大学	エンジニア	会社員	2 (長男1999、長女2000)
S2	1970	1997	1998	家族結合	大学	医者(会社員)	契約社員	大学	会社員	大学教員	2 (長男1999、次男2008)
S3	1976	2001	2001	家族結合	短大	中学校教員	自営業(二言語学童教室経営)	大学	会社員	会社員	2 (長女2008、長男2011)
E1	1980	2013	2000	留学	大学中退	学生	会社員	大学	会社員	自営業	2 (長女2014、長男2017)
E2	1982	2012	2007	家族形成	大学院	会社員	会社員	大学	学生	会社員	1 (長男2014)
E3	1985	2011	2003	留学	高校	学生	アルバイト	学生	学生	会社員	2 (長男2016、次男2020)

第Ⅱ部　日本における高学歴中国人移民女性のライフコース

第4節 ┃ 分析結果 ──高学歴中国人移民女性のキャリアと教育戦略のせめぎあい

4.1 出生コーホート別にみた教育戦略のあり方

　まず子どもへの教育戦略のあり方を出生コーホートごとにみていく。本章では教育戦略を志水ほか（2013: 196-197）の定義を採用し、「各社会集団の再生産戦略の一環をなすもので、意図的のみならず、無意図的な態度や行動をも含み込む幅広い概念である」として捉える。具体的には教育戦略における2つの側面──学校外教育投資戦略と言語戦略──を取り上げる。学校外教育投資戦略は子どもの教育を公的な制度だけに頼らず、各家庭が資金を投入し子どもにより良い教育を受けさせることを指す。そのなかには高い教育達成を目指す学外学習としての学習塾の利用、その結果または目的としての受験の有無、および各種の習い事が含まれる。また、言語戦略とは幼児期から家庭内外において中国語と英語の学習を重視する戦略のことを指す。中国語は中国人移民家庭内で重視される傾向があり、英語は近年小学校の教科として導入されたため、乳幼児と小学生の習い事として常に上位に位置づけられる人気の高いものである（ベネッセ教育総合研究所 2017）。そこで本章では、言語戦略を調べるにあたり、中国語とともに英語の学習を取り入れることにする。

　表7.2からは、子どもへの教育戦略にはコーホート間に共通した戦略と異なった戦略があることが確認される。まずコーホート間に共通する戦略とは、学力・学業重視の戦略であり、それは学習塾の利用者と（小学・中学および高校）受験の経験者またはその予定者が多いためだと考えられる。そして中国語を重視している者も多い。

　子どもが小学校受験、中学受験または高校受験をした者（また受験予定の者）、およびそれに合わせて学習塾を利用した対象者が多い。12名の対象者のうち、子どもが小学受験をしたのは1ケース、小学受験の予定があるのが1ケースで、中学受験が最も多く6ケース、また子どもが中学受験の予定があるのは3ケース、子どもが高校受験をしたのが5ケースである。また受験に合わせて、それぞれ学習塾を利用した／していることも明らかになった。

196

第7章　高学歴中国人移民女性の教育戦略とキャリア

表7.2　出生コーホート別にみた子どもの教育戦略

	50-60年代コーホート						70年代コーホート			80年代コーホート		
	X1	X2	X3	X4	X5	X6	S1	S2	S3	E1	E2	E3
a. 学校外教育投資戦略												
①学習塾の利用	小5—	小4—	小4—	中2—	小4—	中2—	小4—	中1—	小4—	5歳—／小4—	小3—	小3—
②受験経験の有無（または受験予定の有無）												
小学校受験										あり		あり（次男予定）
中学校受験	あり	あり	あり				あり	あり	あり	あり（予定）	あり（予定）	あり（長男予定）
高校受験				あり	あり	あり		あり	あり			
③習い事の有無	水泳／ピアノ					水泳	水泳／ピアノ／公文	バイオリン／絵画	体操／ピアノ／そろばんなど	水泳／書道／ピアノ／ミュージカル／公文など	水泳／サッカー／ロボット教室など	体操／水泳／ピアノ／公文
b. 言語戦略												
①中国語の重視	母が教える／家庭内言語	母が教える／家庭内言語	家庭内言語	家庭内言語	母が教える／母が中国語で子と会話	家庭内言語	母が教える	母が教える	母が教える／母が中国語で子と会話	オンライン・レッスン／家庭内言語	オンライン・レッスン／家庭内言語	オンライン・レッスン／家庭内言語
②英語の重視	英語塾				英語学童		母が教える	英会話学校	オンライン・レッスン	IS幼稚園／IS／英語塾など	英日二言語保育園／オンライン・レッスン	英日二言語保育園／公文英語

　学力・学業重視とともに中国語の学習を重視する者も多く、対象者のなかには中国語の継承や維持の戦略も一貫してみられる。対象者が自ら子どもに中国語を教え、家庭内では中国語でコミュニケーションをすること、さらに近年ではオンライン・レッスンを受けて中国語を学習するケースもみられる。中国人移民家族に一貫してみられる中国語の継承や維持には実用的動機だけではなく、文化的動機があると推測される。

　たとえば、E3さんの長男は現在日本の公立小学校に通う3年生だが、将来は華僑として中国国内の大学を受験することに備えて、中国国内の小学校で使用する教材を用いて、オンラインで国語（中国語）のレッスンを受講しつつ、毎日中国語で国語の宿題をこなしている。算数も同じく中国国内の教材を用いて、E3さん自身が教えている。大学入試以外に、中国語ができると将来就職

197

第Ⅱ部　日本における高学歴中国人移民女性のライフコース

に有利であるという考えをもつ対象者も多くみられる。一方、中国人としての
ルーツを大切にしたいという文化的動機も見て取れる。中国にいる親族とコミ
ュニケーションをとるため、または中国人としてのプライドをもつため、中国
語の習得が必要であるという意見も多くあった [2]。

　他方、コーホート間で異なった教育戦略もみられる。70年コーホートと80
年コーホートといった若いコーホートには小学校受験や入塾の早期化、習い事
の多様化と英語学習を重視する傾向が確認される。若いコーホートの教育戦略
には習い事の多様化がみられ、芸術系、スポーツ系、勉強系の習い事を同時に
進行する家族も少なくない。対象者は声を揃えて、習い事を通して、子どもの
趣味や才能を見出すことで、可能性を広げたいと語っている。

　　　長男が4歳、長女が3歳の時からいろいろな習い事を始めた。子どもたちは
　　ピアノ、絵画、水泳、バレエなど、1週間に8クラスを受けた。長男と長女は
　　4クラスずつだった。知能開発のレッスンも受けた。何が子どもに合っている
　　か、つまり子どもの好き嫌いも潜在的な能力もわからなかったので、なんでも
　　試してみた。1～2年間かけて試行錯誤を重ねた結果、1人当たり3クラスに
　　絞ることができた。(S1さん)

　また若いコーホートには子どもに中国語とともに英語も習得させることによ
って、将来、進学と就職をする際の選択肢を増やしたいという動機が確認され
た。

　以下では、長女と長男に対して中国語とともに、英語の学習を早期から実践
するE1さんの事例をみていく。

　　　英語と中国語ができることは、将来子どもの強みになる。そのため、長女が
　　3歳からインタナショナル・スクール(ISと略する。以下同様)のプリスクール
　　に通わせた。その後、長女は小学校受験をしてTM学園の小学校(英語プログラ
　　ム)に入学し、3年生の時にISに転校し、現在もISに在籍している。今後娘を、
　　中学受験を念頭に小学校4年の秋から公立の小学校に転校させる。大手進学塾
　　に通い、中学受験の勉強に本格的に取り組む予定である。

第7章　高学歴中国人移民女性の教育戦略とキャリア

　他方、長男は３歳から２言語（日本語と英語）教育の保育園に入園し、その後長女と同様に小学校受験をし、同じTM学園の小学校（日本語プログラム）に入学した。小学校の英語授業（週に５時間）に加えて、息子の英語力を強化するために週に１回帰国者向けの英語塾に通わせ、１回２時間のレッスンを受けさせている。長男は小学校２年の秋からISに転校し、将来長女と同じく帰国生入試制度を利用して中学受験をする予定である。

　それ以外に家庭内でも長女と長男はオンラインで英語のレッスンを受けている。現在小学校４年生の長女は英検２級、小学校２年生の長男は英検３級に合格している。（E1さん）[3]

　さらにE1さんは子どもの英語学習に力を入れている理由について、以下のように語る。

　子どもが周りの日本人の子どもと競争する時に、日本語が母語ではないため競争には不利である。また親である自分にとっても、日本の文化は私自身の文化ではないため、子どもに学校で学ぶ教科の勉強、たとえば国語や社会などの科目を教えることがとても難しいように思う。このような不利な状況を乗り越えるため、英語に特化して帰国生入試制度を利用しようと考えている。

　またそれとは異なる理由もある。近年日本の国力というか、経済力が先進国のなかでどんどん低下している。そのため子どもたちが成人したときに、どこで仕事して、どこで生活するかがわからない。でも英語をマスターしていれば、将来日本以外の国に行っても困らないだろう。その対策として、子どもに中国語も英語も学習させている。（E1さん）

　以上、各コーホートの対象者には共通して学力・学業および中国語の重視という教育戦略が確認される一方で、若いコーホートにのみ入塾の早期化、小学校受験、英語重視および習い事の多様化の傾向がみられる。ここから高学歴中国人移民家族の教育戦略は、従来通りの学力・学業および中国語重視の戦略に対して、さらに習い事の多様化や英語教育または乳幼児教育から教育の早期化といった新たな戦略が加わったことも確認される。つまり従来の学業達成の教

199

第Ⅱ部　日本における高学歴中国人移民女性のライフコース

育戦略以外に、各種の習い事を通して子どもの多様な能力を開花させ、そのう
えバイリンガルやトリリンガルの子ども、いわゆるスーパー・キッズの育成戦
略が実践されていると言えよう。

4.2　来日後のキャリア形成 ──進学と就労

　中国国内ですでに短大や大卒以上の学歴をもち、専門職や研究職に従事してい
た対象者は、来日後いかなるキャリアを形成しているのだろうか。本節では
対象者の進学と就労に分けてそれを確認する。

　対象者の多くは家族形成と家族結合を目的に来日しているのにもかかわらず、
来日後進学する者が多いことがわかった。日本語学校以外に、進学経験のある
者は12人のうちに10人もいる。その詳細は専門学校（1名）、大学（1名）、修
士課程（3名）、博士課程（5名、そのうち博士号取得者3名）である。

　まず、来日後博士課程に進学し博士号を取得した3名のうち、専門知識を活
用し研究職に就いたのが1名（X6さん）、IT企業の会社員になったのが1名（E2
さん）、主婦になったのが1名（X2さん）である。博士課程を修了したのち、
非常勤中国語講師を経て、中国語と日本語の2言語学童教室を立ち上げたのが
1名（S3さん）、博士課程を中退し貿易会社の会社員になったのが1名（X4さ
ん）である。つぎに、修士課程を修了した3名は、いずれも出産後いったん主
婦となったあと、非常勤中国語講師（X1さん）あるいは契約社員（S2さんとE3
さん）として働く。最後に、専門学校卒と大学卒の対象者2名は就職し会社員
となるが、前者（X5さん）は41歳で出産したのち主婦になったのに対して、
後者（E1さん）は出産後も就労を継続している。以上10名の対象者は日中両
国の短大・大学以上の学歴をもつ高学歴保持者であるのにもかかわらず、専門
職・技術職に就く者がごく少数であることから、先行研究で指摘されてきた主
婦化・パート労働者化の傾向が確認される。

　また来日後進学しなかった2名のうち、S1さんは経済的理由で日本語学校や
大学・大学院への進学がかなわず主婦となるが、その後出産し子育てをしなが
ら、子どもの教育費を稼ぐために時々パート労働をしているという。X3さん
は、来日後子どもの将来、とりわけ教育のチャンスを考慮し、子どもの学費を
稼ぐことを重視した。そのため、彼女は進学を含む自身のキャリアの上昇を断

200

第7章　高学歴中国人移民女性の教育戦略とキャリア

念することになったが、国内で獲得した専門知識を活かして日本企業でシステム・エンジニアとして就労している。

　以上を踏まえて、出産後も就労し続けるケースを「就労継続型」、出産いったん主婦となるがまた就労するケースを「再就職型」、主婦となりその後ほとんど就労しないケースを「主婦型」[4] として対象者の職業経歴を分類した。その結果、12名の対象者のうち、「就労継続型」は5名、「再就職型」は4名、「主婦型」は3名となる。対象者の就労パターンにおいては3つの出生コーホート間に大きな差はみられなかった。

4.3　教育戦略と女性の職業キャリアとの関連

　ここまで高学歴中国人移民女性は子どもの教育に関しては、学力・学業重視とともに中国語学習と英語学習の重視、さらに習い事の多様化や早期化という傾向がみられることを指摘した。他方、女性対象者は高学歴であるのにもかかわらず専業主婦化やパート労働者化している傾向にある。それでは、子どもへの教育戦略と女性自身のキャリアとはいかなる関連をもつのだろうか。最後に教育戦略と女性自身のキャリアとの関連を探ってみたい。

　総じて対象者は子どもの学業と中国語学習を重視しており、特に若い対象者には英語学習の重視と習い事の多様化の傾向があることが確認できた。しかし子どもの学業や語学の学習、習い事に関しては、対象者の間に異なる関わり方が見出せる。それは、子ども任せで子どもの自主性を重視するスタイル（以下「子ども任せの子育てスタイル」）と母主導でスーパー・キッズを育成するスタイル（以下「母が導く子育てスタイル」）である。前者は、親が子どもの学業達成、中国語や英語の習得、および習い事にはそれほど熱心ではないが、子ども自身の意思で学習塾に通い受験をするという特徴がある。一方、後者は子どもの学力・学業を重視し、中国語と英語の学習だけではなく、習い事に対しても熱心に取り組むよう、母親が子どもを導くという特徴がある。12名の対象者のうち、前者に属するのが2名（X4さんとX6さん）であり、後者に属するのが10名である。全体を通して「母が主導く子育てスタイル」を採用している者が多い。

　また、子どもへの教育戦略と女性の就労パターンを組み合わせると、「タイプⅠ：子ども任せの子育てスタイル＆就労継続型」（2名）、「タイプⅡa：母が

201

第Ⅱ部　日本における高学歴中国人移民女性のライフコース

表7.3　子どもの教育戦略と親の就労キャリアとの関連

	国内・学歴 国内・職業	日本・学歴 日本・職業	受験の有無	通塾の有無	習い事	中国語重視	英語重視
タイプ1：子ども任せの子育てスタイル＆就業継続型（2名）							
X4	修士 大学教員	博士課程中退 会社員	高受	あり			
X6	大学 医者	博士 研究員	高受	あり			
タイプⅡa：母が導く子育てスタイル＆就労継続型（3名）							
X3	博士課程中退 大学教員	／ 会社員	中受	あり		あり	
E1	大学中退 ／	大学 会社員	小受、中受	あり	あり	あり	あり
E2	修士 ／	博士 会社員	中受	あり	あり	あり	あり
タイプⅡb：母が導く子育てスタイル＆再就職型（4名）							
X1	大学 研究員	修士 主婦→非常勤 中国語講師	中受	あり	あり	あり	あり
S2	大学 医者→会社員	修士 非常勤中国語 講師→主婦→ 時々会社員	高受	あり	あり		あり
S3	大学 中学校教員	博士課程修了 非常勤中国語 教師→起業 （二言語学童教室）	中受、高受	あり	あり	あり	
E3	高校 ／	修士 会社員→主婦 →契約社員	小受、中受	あり	あり	あり	あり
タイプⅡc：母が導く子育てスタイル＆主婦型（3名）							
X2	大学 大学教員	博士 主婦 （＋中国語非常 勤講師）	中受	あり		あり	
X5	大学 エンジニア	専門学校 会社員→主婦	高受	あり	あり	あり	
S1	短大 会社員	／ 主婦 （＋パート）	中受	あり	あり	あり	あり

注：小受は小学校受験、中受は中学校受験、高受は高校受験を指す。

第7章　高学歴中国人移民女性の教育戦略とキャリア

導く子育てスタイル＆就労継続型」（3名）、「タイプⅡ b：母が導く子育てスタイル＆再就職型」（4名）、「タイプⅡ c：母が導く子育てスタイル＆主婦型」（3名）の4タイプに分けることができる。以下、順に事例を紹介していく。

4.3.1　タイプⅠ：子ども任せの子育てスタイル＆就労継続型（2名）

事例1：博士号を取得し、現在も研究チームを率いて研究に従事するX6さん

　1969年生まれのX6さんは中国で医科大学を卒業し来日前は医者であった。先に留学した夫に追随する形で来日し、日本の医科大学の博士課程に進学して博士号を取得した。関西にある国立大学病院でポストドクターのポスト（以下PD）を得る。35歳の時に妊娠したため、PDをやめて、中国に里帰りし出産した。1年後長男を中国の実親に預けて、一人で日本に戻り就職活動をする。就職活動をしたとき、子育てと大学・大学病院での研究の両立が困難であるため、アカデミックキャリアを断念した。その代わりにベンチャー企業で研究員のポストを得ることができた。その後14年間研究開発チームのリーダーとしてチームを率いて研究に従事してきた。2020年に別の企業に移籍し、現在においても研究開発チームのリーダーとして研究に従事している。

【育児の分担】

　X6さんの就職が決まってから、義母が1歳半の長男を連れて来日して、半年間日本に滞在して育児をサポートしてくれた。義母が帰国した後、子どもを無認可保育園に入れる。育児は夫婦で分担した。X6さんは朝7時に出社し、4時に退社して保育園に子どもを迎えにいく。夫は朝子どもを起こし、朝食を食べさせて保育園に送ってから出社する。夜遅くまで仕事をする夫が会社から帰宅する時には子どもがすでに寝ているという日々であった。

【長男の中学・高校受験】

　長男が小学校に入学すると、放課後は学童保育に通っていた。小学校3年生まで、子どもはほぼ放任状態で勉強をさせたことがないという。習い事もほとんどしていない。だが小学校4年生の時に中学受験をすることになり、長男を学習塾に通わせたが、これまで勉強の習慣がない長男は勉強が好きになれず、勉強や宿題をするか否かで親子の間で対立が生じ、互いに心身ともに消耗した。ある日、子どもから手紙をもらった。子どもは手紙で親の期待に応えられない

203

ことに関して親に申し訳ないと思うが、遊びは子どもの天職だと主張する。そこで今度は中学受験をとりやめたいと考えたX6さんと中学受験をさせたいと考える夫との間で対立が続いた。X6さん自身は親にのびのびと育ててもらい、子どもの頃は特に受験勉強を体験せずに、国内の医科大学に入学できた自身の体験に基づき、息子は中学受験をしなくてもよいと思った。一方、夫は子どもの時からしっかり勉強して良い中学校、高校と大学に進学した経験があるため、息子に中学受験をさせたいと考えていた。息子の中学受験をめぐって夫婦の意見が対立した。最終的に義母の応援を取り付けて義母から夫を説得してもらい、息子の中学受験をとりやめることに成功した。

　その後も息子の教育に関しては放任状態が続く。夫は海外出張が多く1か月間のうち数日間だけ帰ってくる程度で家庭を留守にすることが多かった。X6さんは平日も週末も仕事・研究中心の生活を送り、毎朝息子よりも早く家を出るので、息子を起こしたことがない。また子どもの勉強に口を出すこともなかった。日常生活で心がけているのは、子どもの健康とマナーであった。だが、中学2年の後期に子ども自身の意思で進学塾に通い、高校受験をして私立の高校に進学した。子どもは現在医学部の受験を目指して勉強を続けている。X6さんは子どもの人生は子どものものであり、子ども自身がその気になった時に、勉強を始めるほうがよいと語る。親が焦らなくても、また子どもにプレッシャーをかけなくても、大丈夫だと力説する。

　子ども任せの子育てスタイルを採用したもう1つの例はX4さんである。勉強は息子任せで、中国語の学習や習い事は特にしなかったという。小学校も中学校も地元の公立の学校に通っていた息子が高校受験をしたいと言い出すまで、X4さん夫婦は子どもの勉強には関与しなかった。この点ではX6さんのケースと似ている。中国国内の大学院を出て大学教員をしていたX4さんは来日後博士後期課程に進学したものの、中退して貿易会社に就職し、定年退職まで勤務した。残業で帰宅が遅くなった時、また出張で家庭を留守にする時には、大学教員の夫が家事・育児を担当したという。

　この2つのケースはどちらも親は子どもの学力・学業に関与せずに、子ども本人の意思で学習塾に通い高校受験をした点が共通している。また、子どもの中国語や英語の学習および習い事にも対象者が熱心ではなかったという特徴も

ある。そして2つのケースに共通しているのは、対象者が就労をフルタイムで
継続している／していた点である。

4.3.2　タイプⅡa：母が導く子育てスタイル＆就労継続型（3名）

　次に母親は子どもを学業に励むように導き、塾通いや受験、それ以外に中国
語や英語の学習および習い事にも熱心に取り組んだタイプを取り上げる。この
タイプに属する10名の対象者は、女性自身の就労パターンによって、「就労継
続型」3名、「再就職型」4名、「主婦型」3名に分けることができる。

　以下では、それぞれのタイプの対象者の就労理由、または就労しなかった理
由、および子どもへの教育戦略の詳細をみていく。

事例2：キャリアを下方修正しつつも、就労と子どもの教育の両立をはかるE2さん

　1982年生まれのE2さんは中国で修士課程を修了し、先に日本に留学してい
たボーイフレンド（現在の夫）と合流するために、2007年に就労ビザで来日し、
日本企業にIT技術者として勤務する。2012年に結婚し2014年（当時32歳）に
長男を出産する。子どもが1歳になるまで子どもを中国の親に預けたり、双方
の祖父母が交代して来日したりして子どもの面倒をみてくれた。E2さんは出
産した翌年の2015年に博士後期課程に進学し、2018年に博士号を取得した。
2018年から2022年までは都内にある私立大学でPDのポストを得る。しかし、
その後研究職のポストを得ることができず、研究職を断念せざるを得なかった。
その代わりに在宅の仕事が多いIT企業を勤務先に選んだという。

【家事・育児の分担】

　E2さんの夫は来日後修士課程に進学し、修士号を取得してから外資系企業に
就職した。現在も同じ会社に勤務している。夫の仕事が忙しく出張も多いため、
家事や育児の負担はE2さんに重くのしかかっている。最初家事や育児のことで
夫と喧嘩することも多かったが、現在では一応納得のいく形に落ち着いている。
夫は週末や時間がある時には、家事を分担し、困った時に相談に乗ってくれる。

　日本にいると国内にいる時のように親族からサポートを得られないし、また
日本社会では中国社会よりも男性が経済的役割を果たすことが期待されている
のだとE2さんは感じている。そのため育児との両立を考えて、在宅が多い仕

事を探し、現在勤務している IT 企業を選んだという。

【就労の理由】

　E2さんが就労したのは、夫への経済的依存を避けたかったからだという。中国にいる両親も共働きであった。夫の給料をE2さんはすべて預かっているが、それでも自分の収入がほしかった。自分の収入がないと、夫とは対等な存在になれないと思うからだ。

　E2さんは夫と対等な関係でいるために、キャリアの下方修正をしたとしても、就労することを選択したのである。次に、E2さんの子どもへの教育戦略を取り上げる。

【子どもへの教育戦略】

　E2さんの長男は現在公立小学校に通う4年生である。乳幼児の頃から中国語と英語の学習とともに、多くの習い事をしてきた。たとえば水泳は3歳から、サッカーは保育園児の時から、ロボット教室は1年生からスタートし現在も続けている。

　中国語学習に関しては息子を中国に定期的に連れて帰省し、しばらく中国で暮らした経験もある。また家庭内では中国語で会話しているため、子どもは不自由なく中国語で会話でき、中国にいるE2さんの親戚の子どもともSNSで連絡を取り合うことができる。一方、E2さん自身は子どもに中国語を教える時間がないので、オンラインで中国語のレッスンを毎週受けさせているという。中国語以外には、長男が2〜3歳の時に英語で遊ぶ習い事もさせ、4歳から日英2言語教育の保育園に入園させた。長男は小学校入学からは今日に至るまで英語のオンライン・レッスンを週に複数回受けている。そして毎年英語検定を受けており、現在長男は英検準2級の資格を取得した。

　また中学受験を念頭に息子を小学校3年生の時から大手進学塾に入塾させた。中学受験を決めたのは、E2さん自身の経験と、長男の学習に対する態度によるものであると説明する。中国国内での大学受験が人生を変えたと述べるE2さんは、自分たちが学業が人生を変えると言われて育てられた世代であるため、今でも学業がとても重要だと思っている。また、中国も日本もみんな学歴社会で、学歴をとても重視する社会だと見ている。しかし長男はごくごく普通の子どもで、親から言われなければ自主的に勉強しないタイプの子どもである。そ

のため親として少しでも勉強するように息子を導いてあげる必要がある。そして息子にもっと優れた教育環境を提供したく、中学受験を考えたという。

E2さんは現在仕事と子どもの学習（主に受験勉強）のサポートとの両立で多くの困難を抱えているという。在宅の多い仕事を選択したとはいえ、仕事が忙しく帰宅が遅くなる日もある。そのため子どもの塾での学習へのサポート、たとえば宿題の丸付けや間違った問題の復習、テキストや資料の整理、塾からの連絡事項の把握、そして塾がある日はその日のテキストや宿題をもたせることなどが、十分にできていない。また仕事がありE2さんの帰宅が遅い日は、事前に用意して冷蔵庫に入れておいた食べ物を息子が電子レンジで温めて食べることも少なくないという。

このようにE2さんはキャリアを下方修正しつつも、就労継続と子どもの教育の両立をはかっている。とはいえ、十分に時間を確保できず、子どもの勉強へのサポートを満足のいくようにできていないという困難に直面していることが浮き彫りになってきた。

このタイプの対象者のなかには、子どもへの教育と自身の就労を両立させるために、キャリアを下方修正したものの、睡眠時間など休息時間を十分に取れずに、健康を損なった対象者もいる。たとえばX3さんは中国では大学教員をしながら、同時に博士後期課程に在籍して研究していた。だが、来日後子どもに良い教育環境を提供するため、稼ぐ必要があるという理由で博士課程への進学とキャリアの上昇を断念したという。また就労と教育する母親という役割を両立させるために、睡眠時間の短縮や就労形態の変更（定時に帰宅するため、正社員から契約社員に変更）をせざるを得なかった。長年睡眠時間を十分に確保できず、健康を損なったうえに、就労形態の変更をしたため、昇進ができなかったこともX3さんの語りから明らかになった。

2つの事例で共通しているのは、就労を継続してはいるものの、キャリアを下方修正している点と、就労と教育する母親という2つの役割を両立するために時間不足が生じており、子どもの勉強を十分にサポートできずにいることや、睡眠時間を含む休息時間が取れず、健康を損なう可能性があるなど、多くの困難を抱えている／抱えていた点である。

207

第Ⅱ部　日本における高学歴中国人移民女性のライフコース

4.3.3　タイプⅡb：母が導く子育てスタイル＆再就職型（4名）

事例3：出産後契約社員、自営業者、アルバイトなど転職を繰り返すE3さん

　　1985年生まれのE3さんは中国で高校を卒業後、18歳の時に来日し、1年間半の日本語学校を経て、地方公立大学に進学した。大学を卒業後、IT企業で2年間の勤務を経て、関西にある国立大学の大学院に進学した。修士課程1年目の時に、修士課程2年目の夫と結婚した。その後東京で先に就職していた夫と合流して、彼女も東京で就職して、出産までの2年間その会社に勤務した。仕事は外回りの営業で忙しかったが、楽しかった。2016年（当時31歳）に長男を出産した。出産間近まで大きなお腹を抱えて満員電車に乗って通勤し、外回りの営業の仕事を続けた。しかし勤務していた会社では仕事と育児が両立できる環境ではなかったため、出産後に退職した。長男が1歳の時に、契約社員として日本語学校の事務の仕事をハローワークで見つけて、2017年4月から2018年8月まで続けた。2019年9月から2023年11月まで中国の友人のお父さんと共同経営でペットフード関連の日本事務所を立ち上げ、自宅で仕事をするようになった。そして、2023年11月から2024年8月（調査時）まで別の中国人の友人の会社で事務のアルバイトをしている。また2020年に次男を出産した。

【育児サポート】

　　長男を出産後、数か月間中国に帰省し、中国にいる実親や義親から育児サポートを受けていた。義親が来日して育児サポートをしてくれた時期もある。夫は家事や育児にあまり協力的ではない。妻から言われなければ動かないタイプである。そのため夫婦の間で家事や育児をめぐって喧嘩が多かった。ただし夫はE3さんが計画したことやE3さんの仕事と家事・育児のあり方について反対の意見や文句を言わない。好きなようにさせてくれていると夫を好意的に評価することで自分自身を納得させているという。現在はE3さんが中心となって家事と育児を行っている。

【子どもへの教育戦略】

　　E3さんの家庭では中国語で会話をし、テレビの鑑賞も中国語の番組のみとなっている。長男が小学校に上がる前に、E3さんが長男と次男を連れて半年間ほど中国に戻り、長男を中国の小学校に通わせた。また毎年夏休みを利用し

208

て子どもを連れて中国に帰省し、その時に長男はサマーキャンプに参加し、次男は現地の幼稚園に通った。中国語の習得以外に、英語の習得にも力を入れ、2人とも3歳の時から日英2言語教育の保育園に通っていた／通っている。また習い事に関しては、子どもたちは体操、水泳、ピアノなどを習っている。

　教科の勉強に関しては、長男は小学校1年の時から学習塾のKUMON（公文やくもんとも表記される）で国語と算数の先取り学習をしている。また、小学校3年の時から大手進学塾に通い国語と算数の勉強をする一方で、KUMONで英語の先取り学習をしている。それ以外に、小学校1年時から中国国内の小学校で使用する教材を用いて国語のオンライン・レッスンを受けるだけではなく、算数も中国の教材を用いながらE3さん自身が教えている。

　その理由は前に記したように、子どもたちの進学を見据えて長男が中学受験、次男が小学受験をする予定だが、将来大学受験をするときには、中国で華僑として受験もできるようにするためである。ゆえに、中国国内の学校と同様の教材を用いて学習を進めているという。

　子どもの教育に関してはすべてE3さんが情報収集をし、計画を立て、また勉強の監督や宿題のチェックを行っているが、必要に応じて夫に相談し、夫の意見を聞くようにしている。

　このタイプにはE3さん以外に、出産を機に研究を辞めたX1さん、夫が単身赴任で自分一人で子どもを育てなければならないため残業も出張もある正規雇用を選べなかったS2さん、そして2人の子どもを育てながら、正規の研究職に就けず、中国語の非常勤講師を経て、2言語学童教室を立ち上げたS3さんがいる。それぞれ子育てと子どもの教育のために研究職に就くことやフルタイムの就労がかなわなかった一方、子どもの教育戦略は共通して子どもの学業・学力を重視し、多くの習い事および中国語と英語の習得に取り組ませるなど、すなわち母主導でスーパー・キッズを育成する子育てタイプである。

4.3.4　タイプⅡc：母が導く子育てスタイル＆主婦型（3名）
事例4：子育てと子どもの教育のため、キャリアを不本意に中断したX2さん

　1963年生まれのX2さんは中国で大学を卒業し、来日前は大学教員であった。大学の同級生で、国費留学が決まった夫に付き添い、家族ビザで1989年に来

第Ⅱ部　日本における高学歴中国人移民女性のライフコース

日し同年に長男を出産した。1歳から4歳まで長男を中国の実親に預けて、修士課程に進学するための準備をした。1994に夫が日本で大学教員となったため、4歳になった長男を日本に連れ戻し、一家で関東地方から東北地方に引っ越した。X2さんは子育てをしながら、修士課程に進学し、修士号を取得した。1998年に夫の勤め先の変更に伴い、家族は再び関東地方に引っ越した。翌年の1999年に次男を出産し、0歳児の次男と10歳になった長男を抱えているため、X2さんは就労することができず、専業主婦となる。

【子どもへの教育戦略】

　長男にも次男にもX2さん自身が中国語のテキストを用いて発音から教え、夏休みなどの長期休暇を利用して定期的に中国に帰省した。子どもたちをサマースクールに行かせたこともある。そして、日常生活のなかでも中国人として、中国の文化や価値観を折に触れて教えていた。中国人としてプライドをもって、生きることが重要だと常に子どもたちに伝えている。

　一方、外国人として日本で暮らすため、日本人以上に努力し、優秀でなければならないとX2さんは考えている。外国人として日本で生活している以上、周りの日本人の2倍も3倍も努力する必要がある。同じくらいの優秀さなら、外国人よりも日本人のほうが有利だと考えているためである。ゆえに、周りの日本人より、もっともっと努力する必要があると子どもに言い聞かせてきたという。

　X2さんは子どもの学力や学業を重視し、中学受験をさせた。その理由について、以下のように語る。「子どもたちは健康体[5]で生まれてきた以上、人と競争して生きていくしかない。だから、勉強しなければならない」。普通の公立校は学力に関しても学校生活に関してもあまり質が高くないので、私立の中高一貫校に進学させたいとX2さんは思った。そのため長男も次男も大手進学塾に通い、それぞれ中学受験をした。

　こうした学業達成を通して社会的地位の上昇をはかる戦略は、これまでの親の体験に基づくものであることがX2さんの語りからわかる。親世代は勉強ができなければ何もない時代に生まれ、勉学に励んできた。だから学業達成は人生設計の基本であり、すべてであった。特に夫は、幼いときに父親を亡くし、未亡人の母親によって育てられた。貧しい山村を離れてここまでこられたのは、

210

第7章　高学歴中国人移民女性の教育戦略とキャリア

一生懸命に勉強をして大学に進学できたおかげだと夫は考えている。だから学業に励むことは家族のモットーといっても過言ではない。夫の家族が集まると、いつも勉強の話ばかりだったという。貧しかったが、夫のきょうだいは3人とも一生懸命に勉強に励み大学に進学した。全部勉強をして、勝ち取ったのだとX2さんは語る。

　学業を重視し、中国語や中国人としてのアイデンティティを重視した教育戦略の結果、X2さんの息子は2人とも私立の中高一貫校に進学した。その後、長男は私立の有名大学に進学し、大学の交換留学プログラムを使って中国の名門大学に1年間留学した。現在中国語と英語を活かして貿易の仕事をしている。次男は国立大学の修士課程を出て、大手企業でエンジニアとして勤務している。母親に教えてもらった中国語をベースに大学入学後さらに独学で学び続け、現在では中国語検定3級の資格をもっている。

　中国人としてのルーツを大切にすることは、X2さんの孫世代まで継承されている。長男は日本人女性と結婚し、現在1歳の娘がいる。息子夫婦の要請を受け、X2さんはその孫娘に少しずつ中国語を教えているそうだ[6]。

【キャリアの中断を後悔】

　大学教員というキャリアを中断し2人の子どもの子育てと教育を中心とした生活を送ってきたX2さんは、主婦という属性に社会的価値を見出せず、帰国を考えたこともあるという。

　大学の同級生だった夫は日本で大学教員となり、教育と研究に励む日々を送る一方で、家事と子育ての責任はX2さんに重くのしかかる。日本では自身のキャリアを築くことができなかったため、夫との関係もギクシャクし、中国に帰って元の職場である大学に復職したいと考えたのだ。実際に元上司に復職したいと相談したこともある。しかし子どもたちを日本に残して一人で中国に帰国することはできない。かといって子どもたちを中国に連れて帰ること（子どもたちの中国語能力は同年代の中国人の子どもより劣るため、学力競争に不利だと考えたゆえ）もできず、X2さんはずいぶん迷い、苦しんだ。結局X2さんは自身のキャリアより、家族のことを優先し、中国に帰ることを断念せざるを得なかった。そこで何か打ち込めるもの、家族以外の生きがいがほしかった。それを求めてX2さんは博士後期課程に進学し、10年間かけて博士号を取得した。

211

来日後日本で修士号と博士号を取得したにもかかわらず、日本の大学で非常勤講師として中国語を教えたことはあるものの、正規の仕事に就いた経験はないという。

X2さんは子育てと子どもの教育のためにキャリアを中断したことをとても残念に思っていることを認め、この轍を踏まないよう、小学生の子どもをもつ筆者に対し、仕事と研究を続けることを熱心に薦めてくれた。

このタイプの対象者には、X2さん以外に2名いる。複数回の中絶と流産を経てようやく41歳で出産を果たしたX5さんは、子どもの健康を最優先事項と捉え、子育てと子どもの教育を中心とした生活を送っている。他方、S1さんは来日後日本で教育を受けたことがなく、子どもが生まれてから子育てと子どもの教育に追われる日々のなかで、子どもの習い事や塾などにかかる費用を稼ぐためにパート労働をすることもあった。全員に共通しているのは、子どもの学力と中国語を重視し、習い事や英語の学習にも熱心に取り組んだ／取り込んでいる点である。

第5節 おわりに

子どもの教育か自身のキャリアか。また両者にはどのような関連があるのか。結論を述べると、子どもの教育を重視すればするほど、高学歴中国人移民女性は専業主婦化、またはパート労働者化する傾向にある。実際、子どもの教育と自身の就労を両立したいと考える場合は、キャリアの下方修正を余儀なくされ、時間不足で多くの困難を抱えるだけではなく、長期にわたり睡眠を含む休息時間を十分に確保できずに健康を損なう可能性さえある。他方では子どもの教育は子ども任せの子育てスタイルをとる場合、子どもの教育と自身の就労の両立がしやすくなる傾向があることが明らかになった。

子どもの教育戦略に関しては、2名の対象者を除けば、全員、学校外教育投資を惜しまず、スーパー・キッズを育成する子育てスタイルを採用している。対象者は早期から子どもに多くの習い事をさせ、中国語と英語の学習を推奨し、さらに学習塾に通い、小学校受験、中学受験または高校受験をさせている。対

第7章　高学歴中国人移民女性の教育戦略とキャリア

象者がこのような教育戦略を取る背景には、移住先である日本の社会構造に大きく起因していることは、これまでの欧米における先行研究の知見と一致する。つまり、外国で暮らすマイノリティとしての不利な状況を乗り越えるために、日本人以上に学力・学業達成を目指す教育戦略がとられているのである。それは教育達成と職業達成との関連が強い日本の社会構造によるものであると考えられる。他方、出身国である中国での学歴信仰や親世代の学業達成体験がかれらの子どもに対する教育戦略に大きく影響していることもわかった。親自身が大学に進学し、さらに日本留学を通して社会的地位の上昇を果たした体験が、かれらの子世代への教育戦略を形作っている。勉学で人生を切り開いてきたというE2さんとX2さんの体験はその典型である。学業達成を通して社会的地位の向上をはかる戦略は異なった世代の対象者にも共通してみられるが、とりわけ一人っ子政策の導入後、家族から高い期待が寄せられ育てられた一人っ子世代にはますます顕著にみられる。それは若いコーホートほど、子どもに対して学業達成の教育戦略以外に、バイリンガル・トリリンガル志向が強いことや、多種多様な習い事を通して子どもの能力を最大限に開花させてあげたいという期待が大きいことにも表れている。現に50-60年コーホートにもわずかながら、子ども任せの子育てスタイルをとる対象者はいるが、70年コーホートと80年コーホートは全員母親が主導してスーパー・キッズを育成する子育てスタイルをとるようになっているのである。

　他方、彼女たちは中国国内で短大・大学以上の学歴をもち、専門職や研究職に従事した経験のあるホワイトカラーであり、また来日後も修士課程や博士課程に進学しているのにもかかわらず、主婦化またはパート労働者化している。これが対象者たちの子どもの教育戦略と大きく関わっていることは、これまで述べてきたとおりである。それ以外に、高学歴の夫の収入で経済的基盤が安定しており、対象者たちが経済的に就労する必要性がないことも理由の1つとして挙げられる。さらに日本社会の性別役割分業のジェンダー構造にも対象者たちの行動が多く規定されていると言えよう。たとえば対象者の夫には育児に協力的な者が多いが、しかし日本では男性の長時間労働が常態化し、稼ぎ主としての役割が重視されるため、帰宅時間が遅いうえ、出張も多い。つまり夫が職業生活に没頭し稼得役割を引き受けざるを得ない。そのため、高学歴の母親が

213

第Ⅱ部　日本における高学歴中国人移民女性のライフコース

子どもの教育を重視すればするほど、自らのキャリアを断念し、専業主婦化ま
たはパート労働者化せざるを得なくなる。かりに就労と子どもの教育を両立さ
せている場合でも時間とエネルギーの制約を受けるため、多くの葛藤を抱え込
むことが本研究の考察で明らかになった。たとえばE2さんはキャリアを下方
修正し就労を継続してはいるものの、子どもの教育を十分にサポートできない
という困難に直面している。またX4さんが管理職に就けないことを残念に思
うとともに、長年で睡眠などの休息時間を十分に取れずにいたため体調を崩し
たそうだ。このように子どもの学業や各種の能力（言語能力や習い事で培う能
力）を重視すればするほど、母親たちの時間とエネルギーを子どもに注ぐこと
が求められるため、多くの女性は自身のキャリアを中断や中止せざるを得ない
のである。他方、子どもの教育をそれほど重視せず、子ども任せの子育てスタ
イルを取り入れることが可能であれば、正規雇用の可能性も開かれていく。実
際、子ども任せの子育てスタイルを採用している2つの事例では対象者の2人
はともに正社員として勤務しており、そのうちの1人は研究開発チームのリー
ダーとして研究・開発に専念しているのである。

　したがって、在日高学歴中国人移民女性の子どもへの教育戦略と自身のキャ
リアにおいて、子どもの教育を重視すると女性自身のキャリアの中断をもたら
し、性別役割分業のジェンダー体制を促進する方向に向かうのかという問いに
対しては、本章の答えはYESである。

　ただし教育する母親役割は多くの対象者のキャリアの中断や中止を招く一方
で、対象者のキャリアの形成と発展に貢献した事例（S3さん）もあった。S3さ
んは日本生まれの長女と長男に中国語を教えるとともに、近所で暮らす中国人
の子どもにも中国語を教えていた。その経験から、同じ境遇にいる中国語ので
きない在日中国人の子どもに対して中国語や中国文化を教えるニーズがあるこ
とを知った。それとともに来日したばかりで日本語のわからない中国人の子ど
もに日本語や日本文化を教える必要性も感じ取った。これらのニーズに応える
ため、S3さんは在日中国人子女のために中国語と日本語を教える2言語学童教
室を立ち上げた。最近英語も教えてほしいという中国人家族の要望に応えて英
語のクラスも増設し、多言語学童教室に発展しているという。さらに、S3さ
んの長女が高校受験をし、長男は中学受験をした経験を活かし、在日中国人家

214

族に中学受験や高校受験の情報とノウハウを提供し、受験に関する相談にも乗っている。S3さんが高学歴中国人女性移民としてこれまで実践してきた「母が導く子育てスタイル」は、子どもの教育や受験に高い関心を寄せる中国人移民家族のニーズに呼応して、ビジネスとして成立したのである。

　以上のとおり、在日高学歴中国人移民女性の多くが子どもの教育を重視するため、労働市場から撤退して就労の中断や中止、またはキャリアの下方修正をせざるを得ない。さらに高学歴女性の教育戦略は、近年では学力・学業重視以外に、さらに早期にわたり多種多様な能力の開発やバイリンガル・トリリンガル志向の強まりといった傾向をみせている。特に若い70年コーホートと80年コーホートほど、母主導でスーパー・キッズを育成する子育てスタイルをとるようになっているのである。母親の教育役割がますます重要視されるなか、日本社会では相変わらず男性の稼得責任と女性の家事・育児、教育の家庭責任という性別役割分業の構造が維持されている。そのため、高学歴女性にとっては子どもの教育と自身の就労との両立がいまだに難しい課題として残る。こうした背景のなかで特に共働き規範を内面化している高学歴中国人移民女性にとっては大きな葛藤を抱え込むことになるのである。

　ラリューがその主著『不平等な子ども期（*Unequal Childhoods*）』においてミドルクラスと労働者階級・貧困層の子育てスタイルが大きく異なることを指摘する（Lareau 2011）。高学歴中国人移民女性の母主導でスーパー・キッズを育成する子育てスタイルは学歴の異なった移民家族にもみられるのか。異なった階層の移民女性の教育戦略とキャリアとの関連を比較研究することが今後の課題である。

注

(1)　グループインタビューでは、来日後の仕事と子育てについて対象者に自由に語ってもらう形式をとった。

(2)　ごく少数ではあるが、対象者のなかに積極的に中国語を教えたりせず、また中国人としてのアイデンティティを重視しない事例もみられた。X4さんはその一例である。

(3)　2024年9月からE1さんの長女は公立小学校4年に転入し、長男は代わりにISに編入している。今後それぞれ帰国生入試制度を使って、中学受験をする予定である。

(4)　時々パート労働をする者、週に1〜2コマの非常勤の仕事をする者を含む。

第Ⅱ部　日本における高学歴中国人移民女性のライフコース

⑸　障害者として生まれていたら、学力競争をしなくてもよかったし、別の生き方も可能で
　あったとX2さんは語る。
⑹　義理の娘自身もラジオ講座で中国語を学習している。

参考文献・資料

ベネッセ教育総合研究所, 2017, 「学校外教育活動に関する調査2017──幼児から高校生のいる
　家庭を対象に」ベネッセ教育総合研究所.
Cooke, Fang Lee, 2007, "'Husband's career first': renegotiating career and family commitment
　among migrant Chinese academic couples in Britain," *Work, Employment and Society*,
　21(1): 47-65.
Fong, Vanessa L., 2004, *Only Hope: Coming of Age Under China's One-China Policy*,
　Stanford University Press.
平尾桂子, 2004, 「家族の教育戦略と母親の就労──進学塾通塾時間を中心に」本田由紀編『女
　性の就業と親子関係──母親たちの階層戦略』勁草書房, 97-113.
広田照幸, 1999, 『日本のしつけは衰退したか──「教育する家族」のゆくえ』講談社.
Ho, C., 2006, "Migration as Feminisation? Chinese Women's Experiences of Work and Family
　in Australia," *Journal of Ethnic and Migration Studies*, 32(3): 497-514.
Hirschman, C. and M. G. Wong, 1986, "The Extraordinary Educational Attainment of Asian-
　Americans: A Search for Historical Evidence and Explanations," *Social Forces*, 65(1):
　1-27.
本田由紀, 2005, 『多元化する「能力」と日本社会──ハイパー・メリトクラシー化のなかで』
　NTT出版.
本田由紀, 2008, 『「家庭教育」の隘路──子育てに強迫される母親たち』勁草書房.
片岡栄美, 2009, 「格差社会と小・中学受験──受験を通じた社会的閉鎖、リスク回避、異質な
　他者への寛容性」『家族社会学研究』21(1): 30-44.
Kuan, Teresa, 2015, *Love's Uncertainty: The Politics And Ethics Of Child Rearing In
　Contemporary China*, University of California Press.
Lareau, Annette, 2011, *Uneqal Childhoods: Class, Race, and Family Life*, University of
　California Press.
Lee, E.S. and X-l. Rong, 1988, "The Educational and Economic Achievement of Asian-
　Americans," *Elementary School Journal*, 88(5): 545-560.
Louie, Vivian S., 2004, *Compelled to Excel: Immigration, Education, and Opportunity among
　Chinese Americans*, Stanford University Press.
馬欣欣, 2011, 『中国女性の就業行動──「市場か」ととし労働市場の変容』慶応義塾大学出版
　会.
Man, Guida, 2004, "Gender, Work and Migration: Deskilling Chinese Immigrant Women in
　Canada," *Women's Studies International Forum*, 27: 135-148.
中野円佳, 2023, 「『教育する母親』の仕事に対するアスピレーションの維持は可能か──シン
　ガポール人のミドルクラス母親に対する質的調査から」『人口問題研究』79(2): 133-156.
中澤智恵・余田翔平, 2014, 「〈家族と教育〉に関する研究動向」『教育社会学研究』95: 171-205.
西村純子, 2001, 「性別分業意識の多元性とその規定要因」『年報社会学論集』14: 139-150.
額賀美紗子・藤田結子, 2021, 「働く母親はどのように家庭教育に関わるのか──就学前から形
　成される〈教育する家族〉の格差と葛藤」『家族社会学研究』33(2): 130-143.
落合恵美子・山根真理・宮坂靖子・周維宏・斧出節子・木脇奈智子・藤田道代・洪上旭, 2004,

「変容するアジア諸社会における育児援助ネットワークとジェンダー」『教育学研究』71(4): 382-398.

賽漢卓娜, 2014,「国際結婚した中国出身母親の教育戦略とその変容——子どもの成長段階による比較」『異文化間教育』39: 15-32.

賽漢卓娜, 2020,「高学歴既婚移民女性のフルタイム職への挑戦」『比較家族史研究』34: 25-48.

蒋純青, 2011,「中国における学歴格差社会」『専修大学社会科学研究所月報』581: 32-58.

志水宏吉・山本ベバリーアン・鍛治致・ハヤシザキカズヒコ編著, 2013,『「往還する人々」の教育戦略——グローバル社会を生きる家族と公教育の課題』明石書店.

品田知美, 2016,『子どもへの母親のかかわり』稲葉昭英・保田時男・田渕六郎・田中重人編『日本の家族1999–2009—全国家族調査「NFRJ」による計量社会学』東京大学出版会, 203-15.

天童睦子・多賀太, 2016,「『家族と教育』の研究動向と課題——家庭教育・戦略・ペアレントクラシー」『家族社会学研究』28(2): 224-233.

坪田光平, 2021,「国境を越えるキャリア志向——中国系のトランスナショナリズム」清水睦美・児島明・角替弘規・額賀美紗子・三浦綾希子・坪田光平『日本社会の移民第二世代——エスニシティ間比較で捉える「ニューカマー」の子どもたちの今』明石書店, 511-537.

坪谷美欧子, 2008,『「永続的ソジョナー」中国人のアイデンティティ——中国からの日本留学にみる国際移民システム』有信堂.

Xiao, Suowei, 2021, "Intimate Power: Intergenerational Cooperation and Conflicts in Childrearing among Urban Families," Yan Yunxiang(ed.), Chinese *Families Upside Down*, Brill Academic Pub,143-175.

山田昌弘、2000,「『よりよい子育て』に追い込まれる母親たち」目黒依子・矢澤澄子編『少子化時代のジェンダーと母親意識』新曜社, 69-72.

［中国語文献］
楊可, 2018,「母職的経紀人化—教育市場化背景下的母職変遷」『婦女研究論叢』第2期: 79-90.

第 8 章

高学歴子育て女性のキャリア
——夫との権力関係を手がかりに

孫 詩彧

第 1 節 はじめに

　本章では、日本で生活する高い学歴をもちながら小さい子どもを育てている中国人女性たちが、自分のキャリアをいかに形成していくのかを、夫との権力関係を手がかりに明らかにする。女性のキャリア形成、ならびに男性との関係は国や地域のジェンダー環境によって左右されると考えられている。一方、世界的に人々の移住が盛んになるなか、移民の家族関係や移民に作用するジェンダー規範が受入国／地域によっていかに再定義され、または維持されるかを扱う研究も増えている。こうした研究の多くは、母国と受入国に経済や文化、ジェンダー環境の差が開いたパターンに着目して行われている。たとえばJaji（2022）がドイツに移住するジンバブエの家族に対する研究から、移民することでより柔軟なジェンダー関係を構築する可能性を示した。Jajiの整理では移住による家父長制の解体、移民女性が不平等な婚姻関係とジェンダー関係から逃れ、受入国で教育を受けて職業も得られる様子が描かれていた。

　母国の文化や環境から離れて暮らすことは、新たな可能性を生み出せるようである。これは移民にとって好都合であるが、母国と受入国のジェンダー環境がより相似している場合の移民家族はどうなるか。図8.1が示した通り、近年のジェンダーギャップ指数からみて日本も中国も軽微な差がありながらいずれのランキングも100位以下であった。中国からの移民家族は、日本でどのよう

219

第Ⅱ部　日本における高学歴中国人移民女性のライフコース

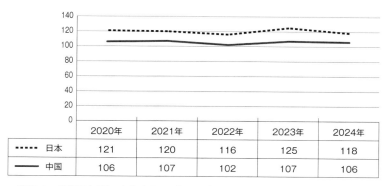

図8.1　直近5年間日本と中国のジェンダーギャップ指数ランキング（位）

に暮らしていくのか、中国人の女性たちは家族とともに日本で暮らすとき、自分のキャリアをいかに形成していくのか。

　その際に対象とするのは、調査時点で日本に住み、夫妻とも中国人の子育て家族である。いずれの家庭も小学校低学年までの子どもがおり、かつ祖父母等の親族が日本に定住して家事や育児の協力をしていない状態である。子育てのニーズが高く夫妻二人を中心に家庭生活を営む場合、夫といかに交渉していたか、夫妻の権力関係が織り交ぜるなかで日本に移住してきた女性のキャリア形成がいかなる可能性をもつか、本章はこうした課題にフォーカスして検討を進める。

第2節　先行研究 ——キャリア・家族・外国人

2.1　女性の学歴とキャリア

　キャリア形成の重要性は、女性活躍や男女共同参画の推進に伴い、近年ではますます強調されてきた。しかし日本では、女性の高学歴化が顕著な傾向として見受けられる一方、社会進出が遅れている特徴は十数年前からすでに指摘されていた（現代女性キャリア研究所 2012）。

　10年ほど前に日本総合研究所は、四年制大学または大学院を卒業した女性を高学歴として定義し、東京圏をフィールドにその暮らし方と働き方を調べた（日本総合研究所 2015）。その結果、最も大学難易度区分の高いグループ（偏差

値60以上が目安）に所属する女性でも、役職のあるポジションに就かず、世帯年収の60％以上を稼ぐことでパートナーの収入を超えて家計の主な担い手になるケースが少なかった。それに、子ども数の増加に伴って女性の年収が低下する傾向から、母親になることで職場で様々な不利益を被る「Motherhood Penalty」の存在と、主に女性側が働き方を調整して家族生活の営みに対応する様子が推測できる。ほかにも女性のキャリアに着目する研究は多くあり、そのほとんどが（1）育児期における就業継続の困難、（2）キャリア形成における男女差という2つの課題を中心に指摘している（坂爪 2018）。

　こうした研究結果は度々「高学歴であっても女性の社会進出がむずかしい」ことを裏付け、「高学歴なのに家事育児専念してもったいない」言説へと水路付けているように思われるが、必ずしもそうとは言えない。福田（2023）の分析では、ジェンダー公平が進んでいる国ほど高学歴女性の出生率が高い結果を示している。これはすなわち、高学歴であることが、暮らす国や地域のジェンダー環境を判断し、自分の人生をいかにするかを選択する時に女性たちの力になる。

　この「女性の選択」という観点から出発すると、従来の研究ではキャリアを職業上の成長として限定的に捉える限界が見えてくる。職業の成長は学業、結婚・出産など多くのライフイベントと密に関連していることや、女性たちがいかに能動的な選択を積み重ねて自己実現をしていくプロセスなどが見落とされがちである。日本総合研究所の調査が示した就学経験についてもその後の職業につながる。このことからキャリアに学業・職業・結婚出産などの人生計画を含ませることが、女性たちが動態的に調整しながら選択を積み重ねて営む人生を検討するために必要である。厚生労働省（2002）が提唱するキャリアの概念は「時間的持続性ないしは継続性を持った」ものである。これによりキャリアは「継続的なプロセス」と、働くことにまつわる「生き方」として捉えることができる。そこには職業や学業など、広い意味で女性たちの自己実現を叶うための人生計画が存在する。本章ではこのような「キャリア」に着目して検討を進めていく。

2.2　夫と妻の権力関係

　以上の観点で改めてキャリアを考えるとき、女性と周辺の関係性、とりわけ

第Ⅱ部　日本における高学歴中国人移民女性のライフコース

親密な関係をもつ人との関係性が重要な手がかりとなる。動態的に形成されていくキャリアは、女性個人の意思だけで成立するものではない。これに加え、親密な関係そのものも女性たちの人生計画に含まれているからである。たとえば仕事と家庭（子育て）の両立という現実問題に直面すると、夫との家事育児分担や人生計画をめぐる交渉が見逃せない。ここで特に焦点を当てたいのは、夫妻間の権力関係である。

　権力は通常、「おのれの意志を他人の行動に押し付ける可能性」（Weber 1922=1967: 155）として捉えられ、自分が目指す方向、自分の望ましい「生き方」に、他人を付き合わせるように機能している。就労することによって得られる社会的地位や経済的収入などが権力をなす要因でもあるため、家庭のなかで夫は妻より大きな権力を手に入れやすくなる。そこで妻が就労すれば夫との関係はいかに変化するかを問いかけた三具（2018）は、次のような結果を示してくれている。

　まず、権力の観点からみた妻の就労行動には「自由な選択」とはいえない重層的な権力作用が存在することが指摘された。一見、妻の就労行動の決定に加わらなかった夫だが、実は妻よりも先に「自分は働き続ける」と決定していた。妻が離職しても後悔してもすべて「自由な選択」として妻に責任を負わせるトリッキーなメカニズムと、男女の非対称的なジェンダー・アレンジメントの存続を三具が描き出してくれている。このような局面で妻たちの再就職は「再び夫との対等な関係を手に入れるため」の試みで、単なる「近代家族」への収斂ではない（三具 2018）。

　一方で孫（2022）は、日本と中国の共働き夫妻に焦点を当て、子どもの誕生と成長に伴い、役割分担を動態的に調整していくプロセスを描いた。この調整のいかんで個人のキャリアが大きく左右されるものの、相手の意思を反してまでその行動に作用することに焦点を当てた従来の権力定義では、個人がいかに行動しうるかへの注目をそらしてしまう限界がある。そのため、孫は権力を「相手との交渉・調整において、資源や規範などを駆使・組織して、自分が期する状態に近づける力」と行為者の個人を本位に捉えた。その結果、資源や規範などを駆使・組織していく際に、過去の権力経験による再帰的な影響で、夫妻間の交渉がだんだんなくなってしまう傾向が見えてきた。共働きで家事育児

にも協力的な都市中間層の夫妻であっても、最も合理的な選択を続けてたどり着いたのは、妻に偏る形で硬直化していく役割分担である。そのため女性の軸足は常に家庭内に置かざるを得ず、そのキャリア形成も限られた範囲内においてのみ実現可能になる。

このように夫妻間の交渉や相互作用を権力の観点で捉えると、女性が相対的に不利な立場におり、もしくは結果的に女性がより大きな不利を背負うことがわかる。ただし、社会のジェンダー構造による影響も考慮すると、高学歴で海外移住を実現した女性たちなら、新たな可能性を迎えられるのか。

2.3 在日外国人の子育て生活

権力作用を把握する際に、夫と妻がどのような資源を駆使・組織できるかの確認が重要である。従来の研究では、主に収入、勤務時間／在宅時間、家事育児の能力、社会規範などが指摘されてきた。一般的により多くの資源をもつ側のほうが権力を持ち、夫婦関係において自分の思い通りに物事を進める可能性も高くなる。ところが、本書で主に検討する移民女性については、いわゆる外国人として日本で暮らす場合、その資源の保ち方が日本人と異なり、母国にいた時と同じように手持ちの資源が思い通りに機能しない可能性も考えられる。

「令和4年度在留外国人に対する基礎調査報告書」（出入国在留管理庁 2023）によれば、現在日本にいる外国人の半数程度（49.5%）が配偶者・パートナーと同居し、さらに子どもがいる世帯が全体の31.8%を占めている。日本の子育て世帯が20％程度である現状と比べ、子連れの外国人家族の割合は高い。なお、外国人は住まい確保のコストを下げ、異国で共に生活を営むなどの観点からも親族や友人が集まって生活する傾向が推測される。家族（夫妻）同士の交渉・調整により、個人のキャリア形成も大きな影響を受けることになる。

また、全体的に外国人は日本人より収入が低いとの調査結果によれば、家計を支える意味で収入という要因が移民家族の権力関係において重要な位置を占める。さらに、外国人の学歴が日本人より高い場合でも、高学歴が必ずしも収入の高さに反映され、パートナーとの交渉に寄与する要因になるとは限らない。日常生活を営む観点から、日本語の語学力が学歴よりも重要になる可能性も考えられる。

第Ⅱ部　日本における高学歴中国人移民女性のライフコース

　以上の整理を踏まえて本章が検討を試みたいことは、高学歴を手に入れて就労し、もしくはさらに高い学歴を積み重ねようとしている意味で自分のキャリアを能動的に形成しようとする女性たちが、同じ中国人のパートナーとともに日本で子育て生活を送る際に、家族生活にとって最善の選択を目指しながら、日本の社会構造、性別役割規範、ジェンダー体制、そして夫との権力関係などとの折り合いにおいていかに実践しているか、である。そこで起きた折衝や葛藤などのリアリティを、実証調査で明らかにしていく。

第3節 ┃ 日本の都市部で暮らす中国人家族

　本章の分析で用いるデータは、2023年6月から2024年6月にかけて、日本の大都市（首都圏、札幌、仙台、名古屋、京都、大阪、名古屋、福岡など）で暮らす中国人子育て家族に対して行った半構造化インタビューと参与観察で得た16のケースである。大都市を主なフィールドにした理由として、外国人在住者数の多さと、就労・就学のチャンスも多いことが挙げられる。

　調査協力者の募集は「学友会」「華人の家」などの移民団体が管理運営するチャットグループ、助け合うため自発的につくられた地域の中国人チャットグループなどを通して行った。これらのグループは地域生活情報発信、中古品交換、引っ越しの助け合い、中国物産販売などのためにつくられている。調査協力の依頼を受けたのは就労・就学のために来日する人たちで、外交、企業内転勤、技能実習などのビザをもつ者は調査対象外であった。実際、ほとんどの協力者は就労、留学ビザとその家族滞在で、そのなかの一部は調査時点で永住権を取得し、もしくは申請中である。

　インタビューは主に女性たちを対象に実施しており、夫や子どもが同席することもある。女性のキャリア形成に関する夫との交渉について夫妻同席で聞いた場合、その後は別に女性と一対一で話し合う時間帯で改めて本人の考えを確認している。この作業は主に、家族が同席することによる影響を最小限にするためである。また、調査は基本的には中国語で行い、以下の引用は筆者による翻訳である。

第8章　高学歴子育て女性のキャリア

表8.1　調査協力者家庭の基本情報

No.	年齢	来日	学歴	語学力	ビザ	職種	世帯年収(万円)	妻収入(%)	同居家族
A	30代	2015	大学院	N1	夫高度 妻家族	夫専門職 妻パート	450	15%	長男3歳 次男1歳
B	40代	2017	夫大学 妻大学院	夫N3 妻N1	夫家族→就業 妻留学→家族	夫起業中 妻学生	50	5%	長男13歳 長女3歳
C	30代	2013	夫大学院 妻大学	N4	夫留学→高度→永住 妻家族→永住	夫専門職 妻主婦	500	5%	長男7歳 長女2歳
D	30代	2020	大学院	夫N2 妻N3	夫高度 妻家族	夫専門職 妻パート	550	15%	長男5歳 次男1歳
E	30代	2018	夫大学 妻大学院	夫N5 妻N2	夫家族→就業 妻留学	夫パート 妻学生	400	10%	長男5歳 次男4歳
F	30代	2022	大学院	夫N3 妻0	夫留学 妻家族	夫学生 妻専門職	不明	80%	長女6歳
G	30代	2016	夫大学 妻大学院	夫N1 妻N5	夫家族 妻留学	夫バイト 妻学生	200	20%	長女7歳
H	30代	夫2010 妻2016	夫大学 妻大学院	N1	夫高度 妻家族	夫専門職 妻主婦	600	5%	長女1歳
I	30代	2008	大学	夫N1 妻N3	夫留学→就業→永住 妻留学→家族→永住	夫サービス職 妻学生	500	10%	長男7歳 長女2歳
J	30代	2019	夫大学 妻大学院	N1	夫家族 妻留学	夫主夫 妻学生バイト	300	90%	長女6歳
K	20代	2021	夫大学院 妻大学	夫N1 妻N2	夫留学 妻家族	夫学生 妻主婦	350	0	長女0歳
L	30代	2022	夫大学院 妻大学	N5	夫留学 妻家族	夫学生バイト 妻バイト	250	40%	長女2歳
M	40代	夫2018 妻2020	大学院	夫N2 妻N3	夫高度 妻家族	専門職	800	50%	長女11歳
N	40代	夫不明 妻2020	夫大学 妻大学院	N1	夫就業→永住 妻留学	夫バイト 妻学生	200	10%	長男2歳
O	30代	夫不明 妻2008	夫大学 妻大学院	N1	夫就業→永住家族→永住 妻留学→就業→高度→永住	夫経営 妻起業中	600	20%	長女9歳
P	40代	夫2021 妻2013	夫大学院 妻大学	夫N1 妻N2	夫留学→高度→永住申請中 妻家族	夫専門職 妻バイト	600	15%	長男7歳 長女5歳

1. ビザの種類は「家族：家族滞在」、「高度：高度専門職1号（イ）の高度学術研究活動、高度専門職1号（ロ）高度専門・技術活動」、「就業：教授、技術・人文知識・国際業務、経営・管理、教育」である。
2. 職種は調査時点のもので記入。
3. 世帯年収は税込み、万円単位。中には奨学金収入や日雇いの賃金も含まれる。
4. 妻の収入割合は世帯年収中、妻の稼得が占めるパーセンテージの目安。

　協力者家庭のプロフィールは表8.1で示す。No.は一家族を意味し、「夫」「妻」で分けて表示しない場合は、夫妻が同じ状況であることを示している。

　表8.1からわかるように、本調査の協力者は80年代後半から90年代生まれの方たちが多く、5年以内に来日する滞在歴の短い世帯が大半を占めている。にもかかわらず夫も妻も学歴が高く、そのなかには高度人材ビザの取得者も少なくない。女性たちは自分が主婦だと称しても日雇い労働などで少額ながら収入を得ており、完全に無収入の専業主婦である方は少ない。すなわち本章の分析

第Ⅱ部　日本における高学歴中国人移民女性のライフコース

対象は、若くして高い学歴と専門性を手に入れ、一定程度の日本語能力をもちながら日本に移住し、小さい子どもを育てるライフステージを経験している方たちである。

第4節　在日子育て女性のキャリア形成

4.1　ライフストーリーの概要

ここではまず、女性たちの来日とその後のキャリア形成を概観してみよう。図8.1は移行経路をTEM（伏線経路・等至性モデル）で表したものである。人生経路の多様性・複線性の時間的変容を捉え、分析する枠組みとして、TEMは女性のキャリア形成を表すために適している。

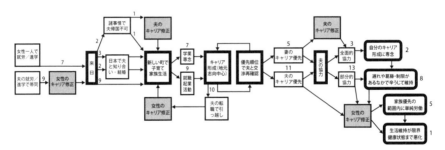

図8.1　在日子育て女性のキャリアの移行経路図

インタビューデータはMAXQDA 24を使って分析し、1,331のオープンコードから11の上位コードに絞った。これに調査時点の女性のキャリア形成状況が等しく至る点としての等至点（太い丸角枠）と必須通過点（太い四角い枠）を加えて図8.1を作成した。おおよその割合が把握されやすいよう、各径路をたどるケースの数を数字で表した。

この図からみる女性たちの経路は、いくつか興味深い点がある。まず、来日のきっかけとして、半数以上の女性は夫の就労または進学に同行する形で、自分のキャリアを修正して日本に来た。一方、女性自身の就労や進学で来日を決めたとき、夫から同行の承諾を得ずに、一人もしくは子どもだけを連れて日本

に赴いた。日本で現在の夫と知り合い、結婚するケースを除けば、結婚後に来日した女性たちはコロナ禍や予想外の妊娠などの事情で一時訪日の夫が帰国できず、または女性が入学試験に合格して奨学金も確保したことが理由で、家族同士の日本生活が始まる。

この経緯をみれば、移民として日本で暮らすようになった場合でも、男性のキャリア形成に女性を付き合わせることが多い。これに対して女性のキャリア形成に夫から全面的な協力を得られるためには、先に女性が自らの実力（学力や経済力など）を証明するか、予期せぬ出来事によってそうせざるを得ない状況に限って起こりうる。

続いて、日本で子どもを育てながらの新生活を始めた女性たちは、就職活動や起業の準備、もしくは地元の大学に進学するなど、新しい土地で自分のキャリアを続けていこうとしている。このうち、子どもが小さくても働いていなかった女性たちも、一見専業主婦として家にいる期間を就労・起業、進学の準備段階として自分のキャリア形成に組み入れて解釈している。

この段階は数か月から数年をかけているが、ほとんどの女性は家族のことを考えて就労や就学といったキャリア形成を地元志向で進めていた。ところがそこに夫の転勤または転職により、妻のキャリアが再び中断される。夫とともに移動する経験をした女性は10人いる。

ここで多くの女性は、夫と互いのキャリア形成や家族生活の営みについて交渉していた。この交渉は必ずしも互いに座ったまじめに話し合う形とは限らないが、外国人が日本での子育て生活を維持するため、家族にとって最も合理的な選択を確認する術としてよく行われてきた。

図8.1でも示したように、女性たちがキャリアの修正を余儀なくされる場合に陥るケースも、実際修正したケースも、その数は夫と比較して多い。キャリア形成は動態的なプロセスであると冒頭で述べたが、その途中経過として等至点に多くの女性たちは辛うじて自分のキャリア追求を実現しようとするか、もしくは家族優先の形で自分のキャリアを組み立て直すようになっている。

以下では夫の帯同で来日するとき、地元志向のキャリア形成が中断されるとき、そして真正面から夫と交渉するときに、夫妻間で何が起きたかを権力の観点から具体的に検討する。

第Ⅱ部　日本における高学歴中国人移民女性のライフコース

4.2　夫の帯同で見直しを余儀なくされる女性の初期キャリア

　ここでは日本に来る前までの夫妻間のやりとりについて分析する。この時点では、明らかな交渉が行われていたことが一つの特徴である。これよりも注目すべきところに、「日本に行くかどうか」は検討されるものの、「女性のキャリア」をどうするかは棚の上に置かれ、もしくは一見女性たちの自己判断に任されていたがそこに選択の幅が狭められることが多い。具体例をみてみよう。

　ケースPの場合、女性は中国トップクラスの大学を卒業し、大手企業のマーケティング業務を担当していた。当時まだ彼氏だった夫は「仕事を辞めて自費で大学院に進学したい」と相談を持ちかけてきた。これに対してP妻は、(1) 彼はとても強い決心で進学したがっている、(2) まだ結婚もしていないし、彼女としてあれこれ言って彼氏のキャリアを妨げるわけにはいかない、(3) 国内の大学院だから大丈夫、という理由で応援した。ところがその後、二人の結婚は順調にできたが、諸事情で夫の国内の進学がかなわず、日本の大学院を視野に入れた。新婚早々に夫の海外留学を目の前にしたP妻は、次のように述べた。

> 　私は（中国の）東北の出身だからね、（地域の特性で）周りの人がけっこう単身赴任が多くてさぁ、新疆とか海外とかに行って、結婚してもパートナーと離れて暮らす人が多いの。でも私はそんな暮らしをしたくない。だからもういっそのこと（仕事を）辞めて一緒に（日本に）ついていけば、一緒に暮らすことができるじゃないかなぁって。（P妻）

　このケースでは、夫の進学意思が表示されてから、結婚、国内進学ができなかった諸事情の発生、日本留学という一連の動態的な変化において、夫妻は交渉を重ねてきた。ところが終始夫の進学意思が強い点で変わりがなかった。この意味でP夫は自分の期する状態（進学）に近づいていく一方、結婚してもP妻は妻の身分でより対等に夫と交渉することができず、海外の進学先に同行するため母国における自分のキャリアを引き換えにした。P妻の選択は、夫の進学が先に決められたなかで行うしかないと制限された。

　夫が最終的に思い通りの大学院進学がかなった一方、妻は葛藤した結果、仕

第8章　高学歴子育て女性のキャリア

事を辞めて自費留学の夫と一緒に来日することになった。日本語のできない妻は夫の学費と家計を補うため、工場や厨房など単純労働のアルバイトをするしかなかった。以下のインタビューから、こうした働き方も勤務内容も、Ｐ妻が望むキャリアの積み方ではないことがわかる。「国内の正規雇用から日本でのアルバイトになって、なにかギャップを感じたり、後悔したりしませんか？」との問いに、Ｐ妻は次のように述べる。

　　とても落ち込んでいたよ。心理的ギャップというか。国内の時は展示とか企画して実施するし、残業もいっぱいで、疲れるけど、でも充実していたよ。それはもっとこう自分のキャリアって感じで、私がそれを営んでいる、自分のキャリアのために頑張っている、毎日頭を動かしている。でもこっちは機械みたいに、何のチャレンジもなく。（Ｐ妻）

　ケースＰのように半分「流されて」半分「仕方がない」形で夫の帯同として日本に来る状況は今回の調査で半数を占めている。これに対して夫と日本で暮らすことをより積極的な「自己判断」の結果として位置づける女性もいる。
　ケースＣの女性は、来日を従来の生活から脱出するための術として、自分のキャリア形成に組み込んでいる。インタビューによるとＣ妻は北京の戸籍をもち、名門大学を卒業して「事業単位」と呼ばれる政府系の事業組織に就職した。とりわけ北京の事業単位は安定した雇用と一定の社会的地位が保証される「理想的な仕事」とされている。加えて北京で120平米程度の持ち家があり、生活に関して困り事がないと述べた。にもかかわらず仕事を気持ちよくできず、海外で暮らす周りの同級生や友達のことをうらやましく思っていた。そのため大学時代から付き合った彼氏と結婚し、夫の帯同で日本に来た。それに夫の実家は貧乏で姑との仲も悪く、海外生活はそちらと距離を置くためにも好都合だと解釈した。
　この事例では、女性のキャリアを就労の意味に限定して分析すると、三具（2018）の指摘を裏付ける状況がみえてきた。すなわち女性たち自身の仕事と夫の進路において、一見選択肢はあるが、その選択は夫の進学や海外派遣が決められた前提において行ったものにすぎない。自分のキャリアを中国で積み重

229

第Ⅱ部　日本における高学歴中国人移民女性のライフコース

ねることを選べば、新婚の夫と離れてしまい、夫の実家との面倒くさい付き合いをせざるを得ない。結果的に多くの女性は自分の就労を中断し、夫とともに日本に来た。夫妻間の明らかな交渉が行われたとしても、男女の非対称的なジェンダー・アレンジメントが存在し続けている。

　ただし、キャリアを人生計画として捉えると、夫と一緒に暮らしたい、海外で生活してみたいといった女性たちの期する状態に、P妻もC妻もある程度達成できている。ここで注目すべき違いはむしろ、進学も職業上の達成も含め、自分のキャリアを思うままに形成できていた夫たちに対して、妻たちは自分の仕事や安定で裕福な国内生活などと置き換えにしか、自分のキャリア形成を部分的にしかかなえなかった点である。

　この意味で女性のキャリア形成のために来日するケースも同じである。今回の調査で留学のために来日する女性がほとんどである。したがって女性の留学生活は最初から期限付きのものとして位置づけられている。その夫は自分自身のキャリアを中断して同行する必要もなく気軽に「がんばって」と応援している。進学を決めた時点で小さい子どもがいる場合、女性たちは「子どもと離れて生活したくない」と強調して、育児役割を一手で引き受けて子連れ留学となり、家庭役割から解放されるわけではなかった。表8.1で示した「妻留学、夫家族滞在」の組み合わせはほとんど、もともと日本で生活していた夫が、妻の奨学金獲得でその扶養下の日本生活を再開するケースである。唯一夫がキャリアを修正して妻子と日本で暮らすようになったのは、中国で店の経営をしていたものの、一時訪日中に妻を妊娠させたからである。家族離れての生活を避けて出産を控える妻のケアが原因で、店を閉じて来日した。このように、女性のキャリア形成のために夫たちはほとんど自分のキャリアを代償にする必要がない点で、興味深い男女の非対称的なジェンダー・アレンジメントがみえてきた。

4.3　中断される女性の地元志向キャリア

　いずれにしても、すべてのケースでは無事日本での子育て家族生活を始めていた。そこから女性たちは自分の学業に専念するか、就労や起業の準備でそれぞれのキャリアを新しいスタート地点で形成していこうとした。前掲のケースPも、妻は日本語を学びながら、会話を必要としない工場のパッケージ作業か

第8章　高学歴子育て女性のキャリア

ら外国人観光客向けの派遣販売員に転職し、収入を増やした。

　ここで等至点として観察されたのは、女性たちが人脈も土地勘もない新しい場所でも継続的に自分のキャリアを形成しようとしていることと、そのキャリア形成が地元志向を示していることである。この地元志向について、子どもが通う保育施設や学校の近辺、いわゆる町の範囲に限定する方がいる一方、当面暮らしている市や県まで広げて女性たちは語っている。

　ところが、こうした女性たちのキャリアに対する見通しが、夫の転職をはじめとする事情で中断され、または修正せざるを得ない状況になることが多い。それに来日時と異なり、この段階では夫妻間で明らかな交渉が生じないことも一つの特徴である。

　たとえばケースMの場合、M妻は日本に来るまで欧米での留学・就職経験があり、海外駐在でたくさんの国で生活してきた。夫の進学を機に日本で暮らしてみることになったが、来日直後は正規で働かず、ママ友同士の付き合いを生かして起業の準備を始めていた。しかしそれは卒業した夫の就職で途切れ、子どもも転校して家族で隣町に引っ越した。

　　　最初に来たときはお父さんがまだ卒業していないし、私もすぐ仕事に就くことをしなかったの。来たばかりだから慣れるまでの時間がほしい。その時はア町に住んでいて子どももそこの学校に通っていた。……（ア町の小学校で）子どもに友達ができて、そのお母さんたちも私と仲良くしてくれたの。たぶん私が英語をしゃべれるから、ちょっと違う目で見られて、その（お母さんたちの）旦那さんたちも結構立派な方たちで……。そのつながりで起業でもできればとか思っていた。……でもそこ（ア町の小学校）を長く通わずに、イ町に転校したの。お父さんは（イ町にある）イ学校に就職したから。（M妻）

　このプロセスにおいてM妻は夫と交渉していなかったと聞いた。その理由は正規で就職が決まった夫のキャリアと比べ、自分の起業準備は大したものではないからである。正規雇用の仕事が優先されるべき意識は、在日外国人家族のなかでとりわけ強く存在している。

　I妻は大学留学のため日本に訪れ、その時知り合った男性と結婚した。卒業

231

第Ⅱ部　日本における高学歴中国人移民女性のライフコース

後、I妻は母校の大学院への進学が決まったのに対して、夫は他所の大学院受験に失敗し、就職活動を始めた。その結果、二人は九州から夫の就職先である関西へと引っ越し、妻の大学院進学も取りやめになった。振り返ってみると当時、夫とあまり交渉もしていなかったとI妻が次のように語る。

> もともと大学院を出たら中国に戻って就職するつもりだったの。でも一時帰国の時に咳が止まらなくて、なんか（中国の）空気がね、それで日本に戻りたくなった。……それに大学院を出たとしても、（中国では）学部生と給料があまり変わらないから、意味ないじゃないとか思って（進学を）やめた。(I妻)

　妻が「なぜ大学院に進学しなかった」ことの説明に力点を置いた一方、自分が進学さえしなければ、夫についていくことも当たり前だという考えが隠れている。そのうえ、自分は勉強好きで頑張り屋で、新しいところに行っても翻訳やらコンビニ店員やらすぐ仕事を見つけて何とかなると考えていた。一方、夫のことは「高校は地元でトップの成績を収めたのに、結局騙されたように日本の普通の大学に入学してしまった。かわいそうでもったいないよ」と説明して、交渉せず夫のキャリアを優先し、日本に同行した。

　孫（2020）によれば、明らかな交渉が発生しない場合には、潜在的権力の働きかけが存在すると考えている。つまり結果に不満を感じながらも口にすることが抑えられる力場が作用する。ところがこの観点で在日外国人たちのやりとりをみると、女性たちは当面の選択を自主的判断の結果として捉える傾向が強く、その不満も遅れた形で表れてくる。

　翻訳でも店員でもすぐ仕事は見つかると自信満々に語ったI妻は、結局働くことができないまま妊娠・出産を迎えた。インタビューで今後のキャリアをどうするかと聞いたところ、I夫から「うち（の4人家族で）は子どもの小さい時にお母さんが面倒を見てあげるポリシーだよ」と即答したにもかかわらず、夫が席を外した途端にI妻が「私はやっぱり外に行って働きたい！ 子どもの面倒を見るだけの生活はしたくない、家の細かいことばかりやるのは本当に疲れる！」と強くアピールした。当時そのように語るI妻の顔をいまでも鮮明に覚えているが、そこに夫との見えない権力作用の競い合いで蓄積してきた不満が

232

あったからかもしれない。

　こうした女性のキャリアが家族生活の見通しにおいて十分に考慮されていないことによって起こる中断・修正せざるを得ない状況は、往々にして夫たちに過小視されている。ケースKでは、夫が自分の周到な人生計画を紹介した。奨学金を獲得して自分は日本の大学院で勉強する。この間に妻も日本に来てもらって子どもを産む。妻にその気があれば日本の大学院に入学してもいいが、子育ては妻と祖母に任せる。自分は学位取得に専念しながら家計を支える。修了したら一時帰国はするが、そこから中国でキャリアを積み重ねていくか日本に戻るかは両国でネットワークをできた自分の選択次第という。

　すると夫妻二人の在学年数を計算して、「K夫さんが大学院を修了して帰国するとき、K妻さんがまだ修了していなかったらどうする」と聞いた。そこで夫は「じゃ妻が退学して一緒に帰るか、子どもを妻に残したまま私だけが帰る、そのどちらかだね」と即答した。すると出産のため入学を遅らせた妻が、「そうなったらあなたが先に子どもを連れて帰ってほしい、中国に爺ちゃん婆ちゃんもいるから手伝ってあげられるし。もうそこまで勉強したから（私は）学位は取りたいし修士論文にも専念したい」と語った。K妻がその場で反論を言えたことは、言い出すことすらできなくなるような権力関係にK夫妻は至っていない証拠であるが、そこに家族の最善と自分のキャリアを常に天秤でバランスを取ろうとする女性たちと、自分のキャリアにだけ専念できてきた男性たちの対照が際立つ。

4.4　夫との交渉と協力の得られ方

　来日するときに明らかな交渉があった。その交渉によって強化された「夫のキャリア優先」意識がその後も継続的に影響を及ぼし、女性が新しい土地で形成するキャリアは中断されても交渉をせずに受け入れた。この2点がこれまでの分析でみえてきた特徴であるとしたら、3点目の特徴として、いったん潜在的権力によって抑えられた交渉は、その後再び行われるようになることである。

　その原因として、本調査の協力者である女性たち自身も高学歴で幅広いキャリア形成の経験があり、自分の自由な選択を重視していることと、外国人家族の本来でも不安定な異国生活において交渉が必要な場面により多く遭遇するこ

第Ⅱ部　日本における高学歴中国人移民女性のライフコース

とが考えられる。とりわけキャリアの中断を経験した女性たちは、タイムラグがあっても不満を感じたところに、再び夫と互いのキャリアの優先順位について確認しようとする。その場合、語学力の違いや在留資格の取得・更新・変更、安定的な収入を確保する必要性の高さなど、どれも再び交渉するための資源として組織されうる。ところが結果は必ずしも女性たちに有利とは言えず、家族の最善を実現するために夫のキャリアが重要だと改めて知らされる場合もある。

　まずは自分のキャリア形成に専念できた女性のケースをみてみよう。ケースⅠの場合、妻が学校を通いながらコンビニ店員や大学のアシスタントをし、当時乳幼児だった子どもの世話を夫に任せた。この時点で日本の大学を卒業したⅠ夫は無職状態であった。子どもの入園をきっかけに、そろそろ夫にも働かせて二人でアルバイトしようと妻が交渉を持ちかけたタイミングで、Ⅰ妻が奨学金を獲得した。節約すればその奨学金と妻のバイト収入だけで暮らすことができるため、夫が専業主夫を継続して妻のキャリアを支えると合意をした。

　　（奨学金は）月20万もあるから。だから夫と相談して、もうあなたはバイトしなくていいよ。私たちは気持ちよくこの数年間を過ごそうと。あなたが子どもの送り迎えや家事を担当して、ご飯もつくって、そうしたら私も勉強に専念できる、後顧の憂いなしにね。(Ⅰ妻)

「それで旦那さんは納得したと？」と尋ねると次のような返事であった。

　　喜んで受け入れたよ。だってまともな人間は誰も働きたくないだろう。私だって夫が働いていないとか他人の目を気にしないタイプだから。(Ⅰ妻)

　このようにⅠ妻は自分の稼得力をアピールポイントに、夫から家事育児の全面的な協力を得て自分のキャリア形成に専念できた。その続きで調査時点でもⅠ妻は無事卒業し、正規雇用で働くことになる。今後について子どもの小さいうちはしばらく夫が非正規で働きながら子育てをする予定だと説明してくれた。

　ケースⅠが鮮明に示してくれたのは、男性も女性も家族や地域から協力をあまり得られず、異国で子育てしながら自分のキャリアを形成していくためには

第8章　高学歴子育て女性のキャリア

パートナーから優先順位の容認と実質的な協力が必要である。これまで妻たちが夫を支えてきたように、女性も夫からの全面的なサポートを得られると自分のキャリアを形成しやすくなり、やがて経済的にも家族生活を支えられるようになる。

　ところが最も多くの女性が直面しているのは、自分のキャリアが重要だと夫に認められたとしても、夫から家事育児などに関する部分的な協力しか得られず、キャリア形成において遅れが生じ、葛藤・制限があるなかで辛うじて営む状況である。

　ケースAは幼馴染の二人が一緒に来日し、夫が博士号、妻が修士号をそれぞれ取得し、子どもも生まれた。調査時点で妻はパートタイムで働きながら子育てをするが、仕事のほうは自分の専門領域で子育ても修士課程の研究と関連するからと自慢している。しかしこの状態はもうそろそろ限界だとA妻は難色を示した。夫の家事育児分担は周りの在日中国人家族と比べたらよくできているほうだが、フルタイムで働いている以上、結局協力しても限りがある。当面二人の子どもが小さく、夫には職業上の昇進を1、2年遅らせて協力してほしいが、長い目でみると家計を維持することも重要で夫のキャリアが頼りになる。このような葛藤においてA妻は夫に怒った言葉を聞かせた。

　　だから最初にはなんと言ったの？　私たち大人のほうが一緒に頑張ればなんとかなるって！　でも結局今は完全に私一人で頑張っているじゃない！　（A妻）

　A妻は調査時点で自分の職業上のキャリアを諦めるかどうかで苦戦しているが、そこに夫からの実質的な協力を得られず、またはそもそも夫のキャリア優先が夫妻間の暗黙のルールにもなった場合は、女性たちのキャリアが劣後順位にならざるを得ない。なお、家族滞在というビザ自体が、就労上の制限や家族の在留資格によって滞在を許可される特性により、家族同士で交渉を行う場面でビザの持ち主を不利な立場にする要因でもある。

　たとえばN夫は永住権がある。N妻は家族の事情で学業が遅れ、オーバードクター状態であるにもかかわらず、「留学」ビザを「永住者の配偶者等」に切り替えて休学制度の利用を拒んだ。

235

第Ⅱ部　日本における高学歴中国人移民女性のライフコース

　換えたくない。万が一何かあったら、ね。やはり自分の（独自の）在留資格が
あったほうがよくて。（夫と）話をするときも背筋を伸ばして話せるから。（N妻）

　その結果、N妻は数か月おきに入国管理局での留学ビザの更新と事情説明が
必要であっても、遅れた学業を何とか進めようとしていた。
　限界までやり通そうとする女性がいる一方、自分か夫のキャリアかをいった
ん手放して家族の最善を優先するやり方もみられる。ケースDも幼馴染の結
婚で、夫は日本、妻は中国でそれぞれ学位を取得した。妻は中国の事業単位で
就職したものの、ポストドクターの夫と同行するため離職し、以降欧米から日
本へと転々とした。英語が使えた時はもう少し自分のキャリアも形成できたと
妻が振り返ったが、日本に来ると語学力の制限で正規の就職ができず、子育て
も進学や就労の妨げになっている。

　私には職業上のキャリアをもう追い求めていないの。求めているのはお金だ
け。だから少しでも儲けて自分が食べていけたらもういいわ。二番目の子をね、
産んだら腰が痛くて、治療が必要かと思ったら、保育園に預けると腰も痛くな
くなったの。だから本当は子育てで疲れただけ。でも子どもを預けるために私
が働かないといけないし、お金をかけてジムに通うくらいなら（レストラン）ホ
ールの力仕事をするほうが、身体のためになるし、お金は儲かるし、子どもも
これで預けられたんだから。（D妻）

　夫との交渉も試みたが、結果は夫からの協力をそれほど得られたわけでもな
く、定時の帰宅にとどまった。

　夫の仕事を優先するとか言うけど、でももう今は朝8時に出勤して夜8時に
戻る働き方だから、もうそれは限界だよ。……私は仕事の内容なんて知らない
し、8時から20時まではもう12時間だから、週に1日くらい残業するし、こ
れ以上（家事育児の分担）は何も言えない。前は24時（の帰宅）もあるが、20
時で戻ってこられたらもう何よりだよ。（D妻）

第8章　高学歴子育て女性のキャリア

このケースからみえてきた可能性は、外国人が日本で暮らすようになることで、日本社会の慣行や制度政策に規定されることである。男性の長時間労働、非正規で働きながら家事育児をする女性、そして働かないと子どもを保育施設に預けられない状況などは、外国人の子育て家族においても再現する。結果的に調査時点で、Ｄ妻は家族優先の範囲内で単純労働を行い、自分には「キャリアがない」と述べていた。学業も職業も、長い目でみた人生計画の意味で、女性のキャリアは自分だけのものではなくなった。この「家族優先」においてしか考えられない限定的なキャリア形成のルートに、女性を押し戻す力が常に作用することがわかった。

なお、多くのケースは当面、女性がキャリアを断念しているところにとどまったが、少数のケースでは、貯金を取り崩す家計自体が限界を迎え、女性も心身の健康状態が悪化することがみられる。助け手の少ない海外生活では、これも一つのリスクとして考える必要がある。

第5節　おわりに

本章は日本に移住して家族とともに暮らす中国人女性たちのキャリア形成を、職業に限らず学業などの人生計画も含めて広義的に捉え、自己実現のための営みとして検討した。高学歴で小さい子どもを育てるこの女性たちのキャリア形成のリアリティを夫との権力関係において検討した。

分析の材料となるのは、祖父母等の親族が日本に定住して家事育児を協力していない、子育てのニーズも高く夫妻中心で家庭生活を営む16のケースである。全員は就労・就学で来日しており、夫妻とも高学歴であることが特徴である。

このうち女性たちのキャリア形成を主軸に移行経路図を作成すると、（1）キャリア形成は動態的なプロセスで、夫妻間の交渉や現実的な状況に合わせて常に調整されていること、（2）女性はその夫よりも頻繁にキャリアの中断・修正を経験すること、（3）異国で子育てしながら自分のキャリアを継続的に形成していくことはとても難しく、そこにパートナーから優先順位の容認と実質的な

237

第Ⅱ部　日本における高学歴中国人移民女性のライフコース

協力が必要であること、が明らかになった。調査時点をキャリアの動態的な形成プロセスの通過点として位置づけてみれば、結果的に多くの女性のキャリア形成は、家族にとって最善の選択肢と天秤にかけられていることが浮かび上がった。女性たちは利と不利を比較し、バランスを取ろうと度々自分のキャリアを修正してきた。しかし、その一方で、彼女たちのパートナーである男性のキャリアは、最初からそのような天秤にかけられずにいられることが一般的であった。

　権力の観点から夫との交渉に着目すると、高学歴で海外移住を実現した女性たちでも、過去の権力経験から再帰的な影響を受けていることがわかった。ただし、家族で海外生活を営むからこそ、家計を支えられる人の権威が強くなる意味で、経済的資源がより権力関係を大きく左右するように見える。すなわち正規雇用の職業や奨学金付きの学業をもつ人が、相手との交渉において自分の期する状態をより実現しやすくなる。

　ところが、孫（2022）に描かれた子どもの成長に伴って夫妻間の交渉が低調になる傾向を示した母国暮らしの子育て家族と比べ、海外生活のすべてを夫妻で対処しないといけないなか、交渉はさまざまな契機で再開されやすい。これは女性たちが自分だけキャリアを中断することに対する抵抗であり、それまでの学歴や職歴など、様々な人生経験から蓄積してきたキャリアを生かした結果でもある。ところが、交渉はなされていても、家族滞在ビザによる身分上と就労上の劣等感、男女の働き方などの日本のジェンダー構造、語学力という相対資源の格差などにより、比較的に制限を受けた側が交渉において不利な立場に陥る。

　そして実際の調査分析から示されたのは、そもそも外国人子育て家族として、夫妻双方のキャリアを同時に形成していくことはとても難しいことである。一人のキャリアを支えるためには、パートナーをはじめ、家族による容認と家事育児の分担をはじめとした実質的な協力が必要である。これは自ずとサポート側のキャリア修正を要請している。その結果、多くのケースで女性たちは職業や学業の遅れと様々な葛藤・制限があるなかで辛うじてキャリア形成を維持するか、家族優先の範囲内で単純労働を繰り返すことになった。

　本調査の対象となる女性たちは、80年代・90年代生まれの若い世代で、高

238

第8章　高学歴子育て女性のキャリア

学歴・専門職の方も多いものの、ジェンダー化された核家族のなかではワーク
とケアワークのバランスを取り、さらに自分なりのキャリアを形成していくこ
とは容易にできるわけではない。夫と非対称的な権力関係の裏には、こうした
構造的な課題を秘めていることが本章を通して浮き彫りになった。

付記

（1）　本研究は学術変革領域研究（A）「外国人の子育てと住まい：エスニシティ・ジェンダ
　　ー・貧困に着目する実証研究」（課題番号23H04437）、研究代表者：孫詩彧、による調査結
　　果を用いた分析で、その研究プロジェクトの一部でもある。
（2）　調査は北海道大学大学院教育学研究院の倫理審査委員会の承認を得たものである。調査
　　の実施と分析は研究倫理規定を遵守する。調査にご協力をいただいた方々、助言をいただ
　　いた先生方にお礼を申し上げる。

参考文献・資料

福田節也，2023，「高学歴女性の出生に関する国際比較分析──両性合計出生率によるジェンダ
　　ー公平仮説の検証」『人口問題研究』79(4): 360-380.
現代女性キャリア研究所，2012，「『女性とキャリアに関する調査』報告」『現代女性とキャリ
　　ア』4: 64-94.
Jaji, R., 2022, Transnational Migration and Reconfiguration of the Family in Zimbabwe.
　　REMHU: Revista Interdisciplinar da Mobilidade Humana, 30(66): 227-242.
日本総合研究所，2015，「東京圏で暮らす高学歴女性の働き方等に関するアンケート調査結果」，
　　（2024年6月14日取得，https://www.jri.co.jp/page.jsp?id=27622）．
坂爪洋美，2018，「女性のキャリア形成の現状と課題──どのような支援が求められるのか」『都
　　市とガバナンス』29: 86-94.
三具淳子，2018，『妻の就労で夫婦関係はいかに変化するのか』ミネルヴァ書房．
孫詩彧，2022，『家事育児の分担にみる夫と妻の権力関係──共働き家庭のペアデータ分析』明
　　石書店．
出入国在留管理庁，2023，「令和4年度在留外国人に対する基礎調査報告書」，（2024年6月14日
　　取得，https://www.moj.go.jp/isa/content/001402047.pdf）．
Weber, Max, 1922, *Typen der Herrschaft.*（＝浜島朗訳，1967，『権力と支配──政治社会学入
　　門』有賀閣．

第9章

在日中国人家族の育児支援利用に関する分析

田 嫄

第1節　はじめに

　本章は、在日中国人家族の子育て支援資源の利用にフォーカスし、利用のプロセス、好み、葛藤を分析する。少子高齢化社会という社会的背景のなか、コロナ禍前後における中国人家族の育児資源使用の変化を検討することで、在日中国人ないし在日外国人移民家族の育児支援ニーズの可視化につなぎたい。よって、移民家族の育児友好政策の立案の参考にできればと考える。

　日本入国管理局の統計データによると、日本に住む外国人数は2024年6月までに331万人を超えている。そのうち290万人以上が中長期在留者で、出身国ごとの人数で最も多いのは中国人の84万人、次いでベトナム人の約52万人、韓国人の約41万人となっている。同データを生育年齢である20歳以上50歳未満に限定すると、中国人は約58万人もいる。主に東京都や大阪府、埼玉県、神奈川県に居住している（図9.1）。中国人移民家族はその人口規模の大きさから、少子高齢化する社会において重要な人的資源になると言える一方、文化的な違いなどによってかれらの育児支援ニーズは日本人家族と異なっており、対応が行き届いていない可能性が高い。したがって、中国人移民家族の育児支援ニーズを明らかにし、それに応えていく努力が求められるだろう。

　近年、中国でも日本でも少子化が問題視されている。そのため、両国政府は一連の子育て支援政策を考案し、その実施を通じて出生率を押し上げようとし

241

第Ⅱ部　日本における高学歴中国人移民女性のライフコース

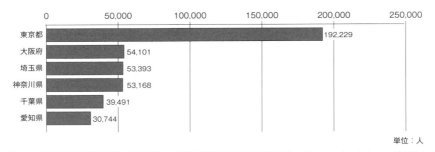

図9.1　在日中国人居住地分布

ている。日本は半世紀にわたって「少子化の罠」に陥っており、長年にわたって少子化を抑制する政策を実施してきた。この30数年間、社会経済情勢と人口変動の変化に伴い、少子化対策を継続的に調整、改善してきた。

中国人移民の育児支援政策利用を分析するにあたっては、かれらがどのような育児支援環境で育児を実践しているかを整理する必要がある。そのため、本稿ではまず、政策面から日本の子育て支援政策の現状を俯瞰してから、利用者に視点を移し、支援政策の利用の現状を整理する。

第2節　日本の子育て支援政策の現状

日本の少子化対策は1994年12月の「エンゼルプラン」から始まったと言われている。当時、晩婚化、出生力の低下が少子化の原因とされ、女性の職場進出と育児と仕事の両立の難しさや、育児の心理的・身体的負担、住宅や育児にかかるコストが社会的要因として挙げられた。そのため、「エンゼルプラン」では保育サービスの増量や範囲の充実などがはかられた。1999年には、「少子化対策基本方針」の決定に伴い、同年12月に「新エンゼルプラン」が策定された。「新エンゼルプラン」は、保育関連事業を取り込みながら保健医療体制、地域や学校、住まい、雇用環境の整備など、さらに支援の範囲を拡大し、数値的目標も設定した。

2000年代に入ると、男性の育児参加の促進が政策に取り入れられた。2003年「少子化社会対策基本法」の成立とともに、「少子化社会対策大綱」が閣議決定された。同大綱では、就学前児童の教育・保育や小児医療の充実、育休制度の推進などを中心に支援の充実がはかられた。同年、国・自治体・事業主の次世代育成支援のための行動計画を定める「次世代育成支援対策推進法」が制定された。さらに、2010年代後半から現在に至って、結婚・妊娠・出産支援や再就職支援、男性の家事・育児参画、働き方改革などのような新たな支援がさらに加えられた。深刻化する少子化現象に対応するため、2023年12月には「子ども未来戦略」が策定された。「若者・子育て世代の所得を増やす」「社会全体の構造や意識を変える」「社会全体の構造や意識を変える」を理念に、子育て支援策において、産後ケアから放課後児童サービスまでの支援を全面的に強化しようとしている。

日本政府が1994年にエンゼルプランを導入し、少子化対策に乗り出してから30年が経過した。少子化対策は、子育て時間の確保、経済的な補助、子育て場所の確保など、幅広い分野に及んできた。しかし、日本の出生率は依然として低下を続け、合計特殊出生率は1989年の1.57から2005年の1.26に至り、さらに2019年の出生人口数は約86万人と5年連続で前年を下回り、過去最低を更新した。厚生労働省の「令和5年人口動態統計月報年計（概数）の概況」によると、2023年の日本の出生人口数は、前年よりも4万人以上少ない72.7万人となっている。これは出生率が6.0%までに低下することを意味し、減少が加速し始めた2016年以降の最大値となり、2019年に匹敵する値である。日本の内閣の文書によれば、長い目でみると、将来的な日本の出生率の低迷は、年間100万人の大都市が消えるのと同じレベルで人口が減少することを意味するという。

第3節　中国人移民の子育て支援サービス利用現状

在日外国人女性は育児の過程において、文化の相違による葛藤やジレンマ、サポートを獲得する際の困難さ、孤立感の経験をもち、これらに応じたサポートや政策上の支援が必要と言われてきた（川崎 2014）。日本における中国人移

民の子育て行為にフォーカスした研究は数が限られており、かつては言語能力や日本社会への適応の問題、育児ストレスに焦点が当てられていた。これらの問題は単独的に作用するものとしてではなく、互いに影響し合い、中国人移民の子育て行為において、支援すべきニーズとして取り上げられている。たとえば川崎・麻原（2012）は、日本で育児する中国人女性が中国と日本の育児文化のそれぞれにいかに対応し、文化の相違による困難や葛藤を乗り越えて、子育てをしているか、その過程を詳しく分析し、女性の異文化適応における各段階への支援の必要性を示唆している。

　実際は、産前産後休暇、育児休暇、出産補助金、育児補助金、子どもの医療費補助などの経済的支援政策については、中国人移民の子育て家庭は、概して日本におけるこれらの政策による支援を積極的に活用する意欲が高い（李ほか 2015a; 鈴木ほか 2018）。しかし、そのなかで注目すべき現象は、正規雇用の女性社員では産休や育児休暇の取得率が著しく高く、臨時雇用の女性社員では取得率が相対的に低いことである。加えて、日本の保育所の利用においては、無職や片働きの家庭にとって、政策的な制限があるため、入所が困難になる現象がしばしばみられる（たとえば、楊・江守 2010）。

　既存の中国人移民の育児研究を振り返ると、鄭（2006）の研究は画期的である。鄭の研究では子育てサポート資源の利用に目配りし、移民の子育て行為そのものにフォーカスするための研究視点を提供した。鄭の研究結果によると、在日中国人移民の家族構成は、移民と日本人の配偶者、家族の属性の違いなど、多様であるにもかかわらず、一般的に家族や親族に主たる育児支援を求める傾向があることが明らかになった。この知見は、その後の研究でもさらに検証されている（たとえば、李ほか 2015a; 鈴木ほか 2018; 張 2019）。

　近年、中国人移民の育児における新たな特徴として、IT技術の発達に伴い、ソーシャルソフトの活用により、育児者の両親である祖父母と連絡を取りやすくなり、頻繁かつ柔軟な情報交換が実現できるようになった（鈴木ほか 2018）。このような現象は、間接的に、祖父母の直接的な育児への関与を減少させ、育児に夫婦が主体的に携わる傾向を強める（鈴木他 2018）ことにつながった。さらに、家族や親族の資源に加えて、公立保育所や私立幼稚園、保育家事代行サービスなどの外部資源を積極的に活用する家庭もある。特に、中国人移民は、

育児不安に直面した際、家族や親族の支援に主に頼る傾向に変わりはないものの、育児家事サービス、ファミリーサポートセンター、一時保育、育児相談など、さまざまな政策的支援の利用にも同様に強い関心を示している（楊・江守 2010; 李ほか 2015b）。しかし、移民は現地の政策や文化への理解が乏しいため、こうした育児政策の活用に一定の困難を抱えることから、育児支援政策の活用方法に関する指導のニーズも高まっている（川崎・麻原 2012）。

第4節　中国と日本における子育て支援の支援効果

　社会的支援は子育て支援の上位概念である。本研究では、社会的支援に「対人関係を通じて提供される手段的・表現的援助」の定義を援用する（稲葉 1992）。欧米の子育てにおいては、配偶者の育児参加が最も重要であり、そのほかの支援は補助的であることが示されている（Cutrona 1996）。日本では、子育ての責任は主に母親が担い、配偶者の育児参加が少なく、祖父母からの支援もある（落合ほか 2004; 西村 2014）。日本財団が実施した国際調査では、「仕事と育児を両立できる環境はまだ完全ではない」という認識をもっている人の割合が、日本は調査対象となる8か国（中国、日本、米国、韓国、フランス、イタリア、スウェーデン、デンマーク）のなかで第1位である（日本財団 2021）。日本社会では、「育児にかかる過大な経済的負担」や「育児責任の女性への過度な集中」が、少子化傾向の重要な要因として広く捉えられている。日本は「子どもを産み育てるのに適した国ではない」と回答した人が全体の70％にも達している（日本財団 2021）。この数値は、現在の子育て環境に対する日本国民の全般的な不満を浮き彫りにしているだけでなく、日本政府が関連政策を実施するうえで直面する深刻な課題やジレンマを明らかにしている。日本政府は、少子化問題への対処を目的とした一連の育児環境の改善のための政策を導入しているが、国民からのフィードバックによれば、これらの政策の成果はまだ社会の期待に応えていないと言える。

　中国には、古くから深く根付いた伝統的な慣習として共同育児があり（費 1947）、子育てにおいて祖父母がきわめて重要な役割を担っている（鄭 2003）。

特に都市部では、若い夫婦が子育ての問題に直面したとき、必要な子育て支援を家族や近所の知人といった個人的なネットワーク資源に頼る傾向がある（程 2012）。中国の共同育児は、「多世代協力」モデルを構成しており、若い夫婦が経済、家事、育児などさまざまな分野で両親から実質的な援助を受ける様子はしばしばみられている（施 2018）。

　家庭内の人的支援は充実しているようにみえるが、日本財団（2021）の調査結果によると、中国社会においても「育児にかかる経済的負担」は重いと挙げられている。また、「仕事と育児を両立させる環境が整っていない」「育児負担が女性に偏っている」などのような日本と同様な状況が中国でも問題視されている。これは、キャリアと家庭の両立を目指す中国の若者が直面する共通の課題を反映している。育児政策への満足度を評価する場合、中国はユニークな現象を呈しており、50歳以上のコーホートは概して既存の子育て支援政策に高い満足度を示している。しかし、出産適齢期である40歳未満のコーホートの満足度は明らかに低下傾向にある。この変化は、改革開放政策の深化による社会構造の変化や経済発展に起因すると考えられる。また、より豊かな社会環境で育った若い世代の育児理念、子育てのニーズ、追求する生活の質が変化していることを反映しているのかもしれない。以上のことから、中国の育児文化をもちながら、日本で子育てを実践しているため、中国人移民家族が育児の過程において多重な葛藤を抱えている可能性も考えられる。新型コロナウイルスの世界的なパンデミックにより経済的圧力や国際移動の制限を経験したことで、家庭や個人の子育てストラテジーや資源活用の選好が変化した家庭があるかもしれず、その選好がポストコロナ時代に引き継がれるかどうかも、今後の子育て政策立案の方向性を左右する要因の一つであるため、さらに確認する必要がある。

第5節　分析方法

　本章では、半構造化インタビューを用いてデータを収集した。文字データの分析には、佐藤（2009）の帰納法と演繹法を参考にし、分析ソフトウェア

第9章　在日中国人家族の育児支援利用に関する分析

表9.1　協力者一覧表

No.	年齢	学歴	居住地	就業状況	家族年収	兄弟姉妹の有無	配偶者年齢	配偶者就業状況	兄弟姉妹の有無	子どもの年齢	祖父母との居住状態	インタビュー回数
A	30-39	大学	東京	正社員	1000万円以上	有	30-39	正社員	有	1.3歳	別居	2022年一回
B	30-39	大学院	東京	パート	1000万円以上	無	30-39	正社員	無	1歳	別居	2022年一回目 2024年二回目
C	30-39	短期大学	東京	正社員	800万円～1000万円	有	30-39	正社員	有	1.3歳	別居（夫実家：日本；妻実家：中国）	2022年一回目 2024年二回目
D	30-39	大学院	大坂	正社員	800万円～1000万円	無	30-39	自営業	無	第1子3歳；第2子：10ヶ月	別居	2022年一回目 2024年二回目
E	30-39	大学	東京	正社員	1000万円以上	有	30-39	正社員	有	2.8歳	別居	2022年一回目
F	30-39	大学院	東京	正社員	600万円～800万円	無	30-39	正社員	無	2歳	別居	2022年一回目
G	30-39	大学院	東京	正社員	1000万円以上	無	30-39	正社員	無	6ヶ月	別居	2022年一回目 2024年二回目
H	30-39	大学	東京	正社員	600万円以上	無	30-39	正社員	無	5歳	別居（夫実家：日本；妻実家：中国）	2024年一回目
I	30-39	大学	東京	正社員	1000万円以上	無	30-39	正社員	無	5歳	別居	2024年一回目
J	30-39	大学	東京	正社員	900万円以上	無	30-39	正社員	無	5歳	別居	2024年一回目
K	30-39	大学	東京	正社員	800万円以上	無	30-39	正社員	無	5.5歳	別居	2024年一回目

MAXQDA 2018（バージョン 18.0.8）を使用してカテゴリー化を行った。研究目的に基づき、中国人移民の協力者11名を選定した（表9.1）。育児サポート資源の利用に対する配偶者の文化的背景の影響を考慮し、夫婦ともに移民である家庭を対象とした。育児期の違いによる支援政策の変化やコーホートの差異による分析結果への影響を避けるため、協力者の年齢は生殖年齢に該当する

第Ⅱ部　日本における高学歴中国人移民女性のライフコース

表9.2　中国人移民の子育てにおける困難とサポート資源の利用状況

情報的困難	評価的困難	道具的困難	情緒的困難
・情報単一化 ・親族の育児アドバイスが時代遅れ ・親族のアドバイスの無力化	・夫から理解の無さ	・睡眠不足 ・生活リズムの乱れ ・入園困難 ・医療施設の不適応	・情緒不安定 ・復職への焦り
情報的サポート	**評価的サポート**	**道具的サポート**	**情緒的サポート**
・区役所 ・インターネットサイト ・WeChatグループ ・APP —レッドブック[1] —ティックトック[2] ・移民グループ ・育児書	・WeChat[3]グループ —育児ママチャットグループ —家族チャットグループ	・祖父母育児援助 ・配偶者育児参加 ・社会施設 —産後ケア施設 —児童会館 ・ヘルパー —ヘルパー（区派遣） —ヘルパー（購入） ・病院 —ネット病院 —病院	—育児ママチャットグループ —家族チャットグループ

1. レッドブック「REDBOOK（小紅書）」とは中国のSNSツールであり、動画と写真投稿ができる。
2. ティックトックとは中国の企業であるバイトダンス（ByteDance）が運営する動画投稿アプリである。
3. WeChatとは中国のIT企業テンセントが提供するスマートフォン向けの無料通信アプリであり、中国最大のチャットアプリである。

1980年代生まれの既婚女性に限定した。また、子どもの年齢は6歳未満とした。協力者の特徴は、短大から大学院卒業、都市部（主に東京）在住、就業経験がある、世帯年収が600万円以上、配偶者が有職であり、親と別居していることである。インタビューにあたっては「出産前の育児サポート資源の利用計画」「出産後の育児サポート資源の利用状況」「育児期間中に利用する公共サポート資源とその取得方法」に焦点を当てて行った。

　本章では、厚生労働省が公表した社会的支援の分類に基づき、社会的支援の利用状況を分析し、インタビューで得られた社会的支援に関する個人の語りを分類した。支援の分類には、「情報的支援」（問題解決に必要なアドバイスや情報を提供するもの）、「道具的支援」（有形の物品やサービスを提供するもの）、「情緒的支援」（共感や感情面での支援を提供するもの）、「評価的支援」（積極的な評価を提供するもの）が含まれる（厚生労働省『健康用語辞典』より）。支援の分類を参考にして、語りから協力者が抱える育児の困難を「情緒的困難」「道具的困難」「感情的困難」「評価的困難」の4つに分類した（表9.2）。

第9章　在日中国人家族の育児支援利用に関する分析

第6節　中国人移民の育児サポート資源の利用プロセス

　中国人移民の子育てにおける困難、それに応じて利用した育児サポート資源をカテゴリー化にし、図9.2にまとめた。以下では、中国人移民はどのようなプロセスで各サポート資源を利用しているのかについて、述べていく。

6.1　情報サポートの利用プロセス

　図9.2は、情報サポートの利用プロセスを示している。情報収集に関しては、中国人移民が移民在住者の多い地域に居住しているため、育児者たちの情報収集は依然として「移民から移民へ」という形で行われており、結果として情報が単一化してしまう問題がある。たとえば、Eさんは「（近所には）日本人はいない。私の生活環境ではつながりがない」と述べている。そこで、周りの近隣住民よりも、区役所の育児支援サービスや経済的支援に関する広報が、情報サポートの主な情報源となっている。たとえば、中国人移民が多く集まる地域に居住しているAさんは、妊娠後すぐに区役所に行き、母子手帳や関連資料を受け取ったと述べている。その資料のなかには妊娠・出産の過程全体に関する

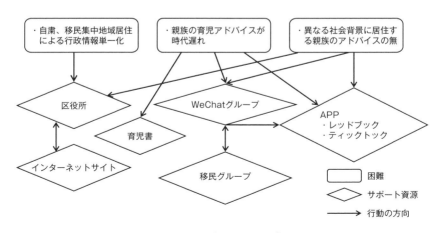

図9.2　情報サポートの利用プロセス

249

第Ⅱ部　日本における高学歴中国人移民女性のライフコース

詳細な説明や、各種支援政策の説明が含まれている。

　また、コロナ禍により外出が制限され、対面での交流の機会が減少したものの、育児者たちはインターネットを通じて頻繁に交流している。彼女らは、区役所やウェブサイトから収集した情報を、WeChatのママグループでほかの育児者と共有しながら、情報内容に関する議論も行っている。たとえば、Fさんとその配偶者はともに高学歴であり、育児に慎重であるため、育児に疑問をもつ場合には、まずWeChatのママグループで先輩ママの意見を求め、次にインターネットで収集した情報と照らし合わせ、最後にWeChatグループ内でそれらの情報を取捨選択して議論するという情報収集方法を取っている。

　乳幼児の体調や日常のケアに疑問が生じた場合、育児者たちは祖父母に助言を求めることが多い。しかし、居住環境や文化的背景の違いから、祖父母の助言は日本の現地生活には合わないことが多く、迅速な問題解決には至らない場合が多々ある。そのような場合、育児者たちはWeChatのママグループや育児書を通じて解決策を探したり、WeChatママグループを通じて知り合った移民団体から援助を求めたりする。また、赤ちゃんの日常のケアに関しては、小紅書（RED BOOK）やTikTokのようなアプリで関連情報を検索し、他者の経験から学ぶことが多い。しかし、膨大な情報を取捨選択する必要があるため、育児者たちはしばしば不安を感じている。たとえば、Bさんは「もうネットで検索しない。検索すればするほど不安になる。病気のこととか見ていると、精神的にやられてしまう」と述べている。

6.2　道具的サポートの利用プロセス

　図9.3は、育児における道具的サポートの利用過程を示している。育児者たちが直面する有形の物品やサービスのような道具的面での困難には、睡眠不足、生活リズムの乱れ、中日間の医療診察スタイルの違いによる医療施設の不適合、そして非正規雇用者や夫婦の一方が無職の家庭における保育所入所の難しさが含まれる。

　道具的サポート資源の利用に関して、多くの育児者は当初、中国から祖父母を日本に招待する予定であった。このことから祖父母が依然として育児における最優先のサポート資源と認識されていることがわかる。しかし、新型コロナ

第9章　在日中国人家族の育児支援利用に関する分析

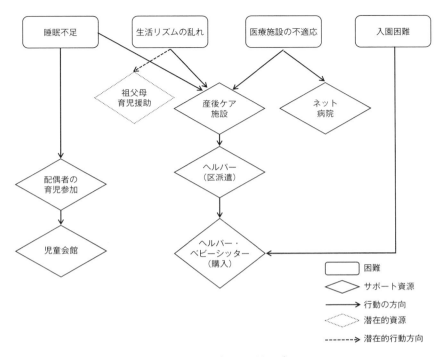

図9.3　道具的サポートの利用プロセス

ウイルスの影響で日本への入国が制限されたため、パンデミック初期には祖父母が日本での育児に参加することが困難であった。このため、区役所が紹介する産後ケア施設が、出産後の重要な道具的サポートとなった。たとえば、Bさんは当初、両親を日本に呼んで育児を手伝ってもらう予定であったが、ビザの問題で実現できなかった。そのため、配偶者が勤務形態を在宅勤務に変更し、さらに育児休暇を取得し、育児に時間を当てた。配偶者が仕事に復帰した産後1か月半後、Bさんは産後ケアセンターに入所した。

しかし、区からの産後ケアセンターへの補助は1週間のみであるため、退所した後、一部の育児者は区役所が紹介する家政サービスや育児ヘルパーを利用することになる。区からは一定の費用補助があるものの、家政サービスの業務範囲や雇用時間には契約上の制約がある。より長時間のサービスを希望する育児者は、自費で家政サービスを購入し、全額を負担しなければならない。た

251

第Ⅱ部　日本における高学歴中国人移民女性のライフコース

えば、Aさん、Bさん、Cさん、Dさん、Fさんの場合は、祖父母は直接育児に参加していないものの、ほとんどが経済的支援を行っており、その支援は家政サービスなどの育児費用に充てられている。祖父母の道具的サポートは間接的であるが、依然として重要な役割を果たしていることがみてとれる。同時に、配偶者の育児参加もまた重要なサポート資源である。たとえば、Aさんの子どもは腸が張りやすく、夜間に頻繁に泣き続けることがあり、Aさんは何度も夜中に起きて授乳することに苦しんでいたが、配偶者の育児参加があったことで、最も厳しい時期を乗り越えることができた。また、育児休暇を取得しやすい企業で働く配偶者は、通常、育児に積極的に参加しており、子どもを児童センターに連れて行くことで、哺乳期間中の女性がより多くの休憩時間を取れた。

　また、中国には出産や育児に関して多くの独自の概念があり、日本の病院でのケアはこれらの概念に合わないことが多いため、医療施設の不適合という問題が生じる。たとえばGさんは、日本に長年住んでおり、自身も医療関連の仕事に従事しているが、彼女もまた育児文化の違いを感じている。Gさんは次のように述べる。

　　　病院では、赤ちゃんが泣き叫んで本当に限界に達した状態にならない限り、看護師は何も聞かない。「どうしたんですか？　手伝いが必要ですか？」と尋ねてくるが、自ら進んで助けを申し出ることはない。文化的な違いがある。

　この問題は、母子を産後ケアセンターに移すことである程度緩和されている。医療施設の不適合は、ほかにも子どもが病気であるのに病院が営業時間外である場合や、医師の診察スタイルが受け入れがたいと感じる場合にも表れている。Bさんは、子どものアレルギーで診察を受けた際、日本の医師の説明が曖昧であり、結論を示さないため、どう対処すべきか戸惑ったと述べている。

　病院の診療時間が短いという問題は、オンライン診療を利用することである程度緩和されているが、オンライン診療を行うのも日本の医師であるため、診察スタイルにおける文化的な隔たりは依然として解消されていない。

　ほかに、保育政策が共働き世帯に偏っているため、非正規雇用世帯では幼児の保育所入所が困難になる問題がある。Bさんはずっと臨時雇用で働いており、

出産後は無給の休職を選択した。保育所入所の難しさに直面したBさんは、市場で提供されている家政サービスを購入し、仕事復帰のための時間を確保した。

6.3　情緒的サポートの利用プロセス

図9.4は、情緒的サポートの利用過程を示している。情緒的な困難は、主に断続的な不安や職場復帰に対する迷いに現れている。たとえば、Aさんは出産後にホルモンバランスが乱れ、「突然泣き出したり、感情が急に爆発したりすることがよくあった。病院にいるときから泣き始め、家に帰ると性格が一変した」と述べている。またEさんは、「衣来伸手、飯来張口（何もせずに他人に依存する）」という妊婦生活に耐えられず、停滞したキャリアに対して不安を感じている。

　　　気分が悪くて、仕事をしていないととてもつらい。それは私のキャリアであり、2018年の年末に日本に来て、実際に日本で働いたのはまだ1年しか経っていないような感じで、キャリアがようやく軌道に乗り始めたところで、それが突然止まってしまった。（Eさん）

このような不安定な感情や将来の迷いに対処するため、WeChatのママグループや家族グループが重要な情緒的サポートとなっている。たとえば、Aさんはママグループが自分と外界とのつながりを提供しており、配偶者には話せない悩みや感情をグループ内のママたちと話すことで、気持ちを和らげることが

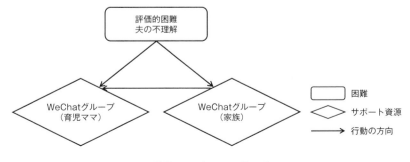

図9.4　情緒的サポートの利用プロセス

できると感じている。

6.4　評価的サポートの利用プロセス

図9.5は、評価的サポートの利用プロセスを示している。評価に関する困難は、主に配偶者が家政サービスの利用に理解を示さない点に現れている。たとえば、Bさんの配偶者は、産後1か月半にわたり在宅勤務や育児休暇を活用して育児に積極的に取り組んでいたが、出社勤務に戻った後、配偶者からの育児サポートが減り、Bさんは疲弊を感じ、区の補助範囲内で1時間当たり150円（約10元）で家政サービスを利用したいと考えた。しかし、配偶者はBさんの考えに反対し、家政サービスの利用は新型コロナウイルス感染のリスクがあり、またBさんはすでに休職しているため、追加のサポートを必要としないと考えていた。

このような否定的な評価に対して、協力者たちはしばしば自身の不満をWeChatのママグループや家族グループで共有し、そこで評価的なサポートを得る。Aさんは、WeChatのママグループのほうが家族グループよりも前向きな評価や反応を得やすいと感じており、「むしろほかのママたちと話すほうが、共感を得られるし話が合う」と述べている。

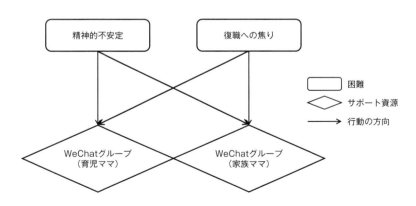

図9.5　評価的サポートの利用プロセス

第9章　在日中国人家族の育児支援利用に関する分析

| 第7節 | 育児サポート資源の利用の３つのモデル |

　2023年頃、新型コロナウイルスパンデミックによる外出制限は徐々に緩和され、国境を越えた行き来ができるようになった。中国人移民の育児は過去のような祖父母支援を中心に頼る形に戻るのか、コロナ禍でできた育児スタイルを維持しているのかを確認する必要がある。育児スタイルの変化を検討することによって、これからの育児支援ニーズの明確化が可能になると考えられる。2024年に行った調査データをもとに、現在の育児スタイルにおける３つのタイプを明らかにした。

7.1　外部資源、祖父母支援併用型

　Ｈさん家族の育児は、本人が60％、配偶者30％、祖父母10％との分担で行われている。Ｈさん本人の主張によれば、は自分のエネルギーを家事育児と自分自身に半分ずつ使っているとのことである。

　Ｈさんは大学卒業後来日し、最初は進学するつもりだったが、就職が決まったことをきっかけに、日本で正社員として働き始めた。後に結婚し、出産した。Ｈさんの配偶者も正社員で仕事が多忙であり、対人サービス業のため、在宅勤務も取り入れにくい。夫の両親は日本に住んでおり、まだリタイアしていないが、必要な時には声をかければ育児の手伝いをする。妻Ｈさんの両親は来日していないものの、時々経済的な援助をしている。

　Ｈさんは、出産した直後は日本の産後ケア施設を利用せず、家で夫婦中心的な育児を行うた。配偶者と二人三脚で育児をし、子どもが生後6か月の時に、保育園に入園させた。Ｈさんにとって、生後6か月間の育児期間は自分に使う時間がほとんどなく、自分をなくしたような体験であった。子どもを保育園に預けた後の感想を以下のように語った。

　　　子どもを保育園に送った後、全体的に自分の状態が良くなった。まずは自分
　　の感情を安定させないといけないからね。……私は自分を失うわけにはいかない、

255

第Ⅱ部　日本における高学歴中国人移民女性のライフコース

自分を大事にしないと。夫が休みの日には、すぐに息子を連れて私の視界から離れてもらっている。

このように、Hさんは自分の時間と居場所が必要であることをアピールしている。外部の育児資源に関して、Hさんは保育園や児童会館などのような施設を積極的に利用している一方で、インターネット上の情報に関しては、慎重的な態度を示す。とくに、チャットグループ（Wechatのグループを指す。以下同様）でのコミュニケーションはストレス解消の手段でなく、悩みをもたらすものと認識している。

（チャットグループで）他の人と話した後はとても気が滅入って、夫婦関係にも影響する。だから、保育園のことについてもう見たり話したりしないようにできないかなと思って、ドアを閉めて、自分でどうするかを考えるようにしています。（配偶者と）話し合い、ネットで育児に関するものを見るのはやめて、……問題があれば先生と直接面談するか、病院に行くようにしている。ネットでの情報を見たりはもうしない。

祖父母の支援もHさん家族の育児に大きな支えとなっている。祖父母は経済的なサポートだけでなく、時には育児補助的な育児手伝いも行っている。コロナ後には、Hさん家族の活動範囲は徐々に広がり、子どもを連れて東京周辺に行くだけでなく、全国に範囲を広げて旅行したりするようになった。

7.2　外部資源活用型

Bさん家族の育児は、本人が65％、配偶者35％との分担で行っている。Bさん本人の主張によれば、自分のエネルギーを家事育児に60％と自分自身に40％に使っているとのことである。

Bさんは留学生として来日し、その後就職して結婚、出産した。出産した当初は夫婦中心の育児を行っていた。産後ケア施設などをフル活用することはもちろん、インターネット上の情報の収集やチャットグループへの参加も積極的に行っている。祖父母の支援は経済的な気持ちのものだけにとどまり、外部資

256

第9章　在日中国人家族の育児支援利用に関する分析

源を積極的に活用する傾向がうかがえる。

> コロナの時には、祖父母には来てもらえなかった。今は一番大変な時期を乗り越えて、今年の２月に初めて帰省した時、祖父母は初めて子どもに会った。……遊びに来てもいいけど、子どもの世話はしなくて大丈夫。

　Ｂさんは現在では子どもを保育園に預け、仕事と家事育児の両立をはかっている。保育園から事前にスケジュールをもらえることは仕事との調整に非常に役に立つと述べている。

> 今は主に私と夫が育児をしている。それから、保育園にも通っている。……最近は児童館がたくさんあって、そこで水泳教室や体操教室が開かれていて、とても安いし、なかには無料のものもある。

　このように、Ｂさんの家庭では、コロナ後に移動制限が解けてからも夫婦中心の育児を行い、祖父母の支援よりも外部資源を中心に活用している。ポストコロナでは、会社の仕事スタイルが変化され、在宅勤務やフレックスタイムの利用が一層便利になり、Ｂさんの家事育児と仕事の両立に役に立っているようである。

7.3　祖父母資源活用型

　Ｇさん家族の育児は、本人が40％、配偶者30％、祖父母30％との分担で行っている。Ｇさん本人の主張によれば、自分のエネルギーを家事育児に40％、自分自身に60％使っているとのことである。

　Ｇさんは留学で来日し、同級生の夫と知り合い、一緒に就職活動をしていたが、出産をきっかけに就活を中断した。配偶者は外資系大手企業に就職し、経済的な余裕をもっている。Ｇさんも出産してしばらくしてから、就職活動を再開し、現在正社員として働いている。

　Ｇさんは出産した当時から祖父母を日本に招く予定であり、コロナ禍で移動制限が設けられているにもかかわらず、政策が少し緩和した時、すぐ祖父母に日本に来てもらった。

257

第Ⅱ部　日本における高学歴中国人移民女性のライフコース

　　パンデミックの時期にはやはり祖父母に来てもらった。感染のリスクはあっ
　　たが、子どもが本当に小さかったので、いろいろな危険を冒してでも、かれら
　　は来てくれた。

　祖父母は現在でも中国と日本の間を行き来しているようである。Gさんの話
によると、ポストコロナでは、会社で働き方が一層柔軟的になり、在宅勤務や
フレックスタイムが利用しやすくなり、「子どもの世話や送り迎えにはとても
便利」とのことであるが、「でもやはり子どもの祖父母に日本に来てもらって
いる。かれらには主に私たちの食事をつくったり、子どもと遊んだりしてもら
っている」。このように、Gさん家族は祖父母が提供する育児支援を活用する
育児スタイルを行っている。

第8節　おわりに

　中国人移民の育児支援資源の利用に関する好みを分析した結果、コロナ禍で
の育児支援資源の利用の主な特徴は「戦略的な外部化育児」「戦略的なクラウ
ド化育児」「精神的支援のバーチャル化」の3つにまとめられる。戦略的な外
部化育児として、産後ケアや家事手伝いサービスなどの政策的な外部資源を活
用していることが挙げられる。また、戦略的なクラウド化育児として、インタ
ーネットを通じて育児情報を収集し、育児の悩み相談を行い、医療支援を受け
ることがみられる。さらに、精神的支援のバーチャル化として、家族や友人の
チャットグループに感情を吐露することがみられる。これらの特徴は、新型コ
ロナウイルスパンデミックの影響で特に顕著となり、祖父母から直接的な育児
支援が受けにくい状況だったため、育児者は外部サービスやソーシャルメディ
アに依存するようになっている。

　新型コロナウイルスパンデミックが終わった後には、育児支援の利用に以下
のような変化がみられた。まず、自身のニーズを重視した個別化育児スタイル
が特徴である。育児者自身のニーズを出発点とし、育児戦略が多様化になって
いるが、一方で、育児資源利用のマネジメント全般が育児者の調整能力に依存

258

第9章　在日中国人家族の育児支援利用に関する分析

するため、見えない家事が増加する可能性がある。また、外部育児支援資源の受容度が高いことが特徴的である。前述の日本財団（2021）の調査結果によると、日本人家族は日本の子育て支援政策に対して不満を抱えている傾向が見られる一方で、中国移民家庭はさまざまな子育て支援政策を積極的に活用しようとしており、満足度も高い印象を受ける。政策間の連携が良好で、細部にわたる対応（たとえば、公園近くにおむつ交換の場所が設置されているなど）が評価されている。さらに祖父母のサポートには、情緒的になりかつオンライン化する傾向がみられた。日常の育児に参加できるかどうかにかかわらず、祖父母はインターネットを通じて情緒的なサポートを提供しようと努めており、これは育児者の期待でもある。祖父母が精神的に育児活動に参加できることで、祖父母の孫への関心を満たし、また祖父母からの情緒的支援を受けることができる。最後に、祖父母の育児支援における階層性がみられた。経済的に裕福で教育レベルの高い家族は、従来の家庭共同育児モデルを維持しやすいとの傾向がある。一方、祖父母からの実際の育児支援が受けられない家庭は、柔軟にネットワークリソースを活用して情緒的なつながりを維持している。

　したがって、夫婦を中心とする育児家庭が徐々に増加しており、育児者の外部サービスに対する受容度や期待も高まると予想される。これには、清掃や食事の支度のような基礎的なサービスにとどまらず、育児プランニングや産後の心理相談も含まれる。しかし、このようなニーズに応えるためには、より高度な社会的な支援が必要である。具体的には、育児情報のカバレッジの最適化、スタッフの異文化コミュニケーション能力の向上、インターネット技術の活用によるサービス効率の向上が求められる。これらの措置は、中国人移民家庭および日本人家庭が育児支援の資源をより効果的に活用することに寄与するだろう。

付記

　本章はJSPS科学費21K01879の助成を受けたものである。

　本書は「旅日中国家庭育儿支持资源使用分析」『国际社会科学杂志（中文版）』2023年、40(3)に新たなデータ分析を追加し、大幅に加筆・修正したものである。

259

参考文献

稲葉昭英, 1992, 「ソーシャル・サポート研究の展開と問題」『家族研究年報』17: 67-78.

落合恵美子・山根真理・宮坂靖子・周維宏・斧出節子・木脇奈智子・藤田道代・洪上旭, 2004, 「変容するアジア諸社会における育児援助ネットワークとジェンダー——中国・タイ・シンガポール・台湾・日本」『教育学研究』71(4): 2-17.

川崎千恵, 2014, 「在日外国人女性(Immigrant women)の出産育児経験と支援ニーズに関する文献レビュー」『日本地域看護学会誌』16(3): 90-97.

川崎千恵・麻原きよみ, 2012, 「在日中国人女性の異文化における育児経験——困難と対処のプロセス」『日本看護科学会誌』32(4): 52-62.

Cutrona, C.E.,1996, *Social Support in Couples: Marriage as a resource in times of stress*, Thousand Oaks, CA: Sage.

佐藤郁哉, 2009, 『質的データ分析法——原理・方法・実践』新曜社.

施利平, 2018, 「中国における都市化と世代間関係の変容——浙江省一近郊農村の事例研究より」『家族社会学研究』30(1): 31-43.

鈴木崇之・嶋﨑博嗣・朱彤, 2018, 「在日中国人家庭の育児形態と子育て支援ニーズに関する一考察——2005年調査と2016年調査の比較検討から」『ライフデザイン学研究』14: 21-53.

張茜樺, 2019, 「中国人の海外育児における『WeChatママグループ』の役割と問題点——日本在住の中国人母親の観点から」『未来共生学』6: 329-355.

鄭楊, 2003, 「中国都市部の親族ネットワークと国家政策」『家族社会学研究』14(2): 88-89.

鄭楊, 2006, 「在日中国人家庭の育児形態に関する一考察——関西在住中国人家庭の育児援助の事例から」『都市文化研究』8: 72-87.

程福財, 2012, 「家庭、国家与儿童福利供給」『青年研究』382(1): 50-56.

西村純子, 2014, 『子育てと仕事の社会学——女性の働きかたは変わったか』弘文堂.

楊文潔・江守陽子, 2010, 「在日中国人母親の育児ストレス」『日本プライマリ・ケア連合学会誌』33(2): 101-109.

費孝通, 1947, 『生育制度』商務印書館.

李剣, 木村留美子, 津田朗子, 2015a, 「在日中国人母親の子育てとその家族からの支援の特徴に関する研究」『金大医保つるま保健学会誌』39(1): 109-117.

李剣, 木村留美子, 津田朗子, 2015b, 「石川県に在住する中国人母親の子育て支援に関する検討」『金大医保つるま保健学会誌』39(2): 171-179.

参考資料

厚生労働省健康用語辞典(2022年4月2日取得, https://www.e-healthnet.mhlw.go.jp/information/dictionary).

内閣府, 2020, 『令和2年版少子化社会対策白書』, (2022年2月10日取得, https://www8.cao.go.jp/shoushi/shoushika/whitepaper/measures/w-2020/r02webhonpen/html/b1_s1-1-2.html).

内閣府, 2007, 『平成19年版少子化社会白書』, (2022年4月1日取得, https://www8.cao.go.jp/shoushi/shoushika/whitepaper/measures/w-2007/19webhonpen/index.html).

日本財団, 2021, 「第3回(特別編)テーマ「少子化に対する意識・国際比較」, (2024年2月2日取得, https://www.nippon-foundation.or.jp/app/uploads/2021/03/new_pr_20210317_03.pdf).

第10章

産後うつのオートエスノグラフィー

――日本人夫をもつ中国人妻の事例

劉 楠

第1節　はじめに ――疾患は人生の一頁だが、人生を狂わせることもある

　コロナ禍における外出制限と家庭外の育児サポートの喪失による「産後うつ
が倍になった」と報道された。出産・育児を経験した女性の約3割（28.7％）が
産後うつ状態にあり、コロナ禍以前の割合（14.4％）の2倍になった（Tsuno et
al. 2022）。また、父親にも産後うつの発症率も10人に1人とされている（東洋
経済 2023）。

　周知のとおり、厳しい環境に身を置くことで人は成長する。それは、精神的、
肉体的なタフネスと柔軟性、粘り強さが鍛えられるためである。その反面、過
酷な環境に常に身を置かれた人はストレスがたまりやすく、過酷な状況は脳を
壊すことでメンタル面での不調も生じやすい。精神疾患は人生の一頁だが、人
生を狂わせることもある。うつ病という見えない心の痛みは、「見えない苦し
み」であり、これほど過酷なものはない。こころの病気は誰でもかかりうるた
め、厚生労働省は「こころもメンテしよう」と呼びかけている。

　うつ病は抑うつ気分（憂うつ、悲哀、寂しさ）を主軸にして他の関連症状（精
神的不安、入眠障害、消化系症状、体重減少、自殺など）を呈する症候群である
（北村 2020: 31）。精神疾患はDSM-IVの多軸診断[1]によるものであり、診断過
程には「心理社会的と環境的な問題」の記載が必須となる。すなわち、うつ病
の発症は自然発生的にみられるのではなく、ストレスによって引き起こす（北

第Ⅱ部　日本における高学歴中国人移民女性のライフコース

村 2020: 17)。たとえば、人生の不幸な出来事、家族または他の対人関係上の
ストレスと社会援助や人的資源の不足などがストレスに該当する。また、産後
うつ病は、周産期女性に限る疾患として知られているが、それも医学（周産期
のホルモンの変動など）（北村 2020）、心理学（女性特有の心理的要因から不安障害
への影響や、心理療法による効果の測定など）（木村他 2014; 安藤 2009）、社会学
（親の養育態度、社会的・心理的ストレス、育児不安）（牧野 1988）などそれぞれ
の分野から研究が進められている。

　本章では、まず先行研究レビューを通じ、移住女性における生活基盤とネッ
トワークの脆弱さに焦点を当て、当事者の抱えている困難と活用可能な社会資
源を浮き彫りにする。次に、オートエスノグラフィーという研究手法を用いて、
筆者の事例を通して、産後うつを患う社会背景や家族の状況を分析し、とりわ
けソーシャルネットワークと帰着点に焦点を絞って考察していく（本章は、社
会学的視点であることをあらかじめお断りしておきたい）。

第2節　　先行研究

　移住した外国人の女性たちは、ライフイベントとなる出産および子育て、介
護などのケアワークを担っているとしばしば指摘されている。しかしながら、
さらに移住女性の言語、子育て情報に対するアクセス困難、貧困の偏り、ジェ
ンダーや暴力の被害（南野 2017）においても問題点が挙げられている。

　本節では、移住女性が日本に移住してからの適応および国際結婚におけるさ
まざまなストレスについて先行研究レビューを行うこととする。

2.1　異文化理解と夫婦関係 ——日本社会と人間関係の特徴からみた国際結婚

　日本では、感情表出を抑制することがより好ましいとされる文化規範があり、
夫婦間でも自分の思いを率直に示す、配偶者への愛情や感謝の気持ちを言葉で
明確に表すなどの情緒的表現は、欧米の夫婦と比べてかなり抑制的である（東
原 2003）。ほかに、国際結婚の家族では、お互いの思いをわかり合おうとする
機会が不可欠であると指摘される（蛎崎 2009）。

第10章　産後うつのオートエスノグラフィー

　日本における国際結婚夫婦は、お互いの感情や情報を伝達し合い、夫婦間で共感・共有しようとするコミュニケーション態度をとっていると認識されており、親密な夫婦関係を築こうと心がけている（伊藤 2009）。しかし、親和的な態度をとりながらも、日本人夫よりも外国人妻のほうが自分のコミュニケーション態度が不適切で、非円滑な態度を多く感じるのは、主な使用言語が日本語であるためだ（伊藤 2009）と考えられる。

　そして、日本語を母語とする女性と日本語非母語話者との、日本語での会話を比較分析した結果、日本語を母語とする女性のほうが話題転換の主導権を握るという知見が得られている（小田切 1999）。さらに、外国人妻と日本人夫の国際結婚においては、使用言語の母語話者である日本人夫のほうが、夫婦の会話の主導権を握りやすいと推察される（伊藤 2009）。つまり、外国人妻（非欧米系出身）の母語が活かされる機会が少ないため、コミュニケーションに対する負担や不安は、外国人妻のほうにより重くのしかかる。よって夫婦の力関係は、ほとんど日本人配偶者に向けて傾斜し、日本人の夫が優勢である（伊藤 2009; 曲 2009）。

　また、日本の人間関係の特質として「異質性への認識の欠如」が指摘されている（中根 2002: 110-122）。日本社会では、異質性の欠如があるゆえに、移住女性同士においても、日本語を強要するといった「同化圧力」（大野 2022: 185）がある。

　そこで、異文化間カウンセリングにおける相談内容としては、「話し相手」のような相談や離婚相談が多く、心理的な問題を抱える相談は、全体の約5％を占める（一條 2018）。それに、日本人配偶者である結婚移住女性における家庭内不和や離婚問題は、移住女性の異文化ストレスが関連している。さらに、移民の女性のストレスには、社会文化ストレス、言語ストレス、離郷ストレスがある（一條 2018）。沖縄県における研究（古波蔵 2010）からも同様の傾向が示されている。異言語や文化、生活習慣などの違いによって生じる、夫婦間相互の主張の理解不足、精神的・情緒レベルの気持ちの疎通不足、さらに生活上でのくい違いでストレスが生じやすいこと、その他、移住女性側の経済的な弱さ、家族などのインフォーマルな支援不足などの課題もあり、異文化ストレスにおいてソーシャルサポートが行き届いていない現状が指摘されている（古波

263

第Ⅱ部　日本における高学歴中国人移民女性のライフコース

蔵 2010）。ただし、管見の限り、これまで高学歴の移民女性を対象とした研究の蓄積が少なく、世間一般に言われている日本語コミュニケーションに問題なく、経済的に自立している高学歴移住女性の問題とそれに応じた支援に着目した研究はほとんどない。

2.2　移住女性の就労・社会関係とストレスの関連

　また、女性の就労の有無、社会関係の広さ（同胞ネットワーク、日本人ネットワーク両方を含む）が情緒の受領サポートと正の相関関係をもつ（一條 2018）。すなわち、就労かつ収入のあるほうが無職者よりも情緒の受領サポートが高く、社会関係の広いほうが情緒受領サポートも高い。さらに、滞在年数が長くなるとともに、サポートを受けるだけではなく、提供する側にもなる可能性がある（一條 2018）。

　南野（2017）の研究では、移住女性のネットワークにおいて、東京と地方では特徴が異なると報告された。一例として、地方の新潟県では、夫や義父母、子どもの保護者など、血縁関係や地域生活のなかで築かれたネットワークが比較的に多いが、東京都の女性は同胞ネットワーク、仕事の仲間、取引先の顧客など、個人と個人のつながりによってつくられたネットワークが一般的とされている。もう一つの特徴は、地方の新潟県では、外国人の母親は「日本人として」子育てするよう、夫や親族に期待されているゆえ、自らの国の言葉や文化を次世代に伝える機会が制限されている。また、日本人の夫および親族との人間関係がメインとなるため家庭外資源の調達が難しい状況である。ゆえに、自国の言葉や文化を次世代に伝える機会が制限されることで、外国人母親の育児ストレスが高められ、かつ、子どもへの文化継承機会の困難感が生じる可能性が高い。そのほかにも、子育て方針における世代間ギャップについて論ずる1990年代の農村花嫁を対象とした先行研究もある。

　さらに、桑山（1997）によると、山形県の国際結婚家族では「圧倒的なニッポンの子らしく」育てようとするとされている。なぜならば、祖母は「息子がニッポン人の女と結婚できなかった」というコンプレックスがあるからである。祖母は、孫を実に「圧倒的なニッポンの子らしく」育てることが大切な「心の癒やし」となり、それが「無意識の作業」である（桑山 1997: 223）。山形県で

264

は、祖母は高度成長期に、継続して家を守り、困難を切り抜けてきた功労者であるため、日本人祖母の影響力が圧倒的に強い（桑山 1997: 228）。そして祖母の子育て方針は、外国人嫁のメンタルを刺激し、長年のストレスに影響するものになるとしている。

上述のように、生活拠点が日本の農村地方か都市部かによって、社会関係における特徴は異なるが、家庭内関係と就労によって地域ネットワークをもつ移住女性のほうがよりサポートを受けやすいと考えられる。次項では、国際移住女性のストレスとメンタルヘルスの動向をみてみよう。

2.3　メンタルヘルスと産後・育児サポート

国際移住女性の研究動向によれば、台湾に住むベトナム人女性は、現地出身の女性よりも、精神的健康状態がやや低いことが明らかにされている（Yang 2011）。一方で、結婚により日本に移住した外国人女性を対象とした研究（一條 2018）では、諸外国と比べると、精神的健康が不良であるとまでは言えないが、抑うつが疑われる人が約4割を占めており、外国人移住女性の精神的健康状態が決して楽観視できる状態にないとしている（一條 2018）。移住女性が抑うつとの属性の関連では、日本語能力と抑うつの間に負の相関がみられており、日本語能力の低い人には抑うつが多いことがわかった。結婚の経緯による差はみられず、精神的健康の問題は、いわゆる「農村花嫁」や「外国人花嫁」「外国人妻」だけの問題ではない（一條 2018）。

親の精神的不調は、軽微なもの（ストレス反応）から重症（精神疾患に連動するもの）までと幅広い（藤後ほか 2023）。日常的なストレス反応は周囲の不寛容さが関係しており、例としては、「外国人に差別があり、どこに行っても視線を感じる」「外国人であることを明かすと、相手の態度が変わるような気がする」（今村・高橋 2004）などが挙げられる。また、外国での生活で、気分の落ち込みや幻覚・妄想などの精神的不調が発生しているものの、異文化であることや、本人や家族の不理解から適切な治療を受けられないケースも見受けられる（中嶋・大木 2015）。さらに、外国人親の精神的不調は「母子の健康」「メンタルヘルス」などに影響する（中嶋・大木 2015）と言われている。

妊娠・出産時期における家族関係に焦点を当てた蛎崎（2009）の研究による

と、中国人嫁と日本人の夫や親族との間では、お互いの胸の内のすりあわせを行うことなく、自分の価値観でのみ相手の行動の意味を探ることが多い。このようなディスコミュニケーションにより、移住中国人女性は、産後に家族から十分なサポートを受けられない状況において、家庭内での「嫁」「母親」としての地位の安定を実感できず、「自分は大切にされていない」という感情が現れるようになる。産後は女性の生涯のうちで最も精神障害が発症しやすい時期である（吉田ほか 2009）。そのため、この時期のケアが最も大切であると考えられる。

　保健医療分野において、妊娠出産育児の困難では、「育児の不安・ストレス」「周りとのつながりの問題」「社会・経済的問題」「妊娠・出産・病気の不安」「日本語による情報伝達困難に起因する問題」「日本の保健医療についての理解の困難」などが挙げられている。また、困難への対処方略の核は家族であることも提示され、「家族に助けてもらう」なかで「自分で何とかする」努力をしている。さらに家族で対処できない場合、保健医療従事者の積極的な介入によって困難を乗り越えていると結論づけられている（橋本ほか 2011）。

　さらに社会情勢とも関連している。コロナ禍においては、経済の不景気を起因とする女性の貧困、自粛生活による子育て支援の中断、公共施設の利用制限などがあった。ロックダウンした時期、山梨県の事例からわかったのは、日本人妻は家事も育児も在宅勤務が可能となり、その結果、夫よりも多く家事育児を担っていることである。そこで、家庭内の性別役割分業は、より日本の伝統的スタイル「男は外、女は内」へと戻されている（劉 2021）。それによって、移住女性にとって、「男性は外で働き、女性は家で家事育児する」という日本社会のジェンダー規範への統合にはそもそも葛藤が内在するが、それがコロナ禍でさらに尖鋭化する傾向が推測される。

　また、外国人妻にとって、コロナ禍での課題は、感染症対策によって、帰国できず母国の資源活用ができなくなったり、同胞の集まりなどの制約もあったことで、共助が機能しにくくなったことが挙げられている。つまり、コロナ禍は在日外国人のセーフティネットの脆弱さを高めているのではと示唆されている（南野 2021）。

2.4　日本のジェンダー規範と地域社会の問題点

　外国人妻を悩ませてきた多くの諸問題は、彼女たちが外国人だからではなく、日本の家族制度のなかに投げ込まれた「嫁」だったからである。もともと日本の家族に諸問題がある状態で、移住女性が「嫁」の立場で嫁いでくる（桑山1996）。そして、地域に根差し、家族に入り込み、そして日本人に直接その生き方を問う。すなわち、外国人の移住者は地域に潜んできた問題を明らかにし、日本人の心の奥底にしまわれてしまっている「無意識」を呼び起こす（桑山 1996: 201）。そのため、本当に問われるものは男性の生き方である（桑山 1996: 200）とされる。さらに、筆者は、地域住民の関わり方や考え方が問われると考える。

　また、移住女性の日本人夫は、家父長制的なマスキュリニティが男性たちに内面化されていることと、国際結婚に対するスティグマが顕在化している地域社会において、構造的に問題を抱えやすいと指摘されている（大野 2022: 190）。すなわち、国際結婚家族に内在する問題は、個々の家族の問題ではなく、地域社会にそもそも存在していた構造的な問題である。

　移住女性は、経済・在留資格など日本人夫に強く依存する関係にあることから、生活の安定を失わないために、嫁、妻、母の役割を強く引き受ける必要があった。ゆえに、同胞のコミュニティでは、同じ移住女性同士において、風俗業に従事することが日本のジェンダー規範から逸脱するとみなされ、逸脱行為のある女性がネットワークから排除される傾向にある。さらに、経済的に裕福にみえる女性への嫉妬感情が生まれやすく、経済的に厳しい家族や女性を軽蔑するといった人間性が浮き彫りになる（大野 2022: 108）。大野（2022）によると、移住女性がネットワークづくりに、地域の異文化体験イベントなどを通じて自分の居場所を見つけていき、主体的に動くといった困難を乗り越えるという女性の主体性が見出された。

　このように、移住女性については、置かれている社会環境（家族・就労による育児ネットワーク）で生活基盤をつくるという見方が大切であるが、自ら地域社会とのつながりをつくるという「主体性」も忘れてはいけない。以下では、この「置かれている環境」と移住女性の「主体」の2点を軸として当事者の分析に用いたいと考える。

第Ⅱ部　日本における高学歴中国人移民女性のライフコース

第3節 | 分析方法

　本章では、自分自身を研究分析するというオートエスノグラフィー（autoethnography）の手法を用いる。筆者の、コロナ禍における出産およびその直後に産後うつになった体験を分析内容とする。ここで目指されたのは、私という自分自身がもっている産後うつ患者としての価値観やものの見方を知ることである。また、そこで整理された自分の経験や価値観が産後うつ当事者へのインタビュー研究における参照枠となるのではないか。すなわち、自分自身の経験を研究としてアクセス可能にすることで、移住女性の母親役割および産後うつに関する解釈が、どのような背景から生まれているかが推測でき、解釈に一定の有効性が与えられると考えた。

　オートエスノグラフィーとは、どのように、なぜ、アイデンティティが重要なのかを認識し、文化的差異に結びついた経験を含み、問いかける手法である。そのため、研究者たちは、内省的で、個人的に関与する自己、文化的な信念、実践、システム、経験の相互作用を探求することに用いている（Adams et al. 2015=2022: 18）。そして、オートエスノグラフィーは「生存と変化に向けた夢と希望を見出すその光の性質を形作り、最初に言葉にし、次に思考となり、さらにはより具体的な行動へと至る」方法である（Adams et al. 2015=2022: 22）。

第4節 | 分析的なオートエスノグラフィーの試み

4.1　研究者キャリアを目指して来日と結婚

　筆者は中国内陸部出身である。母国で大学を卒業した後、博士学位の取得と将来は研究者になることを目指して来日した。当時、留学先の日本の大学院に在籍した院生のなかでは、内陸部出身者が少なく、中国人留学生の出身地域として、福建や広東など沿岸部もしくは、吉林など東北地域の出身者が多かった。そのため大学院生時代から一人での単独行動が多かったが、異国の孤独を乗り

第10章　産後うつのオートエスノグラフィー

表10.1　分析対象者のライフイベント

年齢	勉学・仕事	家庭	在留資格
20代	研究生として来日，大学院前期を受験		留学
	大学院前期課程に入学，修了		
	大学院後期課程を卒業，博士学位取得		
	ポストドクターとして在籍	結婚・第1子の出産	高度人材
30代	初職（任期付），関東から東北へ	祖母からの子育てサポート	配偶者
	1回目の転職，東北から九州へ	子連れ単身赴任（祖父母サポート）	
	2回目の転職，九州から関東へ	子連れ単身赴任（祖父母が遠方に）	永住
		第2子の出産（コロナ禍）	

越えサバイバル力を身につけることこそ、真の成長と考えたのである。

　移住女性にとって、同胞ネットワークからの支えが大切とよく言われる。しかし大学院の友達とは、卒業すると、それぞれの生活拠点が異なり、お互いに直接会うこともできないし、同じ地域に住む友達がまれにいたとしても、近所に住まない限り会う頻度も低い。地域の子育て支援事業として利用しやすかったのは、各自治体のファミリーサポートセンター経由でのサポーターであった。

　また、大学の研究職は競争が激しく、自ら地域を選ばなければ地方での就職の可能性が大きいと先輩の助言を受け、地域を限定せず日本全国を対象範囲として必死に就活を行った。そこで研究分野における女性研究者を増やすことを目指す男女共同参画の推進で、女性・若手枠での採用になった。任期付きとはいえ、研究者として幕を開けた重要な一歩であった。ちなみに、2021年に実施された第5回科学技術系専門職の男女共同参画実態調査の結果によると、女性研究者が少ない理由は、「家庭との両立が困難」「育児期間後の復帰が困難」「職場環境」「業績評価における育児・介護に対する配慮不足」などであり、そして、指導的地位の女性比率が低い理由としては、男女とも「家庭（家事・育児・介護）との両立が困難」という回答が最も多かった（男女共同参画学協会連絡会 2022 :66)。女性研究者としての採用は、私の仕事への情熱を呼び起こし、仕事の達成感もまたフィードバック効果をもたらし、「仕事大好き」になる自分に気づくきっかけになった。

　表10.1で示したとおり、博士学位取得後、会社に勤める日本人の夫と結婚し、第1子の出産を経験した。就職活動や育児は、それぞれ多くの時間やエネルギ

第Ⅱ部　日本における高学歴中国人移民女性のライフコース

ーが必要であったが、筆者が仕事に集中できたのは、第1子出産後、九州の義母や母国の実母の育児サポートを受けることができたおかげである。第1子が幼稚園に入るタイミングで、九州から関東に転職し、関東に戻れた。特筆すべきなのは、筆者の全国転勤が続くなか、会社勤めの夫は変わらず関東地域に居続けたことである。これまでの東北新幹線または九州までの飛行機を使っての家族の再会は、私が関東に戻ったことで、夫の職場から片道4時間程度の距離に縮まった。再会も、「月」単位から「週末」へと変わり、いわゆる「週末婚」であった。つまり、私の研究者人生は、片手で研究、教育、もう片手で子育て、週末婚で組み立てられるようになった。

　ちなみに、研究者における別居現象は特殊なものではない。第5回科学技術系専門職の男女共同参画実態調査の結果（再掲）によると、別居の経験は配偶者またはパートナーを有する男性は30％、女性は52％を占める。それに、別居の解消に向けて検討したかどうかについて、50％の男性（1,642人）は別居を解消する「検討をしていない」のに対し、女性の59％（916人）が解消する検討をし、何らかの機会を利用して異動した人も半数に上る。ただし、別居が解消できた人は、半数およびそれ以下である。そして、別居の解消に伴う異動は、大学あるいは研究機関に勤務している場合が多く、企業に比べて検討しやすい環境にある（男女共同参画学協会連絡会 2022: 91-92）。

　制度を利用することによって研究者の同居を促す支援もあるが、「大学・高専等」「研究機関」によっては「制度は特にない」割合が高い。アンケートの結果では、同居支援制度また帯同制度（夫婦帯同雇用）があった場合、男女ともに「利用したい」と答える者は低職位（研究員）に多く、「利用したくない」の答えは上職位（准教授・教授）に多い。「利用したくない」の内訳をみてみると、「仕事の都合で移動できない」もしくは「移動しても安定した身分が得られない可能性が高い」ため、移動よりも仕事を優先させねばならぬ決断だったと思われる（男女共同参画学協会連絡会 2022: 46）。つまり、別居を解消したいが、仕事の都合により、現実的にはかなえられないという研究者が非常に多いことがわかる。私の場合、同居に向けて検討したものの、夫または私の専門性を活かせる仕事を見つけることが難しく、失業よりも別居のほうがよいと決断したわけである。

第10章　産後うつのオートエスノグラフィー

次項では第2子の出産について述べる。

4.2 「産後うつ」になった身体

4.2.1　次男の出産 ——入院中の不眠

　次男の出産は、私にとって2回目の出産経験となり、前回に比べると2つの相違点あった。一つ目は出産にかかる時間であり、長男の時はおおよそ30時間かかったが、次男は陣痛が始まって3時間で産まれた。あっという間に産まれたことに、越したことない。しかも、2人目ということで、出産後も数か月にわたって睡眠不足のなかで過ごすことも、頭では理解できていた。

　もう一つは、次男の出産はコロナ禍の真最中で、当時、病院では孤独出産が常識になり、夫の立ち合い出産が許されなかった。孤独のなかで息んでようやく産まれた。そして、シャワー・食事以外の時間はすべてマスクで口を防ぎ、感染対策を取る必要があった。入院中、赤ちゃんの抱っこも授乳もおむつ替えもすべてマスクを着用していた。2人目とはいえ、久々の赤ん坊の対応にたびたび戸惑った。

　入院生活は一見順調だったが、入院してからずっと夫に会えておらず、退院前日からソワソワしはじめた。なんと、退院する日は、夫が単身赴任地に戻る日でもあった。その日の夜は、看護師の足音などささやかな音が気になり不眠になってしまった。

　翌日ようやく退院に迎えに来てくれた夫は、私の不安をよそに、「仕事があるから今日職場に戻る。次に来るのは、○曜日。義母さんいるじゃん」と言った。その育児や産後ケアの責任を義母へとの話内容に心から納得できず、帰りの車内で赤ちゃんを抱きながら涙を流し、帰宅した。帰宅後、ちゃんと入眠できるかどうか心配だったが、夜はとりあえず安心できる自宅だったからぐっすり眠れた。実母は中国から来られなかったが、産後まもなく心細い時期に、1か月も義母がいてくれることに大いに感謝し、今でも感謝している。

　育休中、よそからみると、「育休＝仕事を休みにしていて、のんびり生活している」のではと思われがちである。しかし実際、産後は赤ちゃんの要望にすべて応える「母親ひとりでマネージャーを勤める24時間営業コンビニ」、つまり「ワンオペ育児」であった。

271

理論的に考えると、自分の休み時間は、赤ちゃんが寝た後、添い寝をする時間になる。しかし、ほ乳瓶の消毒や洗濯物などの家事にも時間が取られ、心に一つも余裕がなかった。1人目の時は実母と義母のサポートがあり、寝て食べるだけに専念し、身辺の家事などはまったく気にしなかったことが本当に幸せだったと気づいた。これは、次男の時にはかなわなかったことである。

4.2.2 「キャリアで完璧にこなせる！」と信じられるように、育児においても完璧を目指そうとした

日本の大学院で一生懸命勉学や研究に専念し、ようやく博士学位を手にした。その後、他人からはみえなかった苦労がたくさんあったが、一応、安定した職にたどり着いた。目標に向けて頑張れば、原石のままの自分も輝けるのだと過信していたのかもしれない。

産休中は、仕事を休んでいるゆえ、新生児の2時間ごとの授乳、長男を定時に寝かせつけること、食事の用意が自分の使命だと思い込んでいた。しかし、朝6時に長男を起こし、次男に授乳するといった2時間刻みでのスケジュールは過酷なものであった。

母親として「赤ちゃんのことも、家のことも、すべてやらなくてはならないのがたいへん」と実母に訴えた。中国にいる実母は、「2人目はたいへんだから、出産を勧めなかったよ。覚悟したうえで2人目が産まれたのじゃあ」と私の心に釘を刺した。

4.2.3 不眠の相談

その後、徐々に、気づいたら日が昇り、そして日が沈み、また、次の日も同じことが続く毎日であった。赤ちゃんの授乳、おむつ、三度の食事を摂る。来る日も来る日もきわめて単調な生活スタイルで、いつになったら終わりが来るのであろうと、知らないうちに、どんどん気持ちが沈んでいった。

赤ちゃんが生後3か月を迎えた時であった。眠れないことと、マンションから飛び降りたくなる気持ちについて2回ほど夫に相談した。優しい夫は入眠のコツについて助言をしてくれて、もう少し様子をみてみようと相談に乗ってくれた。しかし、現状で週3日単身赴任し、2日在宅しているものの別室でのオ

ンライン打ち合わせに没頭していた夫は、育児や家事にまったく戦力にならない状況が続き、私をケアできる状況ではなかった。

　昔読んでいた牧野マツコの「育児不安」をテーマとした研究（牧野 1988）を思い出し、1980年代初期に起きた母子心中の事件も連想し、これはもしかしたら育児不安かもしれないと思っていた。夫に響かないのであれば、他の人に相談してみることにした。

4.3 「絶体絶命のピンチ！」――人的支援とその形態

4.3.1 「産後うつ」の発覚 ――保健師の家庭訪問と地域の産後ケアセンター

　筆者の在住地域では、保健師による全戸訪問のサービスが行われている。目的は赤ちゃんと産婦両方の健康状態を確認することである。そのほかも、在住市町村では、1時間800円で最大2時間、平日に利用できる在宅ケアプランが設けられていた。早速そのプランを申込んで、保健師（助産師資格ももっているようだ）に自宅に来てもらった。その保健師は全戸訪問時と同じ人であった。1回目の利用は、寝ながらも気軽に身体を動かせる体操と、母乳があまり出なかったため、おっぱいマッサージの方法を伝授してもらった。今振り返ってみると、母乳の出がよくなかったことは、余裕のなさや心身の疲労からだったかもしれない。それでも、当時は、やる気満々で授乳前におっぱい体操をしたり、授乳後は保湿クリームをこまめに塗ったりした。

　しばらく日が経つと、自分には疲れが溜っていると気づいた。ちょうど夫の出勤日にあたり、そばに頼れる人がいない。そこで、電話で昼寝をさせてもらいたい旨を伝え、保健師に再度依頼した。夜は、赤ちゃんがそばでぐっすり寝ているものの、自分はどうしても寝られなかったからである。昼間2時間ほど、保健師さんに赤ちゃんをみてもらっている時間に少し昼寝をしようと考えた。保健師さんは私の話を聞いて、「お母さんは疲れているね」と言った。ここ最近、時々不眠であることやその症状も伝えたところ、「市の保健所に連絡してみるね。不眠が治る方法を相談してみるといいよ」と勧めてくれた。早速相談してみたところ、呼吸の調節で副交感神経がよく働いてくれそうなヨガを勧めてくれた。その日の夜は、真剣に呼吸と向き合い、ようやく寝られた。

　しかし、次の日の夜も、夫がいない日であり、完全に不眠になった。その日

第Ⅱ部　日本における高学歴中国人移民女性のライフコース

の翌日。木曜の朝、夫が予定通り戻ってきた。ほっとしたあまり、体が動かなくなり、布団から起きられないという症状が出てきたのである。ちょうどその時、保健師が書類を届けに来宅し、私の様子を見て、すぐに産後専門の医者につないでくれた。しかし、自分は病院に行くことに抵抗が強く、「病気ではない！」という認識であった。ただし、寝ることには恐怖を抱いているため、病院に行けば、寝られる薬をくれるかもしれないという思いで、夫と生後3か月の赤ちゃん連れで病院に行った。

　立ち上がれないため、横になり涙を流しながら問診票に答えた。情緒が落ち着かず、どうしても涙が止まらず、1年分の涙を流した気がした。医師はとても穏やかに接してくれた。病名はやはり産後うつ・不安障害であった。処方薬が出され、効果が出るまでに10日間程度かかると言われた。不眠が続くなか、意識がもうろうとしてきて、一時妄想か現実かがわからなくなった。向精神薬が効くまで過ごした10日間は地獄のようであった。

　夫は妻の介抱と2人の子どもの世話するため、しばらく休みを取ってくれた。そこで24時間コンビニ営業の当番を夫に転嫁したのである。「ちゃんとできるじゃん」と褒めたら、「俺はしないだけで、できないわけじゃないよ」と言った。

　一方、私は感情が不安定のなか、夫はちゃんとやっていけるか、そして、夫も産後うつになって倒れるのではないかとの不安が大きかった。家族社会学を専門として学んできた自分は、地域からサポートを受けたほうがいいと強く思った。そして、保健師から勧められたのは「〇〇産前産後ケアセンター」（以下「ケアセンター」と記す）であった。

　不眠症があるため、一晩でいいから、赤ちゃんをみてくれないかとケアセンターにお願いをしてみた。しかし、ケアセンターでは、コロナ感染対策のため、お母さんがトイレに行っている間以外は、基本的に母子一緒でお願いする方針だと告げられた。そうすると、赤ちゃん連れで寝所が変わるだけにすぎない。患者側の自分の立場から考えると、自宅から離れ、センターという慣れない睡眠環境で再度寝られないリスクは高くなると考えた。また、夜間、赤ちゃんの世話は、基本的には手伝ってくれないということである。宿泊者の特典は、食事が出ることとお風呂に入るときの時間に託児できることであった。産後ケア

274

という名のもとで、ここで宿泊したい親は、2万円の宿泊料（実質6,000円）を負担するが、2泊の間は炊事をしなくてよいというメリットがある。

　最もサポートが必要とされている産後うつ患者にとって、赤ちゃんと離れて、睡眠をとり、ゆっくり心身ともに休むことが必要だと思っていたが、それは「利用範囲外」だと拒まれた。要するに、ケアセンターを利用できる者は、健常者である。そして、産後に最もサポートが必要とされている産後うつ患者には向かないのが現実であった。ケアセンターの運用は常に、健常者思想に基づいて運用されており、健常者向けのセンターであると露骨に感じさせられた。

　このピンチを乗り越えるためには、夫を信じるしかない。家族に頼るしかないと感じた。

4.3.2　楽しみがなくなってから ——夫「産後うつを楽しんだら？」

　「不安障害」という診断名がつく前から、楽しみがなくなっていた。受診した直後、「産後うつを楽しんだら？」と、楽天家（実際の行動からみて考え方は「上向き型」である）の夫から言われた言葉であった。「なったらなったで、対応しよう。普通の人はこんな経験できない貴重なことだよ」と夫は勇気づけてくれた。しかし自分にとっては「先がみえない苦しくてたまらない毎日。楽しめるわけがないでしょ？　明日のことさえ、不安で考えられないのだから」という状態であった。

　幸いなことに、日本人の夫は情緒がきわめて安定している人で、私が起き上がれない日は、夫は食事の用意と洗濯物、赤ちゃんのおむつ替え、授乳、おふろ、添い寝などすべてこなした。時間的に余裕がないなかでも、食器洗い時に鼻歌を歌ったりして心の余裕をみせていた。ここで、夫婦でのやり方の違いを特筆したい。私の規則正しい時間マネジメントに比べ、夫は長男が空腹になっている状態で夕飯の買い出しに行ったり、食べる時間を普段夕方6時から夜8時に延ばしたりするなど、かなり柔軟なスケジュールで動いていた。さらに空腹感に襲われる次男は大泣きが絶えなかったが、私は寝たきりで起き上がれなかった。私からすると、「あり得ない」と思った。

　しかし、「専業主夫」業はさほど長くなかった。1か月経ってから、夫は在宅勤務の形で仕事に復帰した。そうすると私もできる限り夕飯の準備などをや

第Ⅱ部　日本における高学歴中国人移民女性のライフコース

らざるを得なかった。私は夫に「もっと休ませてください」と交渉してみたが、大黒柱の夫が仕事復帰という事由であるため、どうにもならず、自分が家のことをしなければならないという壁にぶつかった。

　不安障害という病名のとおり、すべてのことに不安を感じた。「明日の○○はどうなるの？」とずっと頭に思い続けて、寝られなくなる。そもそも、自分は、トイレに行く気力、ご飯を自分で食べる気力すらなかった。にもかかわらず、頭を休めることができない。そして不安を抱えることになった。さらに、疲労しやすい。少し動くだけで汗だく（医学用語は「寝汗」にあたる）になった。体力がないなかで「食事づくりが、どうしてこんなに大変なの？」「自分は家のことには向かない」と、できない自分に苛立った。そして、毎日、夕方になると、体力がない中でどうやって乗り越えられるか、ということに悩まされる。夕方には、食材の買い出し、夕飯の支度、赤ちゃんのご飯の世話、その後やっと自分のご飯、食器の片付け、さらに赤ちゃんのお風呂や風呂上がりのスキンケアがある。夕方の2時間にこんな沢山の業務をこなさないといけない。すでに疲れてくる身体に対応できる体力がないし、自信もない。これは、1年後に仕事復帰してからも、長い間続く悩みであった。朝、出勤してから、今日の夕飯はどのように対処できるかと思うと憂うつで、知らないうちに、悩むことにどんどん精力が消耗されてしまった。

　「明日は明日の風が吹く」と精神科医からの助言があった。自分が几帳面な性格であることも、今回の病名から明らかにされた。明日の予定を何度も確認し、どのような場面が予想されるか、繰り返し頭の中で予行練習をする行動パターンであった。そうすると、寝る前に考え込んで、不眠になりがちになる。翌日頭痛などの不調が現れて悪循環になった。「明日は明日の風が吹く」の言葉通り、何も準備しなくても、明日は別の成り行きになる。そう信じるしかない。そして、何事も、完璧にしなくてもよい。他人にどう思われても平気。そのように自分に言い聞かせた。そして、その日のうちに、「今日、私は何ができたか」を日記に書くようにした。今回の産後うつは、過去30年間積み重ねてきた自信を更地にし、大きな破壊力を持つとドクターに告げられた。自信の積み重ねの作業をゼロから始めたといっても過言ではない。つまり、毎日できたことを記録することにより、少しずつ自信を積み上げることにつながった。

276

第10章　産後うつのオートエスノグラフィー

4.3.3 「お母さん、産後うつはよくあることだよ！」「私もなったことがある！」

　次男が半年を迎えた時、保育園に申し込み、生後9か月で入園できた。保育園の園長先生は傾聴上手な方で、「お母さん、産後うつはよくあることだよ！」と産後うつの自分を受け入れてくれた。それは、保育園の送り迎えを機に、夫以外の第三者との話ができるチャンスであり、そして体力の回復に伴い少し近所に散歩できる時期でもあった。園長先生に「どうしていつも元気でいられるの？」と聞いたら、「いっぱい苦労してきたから」「いまの苦労は、今後の元気の源だよ」と返してくれた。

　また、共感してくれた方はほかにも何人かいて、自分だけではないこと、孤独な自分に仲間がいると心強く感じた。この病気にかかると、知らない人には打ち明けたくないという共通の悩みがあった。しかし「産後うつを楽しんだら」と勧めてくれるムードメーカーの夫の影響で、他者には打ち明けてもいいことだと思っていた。

　そこで保育園の懇談会で自分の産後うつの経験をカミングアウトしたり、友達につぶやいたり、日頃感じたもやもやする気持ちを発散させ、すっきりさせようとした。予想外なことに、その後かならず、同じ経験をもつ人（知人、ママ友、支援者側）から、「私もなったことがある！」と教えてもらえた。同じ経験をもつ人がこんなにたくさんいるとはと驚いてしてしまう一方、産後うつ母の世界は自分だけではないと安堵の気持ちにもなった。

　すでに元気に働いている先輩ママさんには「産後うつって、本当に治るの？」と問いかけたり、どうしたら気持ちが落ち着くことができるのかなど、根掘り葉掘り聞いた。やりとりしている間に、心の距離が徐々に近づいていった。「支援されている！」と感じるのではなく、「病いと闘える仲間がいる！」と、心と心との一体感が生まれた。自分は弱く、泣き虫であるが、弱い者同士が力を合わせれば強くなると感じる瞬間であった。

4.3.4　分析の試み ——自分に貼ってしまったレッテル「産後うつ」と帰着点
4.3.4.1　母親の役割が肩の荷に耐えられない時
　夫が単身赴任であるため、多くの時間、一人で親の役割をすべて担わなけれ

第Ⅱ部　日本における高学歴中国人移民女性のライフコース

ばならない。しかし、一人で常に踏ん張ることは難しい。にもかかわらず、夫以外、近所で特に頼れる人がいなかった。

　「地域のサポートとは何か」を再度考えた時に、遊ぶ場所の提供、話す場所の提供、情報提供にとどまるだけで良いのだろうか。実際の育児や子どもの世話は、核家族化が進むなか、親または親近者のみで行うのが現状である。このような状況は、日本人嫁であろうと、外国人嫁であろうと、国籍にかかわらず、共通していることであろう。

　しかし、外国人嫁の場合、日本のジェンダー規範を一生懸命理解しようとし、そして同化されるなか、自分の思い込んでいた「男も女も家事も育児も」という母国（中国）式役割分業と、日本での「イクメンは育児参加、家事を手伝う立場である」とのズレが大きい。夫は自慢げに「ぼくみたいなイクメンは少ないんじゃないか」という発言が象徴するように、日本全体で男性が育児や家事をする文化はまだまだ薄いと思われる。

　そこで、外国人嫁の私は自分への期待が高く、周りの日本人母親のように、もしくは義母のように家のことをうまくこなせる日本人の理想的な「嫁」の姿になるというプレッシャーも、無意識の中で大きくなっていた。そのストレスが、心身ともに疲れさせた。なお、育児や赤ちゃんの世話で自分が倒れてはいけないという信念があるゆえに、一人で24時間コンビニ営業のようなワンオペをしてしまい、自分自身へのプレッシャーと不安が膨らむことにつながった。

　他方で、産後うつを患ったことで、「できないじゃなくて、やらなかっただけ」の夫との間に、外国人嫁が納得できるような形で役割分担を再調整していった。家のことをしなかった夫が育児、食事の用意と洗濯物、赤ちゃんのおむつ替え、授乳、おふろ、添い寝一連のことができる夫ということがわかり、安心した。それだけではなく、「常に100％全力投球をしない」と自分の精神的健康にも目を配ることの大切さに気づき、夫の「仕事に6割、家の事にも6割」のやり方に感服し、見習うことにした。

　ただし、夫に対しては、日頃家にいないことで、いかに妻をこき使っていたか、そして妻が起き上がれない時のたいへんさ、すなわち家族の連帯責任を認識してもらいたかったのが本音である。結局、今回の産後うつは、夫が家事育児をする（注意：参加ではなく）という父親のケア役割をしっかりと担えるよ

第10章 産後うつのオートエスノグラフィー

うになるための試金石であった。

　その結果、家族でコロナにかかった時、体がきつくて起き上がれないのに、子どもたちの世話や食事が気がかりだったが、「病気なので、寝ていよう」と肩の荷をおろすことができて、2日間寝込んでいられた。子どもたちのことを、パパに任せようと思えた。これは産後うつ当事者として新たな一歩である。

4.3.4.2 帰着点 ——「〇〇をしないと母親失格」

　とある解説書で、うつ病とは「心の風邪」と書かれていた。「産後うつ」という病気になってから、「うつ」について知ろうと思い、さまざまな文献を探した。

　オートエスノグラフィーという方法論についての補足をすこししておこう。オートエスノグラフィーは「客観性ではなく、近接性が認識論的な出発点となり、帰着点となる」(Conquergood, 2002) と解説されている。

　「うつ」と私の関係性については、他者が描いた著書を読むことで「外部」の知識を理解することができる。ただし、私が当事者となり、うつ患者の「内部者として」の経験について書き始めてから、外部の知識を内側のものとして理解して受け入れ、それを読者に理解してもらうために文字でわかりやすく表現していくのである。

　そこで、帰着点についてさまざまな考えを探った結果、たどりついた結論は「家事に向かない・時間に厳しい自分への反省」であった。言い換えると、「家事をしない母は、親失格」「時間にゆるい母親は、親失格」と、思い込んでいたことに気づいた。

　育児は楽しくないかと問われれば、いえ、楽しい。ただし条件付きである。家事をしながら、たとえば子どもの食事の世話、炊事、などをしながら子どもと会話をするとすぐ苛立ってしまい、会話が成り立たない。そして、家事を夫に任せ、子どもと同じ目線で一緒に遊んだり、寝転んだりすると、リラックスできて、子育てが楽しいと感じられる。

　父親は母親に比べると、気が楽であろう。「父親育児参加」とは、父親が子どもたちと遊ぶことを指しており、「父親失格」と言われない。しかし、母親が家の事をせずに子どもと一緒に遊ぶだけではおかしいと世間に思われる。なぜなら、食事の用意、風呂の手伝いなどをしない母親は「母親失格」だからで

279

ある。

　毎日「9時までに保育園に送り、洗濯物・食器洗い、仕事に行き、17時にお迎え、17：30には夕飯の支度……」と、子どもたちが寝るまでに、母親の私は、スケジュールに従って常に高速回転する母親タイムマシンのようだった。母親は、子どもと遊ぶだけだと家のことをこなせず、家事が進まない。私はだれか（夫や義母等）にサポートしてもらわなければやっていけない。その自信のなさは母親失格なのだろうか。

　私は、自分の思う母親の役割（高速回転の時間管理マシン）に手足を縛られていたかもしれない。なぜ時間に厳しいのか。なぜなら、子どもたちは、夜早く寝ないと翌朝は起きられないし、そして睡眠不足で体調不良になり、学校を休むことも増える。また、毎朝予定通りに、子どもを保育園（学校）に行かさなければ、仕事ができない。それで、ついつい子どもを「早く」と急かしてしまう。「保育園（学校）を休んだ子どもの世話はどうしよう」と常に念頭に入れながら仕事をしている。そこに長い間、蓄積された母親ならではのストレスがある。

　さらに、異国で暮らす外国人嫁は、日々、誰かにストレスを発散することができず、心の一体感が生まれない人と一緒にいると日々に心細さを感じる。外国人嫁だけではなく、家族や地域を含んだ社会認識を改める必要がある。

　筆者は中国生まれの中国育ちで、自分の世代で中国から日本に渡った。日本社会にいながら、家庭内の言語（日本語）や文化・習慣の違いがあるため、出自文化と在住社会の文化のはざまで葛藤している。母親としての規範は、中国社会と日本社会の両方から、しつけられている。出自社会の中国では、幼少時の母親の後ろ姿を見て育っていたし、日本社会で暮らす外国人嫁としては、家庭を任せられた日本人嫁に負けたくないという気持ちも無意識に潜んでいた。なぜ母親だけ、必死に24時間の育児を頑張らないといけないのか。これら社会の規範は、おかしくないのかと疑問をもちはじめた。

第10章　産後うつのオートエスノグラフィー

第5節　おわりに ──要介抱状態になっても自分らしく生き抜くために

　高学歴をもつ外国人女性にとって、日本語によるコミュニケーションはほとんど問題がないと思われる。そして、長年日本での就労経験を積み重ねてきたため、仕事の適応にも問題がなさそうに思われる。しかし、日本社会で生活していくうえでは、日本人の母親と比較すると、当事者の日本社会とのつながり（仕事、子育てネットワークなど）はかなり狭まり、情報入手のアクセスや文化適応が必要である。他方、仕事と家庭の調和における葛藤や、配偶者との役割分業の再調整などについては、日本人の母親との共通点もみられる。

　暮らしが順調なようでも突然病気や自然災害に襲われたり、犯罪に巻き込まれたりするなど予期せぬ事態が降りかかる可能性もある。本章のオートエスノグラフィーの事例は、外国人妻の伴侶である日本人の夫が単身赴任であり、育児サポートができる親族が近所におらず、労働参加・家庭の仕事は妻が担う核家族であった。妻が家事育児・仕事をメインで担ったまま、さらに2人目を出産した。ここで、女性は労働参加している「一人の社会人」から「産婦・さらに世話役割を主とする育休中の主婦」への役割転換での不適応により行動が先鋭化し、産後うつを発症した。一方で、長男と新生児の世話といった家庭労働もまた不視化されてしまった。社会全体の家父長制的構造、男性中心文化を破壊することなく、女性の頑張りのみで「出産・子育てをしていこう」とした。その結果として、女性に多くの義務と感じさせる負担を与えた一方で、育児のプレッシャーに押しつぶされて産後うつにかかる状況を生み出したと考えられる。

　本章では個人の立場からの記述が多かったが、ここからは、社会と個人の関係について述べたい。

　移住女性という特殊な状況下では、困った時に助けてほしいと気軽に相談や依頼ができる相手は、母国の親族が多く、居住地域の親族や友人からの手助けは少ない。にもかかわらず、高学歴で能力のある移住女性の場合、キャリアや子育てへの「全力投球」と、「自分はやれば何でもできる」という自分への過信がある。言い換えれば、「周囲に助けて」という受援力が足りない。

281

第Ⅱ部　日本における高学歴中国人移民女性のライフコース

　そもそも、移住女性は、日本社会からどのようなサポートを受けられるかといった前提知識も、一般的に言うと、わからない人が多い。これも、また外国人嫁の特有の状況であろう。具体的に言うと、うつ病という病気は自らの発症まで、どのような病気なのかを知る由もなかった。そもそも本人および家族はうつ病に気づかなかったのである。また、どのような医療機関に受診すればよいのか、要介抱家族がいる際に受けられる社会福祉サービスあるか否かなど、これら一連のことについても知らなかった。うつ病発症の起因の一つである「社会との接点がないこと」については、日本人母親のみならず、外国人嫁という特別な立場に置かれている者にとっては重要な要因であると考える。

　では、産後孤立しがちな移住女性は、どうすれば社会との接点が作れるのか。

　本章から得られた結論として、まず一つ目の接点として、産後に自治体から派遣された保健師の全戸訪問が挙げられる。子どもの発達相談や母親の情緒的な不安などについても相談でき、さらにその後の不眠症状の相談もでき保健師を通して医療機関とのつながりが作られた。

　次の「社会との接点」としては、保育園の入園による他者とのつながりである。移住女性は、産後うつをカミングアウトしたことで、保育園関係者やママ友といったネットワーク作りができて、情緒面での拠り所が確保ができた。つまり、ひとりで病気と戦わない。仲間を作り、医療機関・保育園ネットワークといった地域の仲間と家族、そして本人の三者によるチームワークで戦うことである。そうすることで、外国人嫁は日本の暮らしにおいて能動的に主体性を発揮し、安心感と一体感が得られやすい。

　三つ目の接点は、仕事（キャリア）を通じて作られた。移住女性はキャリアを通じて自己実現、帰属感などが得られる。予期せぬ病でつまずいて転んでも、経済的に自立できれば、立ちなおる可能性が高い。

　ここで「自立とは依存先を増やす」こと（熊谷 2016）を引用する。筆者の理解では、社会との接点、他者とのつながりは、困ったときに相談できるある種の心の拠り所、いわゆる「依存先」である。異国（日本）社会での自立を目指すのであれば、まずは移住女性にとっての「依存先」を増やすことを勧めたい。

282

第10章　産後うつのオートエスノグラフィー

　次は、日本の社会環境について述べたい。

　現状における日本の社会保障は、在留資格のある外国人住民がさまざまなサービスを受けることができるようになっている。公的機関に相談すれば、かなり困難な状況におかれても支援が受けられることが多い。しかし、問題は、それが適応されるまでの過程が外国人住民に周知されておらず、浸透していないことである。困難を抱えている外国人住民が、サービスを利用できるところまでたどり着かない状況があるのではないか。そこで、外国人住民が手軽に、公的機関の相談にたどり着けられることを目指す支援が最も大切である。具体的にいうと、産後うつの当事者は、脳機能の低下により言語表現が低下し、外国語（日本語）による意思表示が難しくなることが多々ある。そのため、外国人向けの母語で相談できる窓口の充実が期待される。

　今後、日本社会で優先的に考えないといけないことは、元気な外国人嫁のことではなく、「外国人嫁が健康上の問題において日常生活を送ることが困難になったら、どうなるか」という切実な問題である。家族や地域で支えられるのか。さらに、家族の支え手としては子どものヤングケアラー[2]なのか、日本人夫なのか、もしくは地域社会でどのようなケアワークを受けられるかなど、問題が少なくない。そして、介護、うつなどのメンタルヘルスのケアを、日本社会がその責任を担うことができなければ、結局、現実的には、外国人嫁個人及びその家族が責任を担うことに変わりがない。

　要するに、高学歴移住女性が支援の可視エリアに入ることによって、少しでも暮らしの現状を変えていけることを強く願っている次第である。

　他方、特筆したいのは、研究者にはポストが限られているため、日本で働く女性研究者の現状は、家族の単身赴任が多いといった特徴である。女性研究者の帯同雇用の推進や、家事・育児・介護の外部委託の支援事業など、国公立の機関では進められているが、私立大学は射程外という問題もある。各企業や団体による職場環境の改善とともに、地域社会が主導となり、働く女性、とりわけ転勤のある職場で働く日本人・外国人女性の育児・介護サポートを共に進めることが急務であろう。

283

第Ⅱ部　日本における高学歴中国人移民女性のライフコース

注

(1) DSM-Ⅳの多軸診断には「Ⅰ臨床疾患、臨床的関与の対象となることのあるほかの状態」「Ⅱパーソナリティ障害と精神遅滞」「Ⅲ一般身体疾患」「Ⅳ心理社会的および環境的問題」「Ⅴ機能の全体的評定」が含まれる（北村 2020: 16）。

(2) 日本ケアラー連盟によると、ヤングケアラーとは、「家族にケアを要する人がいる場合に、大人が担うようなケア責任を引き受け、家事や家族の世話、介護、感情面のサポートなどを行っている、18歳未満の子どものこと」である。

参考文献・資料

Adams, Tony E., Jones, Stacy H., and Ellis, C., 2015, *Autoethnography: Understanding qualitative research*, England: Oxford University Press.（松澤和正・佐藤美保訳, 2022, 『オートエスノグラフィー 質的研究を再考し, 表現するための実践ガイド』新曜社.)

安藤智子, 2009, 『妊娠期から産後1年における母親の抑うつに関する縦断的研究』風間書房.

Conquergood, Dwight., 2002, "Performance Studies: Interventions and Radical Research," *The Drama Review* 46(2): 149.

男女共同参画学協会連絡会, 2022, 『第五回科学技術系専門職の男女共同参画実態調査解析報告書』,（2024年9月11日 取 得, https://djrenrakukai.org/doc_pdf/2022/5th_enq/5th_enq_report.pdf).

橋本秀実・伊藤薫・山路由実子・佐々木由香. 村嶋正幸・柳澤理子, 2011, 「在日外国人女性の日本での妊娠・出産・育児の困難とそれを乗り越える方略」『国際保健医療』26(4): 281-293,（2024年4月11日 取 得, https://www.jstage.jst.go.jp/article/jaih/26/4/26_4_281/_pdf).

東原麻奈美, 2003, 「中年期女性のアイデンティティ研究に関する一考察」『東京大学大学院教育学研究科紀要』43: 165-173.

一條玲香, 2018, 『結婚移住女性のメンタルヘルス──異文化ストレスと適応過程の臨床心理学的研究』明石書店.

伊藤孝惠, 2009, 「国際結婚夫婦のコミュニケーション態度の認識──『夫日本人，妻外国人』夫婦の夫婦単位での特徴を中心に」『言語文化と日本語教育』38: 20-29.

蛎崎奈津子, 2009, 「農村にて国際結婚した中国人女性の妊娠・出産時期における家族関係構築プロセス」『日本看護研究学会雑誌』32(1): 59-67.

蛎崎奈津子・熊谷恭子・奥寺忍他, 2010, 「アジア圏出身留学生とその妻が日本での妊娠期間中に直面した課題とその対応」『母性衛生』51(2): 490-497.

Tsuno K., Okawa S., Matsushima M., Nishi D., Arakawa Y., and Tabuchi T., 2022, The effect of social restrictions, loss of social support, and loss of maternal autonomy on postpartum depression in 1 to 12-months postpartum women during the COVID-19 pandemic. J Affect Disord. 2022; 307: 206-214. doi: 10.1016/j.jad.2022.03.056.（2024年9月11日取得, https://www.sciencedirect.com/science/article/pii/S0165032722003032?via%3Dihub

北村俊則, 2020, 『周産期メンタルヘルスケアの理論──産後うつ病発症メカニズムの理解のために』医学書院.

木村聡子・本庄美香・中尾幹子, 2014, 「産後うつ病の効果的なスクリーニングおよび支援方法についての文献的検討」『大阪信愛女学院短期大学紀要48』13-22.（2024年1月10日取得, https://adm.osaka-shinai.ac.jp/upload/library_bulletin/file/48/kimura.pdf)

厚生労働省, 「こころもメンテしよう～若者を支えるメンタルヘルスサイト」,（2024年9月11日

284

取得，https://www.mhlw.go.jp/kokoro/youth/）

熊谷晋一郎，2016,「自立は，依存先を増やすこと　希望は、絶望を分かち合うこと」『TOKYO人権56』（2016年11月27日発行）（2024年1月10日取得，https://www.tokyo-jinken.or.jp/site/tokyojinken/tj-56-interview.html）

桑山紀彦，1996,『国際結婚とストレス──アジアからの花嫁と変容するニッポンの家族』明石書店．

桑山紀彦，1997,「10年目の節目を迎えたアジアからの農村花嫁たち」桑山紀彦編著『ジェンダーと多文化──マイノリティを生きるものたち』明石書店，223.

古波蔵香咲花，2010,「国際結婚家族の現状と課題に関する一考察──沖縄県における事例から」『沖縄大学人文学部紀要』12: 95-108.

劉楠，2021,「ポストコロナ時代における未就学児を持つ母親のワーク・ライフ・バランス──山梨在住母親のインタビュー調査結果から」『山梨英和紀要』20: 1-13.

牧野マツコ，1988,「育児不安の概念とその影響要因についての再検討」『家庭教育研究所紀要』10: 23-31.

南野奈津子，2017,「移住外国人女性の子育て困難とサポートネットワークに関する研究」『社会福祉学評論』18: 1-12.

南野奈津子，2021,「コロナ禍における外国人の福祉課題と支援」『労働調査』15-19.

中嶋知世・大木秀一，2015,「外国人住民における健康──課題の文献レビュー」『石川看護雑誌』12: 93-104.

中根千枝，2002,『適応の条件』講談社．

曲曉艶，2009,「国際結婚に関する研究動向と展望」『東京大学大学院教育学研究科紀要』49: 265-275.

大野恵理，2022,『「外国人嫁」の国際社会学──「定住」概念を問い直す』有信堂．

篠崎正美，1996,「国際結婚が家族社会学研究に与えるインパクト」『家族社会学研究』8: 47-51.

立花良之・細川モモ,「超協力的な「34歳父親」が"産後うつ"になった原因女性より遅い「産後3～6カ月」の発症が最も多い」『東洋経済』,（2024年9月11日取得，https://toyokeizai.net/articles/-/666661?page=2）.

吉田真奈美・春名めぐみ・大田えりか・渡辺悦子・Uayan Maria Luisa T.・村嶋幸代，2009,「在日フィリピン人母親が子育てで直面した困難と対処」『母性衛生』50(2): 422-429.

第11章

中国人結婚移民女性の離婚経験と「居場所」の再構築

大野 恵理

第1節　はじめに

　　「離婚が人生のスタートだった！」（黎さん、40代）

　インタビュー時にこれまでのライフヒストリーを振り返ってもらった時、彼女は自らの日本での人生は離婚したことによってようやく開かれた、と力強く話していた。結婚制度の枠組みは、移民女性に安定した居住資格をもたらす一方で、プライベートな空間では配偶者や家族との非対称な権力関係を生じさせもする。結婚移民の黎さんは、離婚によってそのような関係性から解放され、人生の再構築をスタートさせたのだった。

　本章は、離婚した2人の中国人結婚移民女性のライフヒストリーの記録である。女性たちの語りをもとに、結婚と離婚、家族形成から、「居場所」構築と定住について考察する。

　では、中国人女性の日本での結婚と離婚は、どのくらいの件数なのだろうか。まず直近の2022年のデータによれば、年間約1万7,000件の国際結婚のなかでも、外国人の妻の割合が多く、全体の6割を占め、約1万件である。そのなかでも中国人女性が最多の約2,900件であり、全体の約3割を占めている。国際結婚件数そのものは2010年以降減少傾向にあるが、そのなかでも中国人女性は2006年を除き、1997年から2022年までほぼ第1位を占めてきた。一方、離

287

第Ⅱ部　日本における高学歴中国人移民女性のライフコース

婚件数は、婚姻件数と同様、2000年から2021年までの21年間にわたり、外国人の妻のなかで第1位を占めてきた（厚生労働省 2022）。単純計算ではあるが、統計が公開されている1992年から2022年までの30年間に、約10万人の中国人女性が離婚している（人口動態統計 2022）。ただ在日中国人女性全体に占める離別者の割合は2.9％（髙谷ほか 2015）となっており、他国の女性の割合に比べると高くはない。また離婚後に再婚したり日本を出国したりするケースもあるが、中国籍の母親とその子どもたちで構成される世帯は、この30年間で確実に増加してきたということは言えるだろう。

第2節　先行研究の整理

2.1　結婚移民と離婚

　Fresnoza-Flot and Ricordeau（2017: 5）を参考に整理すると、結婚移住（marriage migration）とは、結婚を通して家族をつくるプロセスの移住（Palriwala and Uberoi 2008）であり、必然的に結婚移民は移住と結婚に加えて家族形成までが含まれた移民の形態（Kofman 2004）であるという。また特に、いわゆる途上国出身の女性が、先進経済国の男性と結婚し移住する場合を、女性にとっての「グローバル・ハイパガミー（global hypergamy, 上昇婚）」（Constable 2004）だとされているが、台湾における国際結婚について人類学的調査を行った横田（2021）は、台湾人男性との結婚で移住する東南アジア出身の女性の結婚戦略として、この「グローバル・ハイパガミー」を指摘している。国家間の経済的格差に基づき、相対的に貧しい国の女性が結婚により国境を越えることは、経済的階層の上昇のための手段としても機能しているという（横田 2021: 37）。そして中国人女性の国際結婚による日本への移動を、送り出し地域および受け入れ社会の双方の視点から検討した賽漢卓娜（2011: 77）では、中国で周辺化されている農村女性や離婚経験者の女性にとって、日本人男性との国際結婚はそのような現実社会から脱出可能な唯一の「輝かしい道」であるとした。彼女たちは、出身社会における閉塞感や、女性に向けられる性的なスティグマに苦しみ、そこから逃れて新しい世界での自己実現を希求したのだ。このよう

288

な意味で「輝かしい道」を求める結婚もまたグローバル・ハイパガミーとすれば、女性にとっては、経済的階層の上昇のみではなく、生きるうえでの希望となり、自己実現のための手段でもあると解釈されてきた。

　しかし上昇婚を意図して先進経済国に移住したとしても、夫やその家族が経済的に豊かとは限らない実態もある（Li and Yang 2019: 95, 98-99; 横田 2021: 96-102）。それだけではなく、女性のこれまでの職歴や学歴がいかされないことも多く、結果的に階層の下降移動をたどることもあるという。さらに移住先社会における差別と貧困状態によりメンタルヘルスの問題を抱えたり（Li and Yang 2019: 107）、夫からのDV被害にあうなどし、脆弱な立場に陥ることも明らかにされてきた。

　このように国際結婚生活における負の側面として、女性たちの脆弱性や困難が明らかにされてきたが、これからはあくまでも婚姻が継続している関係であり、ある意味では規範的なライフコースの中で議論が深められてきたといえる。その一方で婚姻関係の終了となる離婚については、英語圏の既存の研究では主に離婚後の市民権や在留資格取得制度の問題に関するマクロレベルのもの（Fresonoza-Flot and Ricordeau 2017; Tuen 2021; Yali 2022）があり、一方日本では、結婚移民の母子世帯に関する研究として、ミクロな視点から、その生活上の困難と社会的な支援（南野 2016）について論じたものや、子育てとケアの担い手に関する研究（大野 2017）がある。また個別のケースについては、特に離婚したフィリピン人女性を対象に、草の根の団体による支援の文脈で取り上げられ、女性の日常生活に視点をおいた、ミクロな視点から考察したものが多い[1]。しかしその総数は少なく、特に中国人女性結婚移民の離婚については、ほとんど着目されてこなかった。中国人女性の結婚移住と離婚について論じたTuen（2021: 58）が指摘しているとおり、これまで離婚についての研究は少なく、「非標準的（non-normative）な婚姻地位をもつ結婚移民――死別や離婚により市民である夫から別れた移民――の経験についての研究」は不足していると言える。中国人結婚移民が多いシンガポールにおける国際離婚について論じているQuah（2019: 178）もまた、国際離婚について十分な研究がなされていないと指摘している。日本に暮らす中国人結婚移民女性の離婚についても、十分に研究はなされてこなかった。

第Ⅱ部　日本における高学歴中国人移民女性のライフコース

2.2　中国人女性の国際移動における結婚移住

　次に中国人女性の国際移動と結婚移住について、まず改革・開放以降の中国人女性の国際移動をジェンダー視点で整理した奈倉（2021）に基づいて整理する。近代以降、改革・開放以前は、主に労働移住を目的とする男性移民が多く、その送り出し地域は華南地域が占めていた。しかし改革・開放以降は、女性の国外移住が飛躍的に増加し、華南地域だけではなく、沿海地域等へと送り出し地域が拡大していった。さらに女性の単身移動が増加し、「自らの自己実現を目指して海外移住」（奈倉 2021: 193）するようになったという。同時期日本への移住も増加しており、1980年代には国費による海外留学、労働のための移住、さらに農村への国際結婚による移動も行われるようになった。この1980年代以降の移民は「新移民」と呼ばれ、女性の場合は高い学歴や職業をもちながら単身で国外移住を果たしたり、結婚移住では従来の地縁・血縁ネットワークによらない婚姻関係を取り結ぶことによっても海外移住が行われるようになったことが特徴である。

　日本への国際結婚による移住についても、賽漢卓娜（2011）や郝（2021）がまとめているように、従来のネットワークに加え、グローバルに展開される商業的仲介業者による斡旋が入るようになり（業者婚）、結婚移住のための重要な手段となっていった。結婚移住をする女性の背景はさまざまであるが、海外留学や労働移住とは異なり、必ずしも単独での移住が可能な女性ばかりではなかった。農村出身の出稼ぎ女工である「打工妹」や離婚経験者など（賽漢卓娜 2011: 76-77, 82-84）の中国社会で周辺化された低階層の女性たちは、グローバルなネットワークをもつ仲介業者の利用や親族の紹介等による結婚によって、日本や韓国、台湾等へ移住していったという。しかし既述のように、希望通りの「上昇婚」がかなう女性ばかりではなく、実際には女性たちは、家族関係の破綻と離婚を経験し、さまざまな社会経済的な「壁」に直面することにもなった（郝 2021: 116-119）。

　本章では、中国人女性の国際移動の潮流のなかに日本への結婚移住を位置づけながら、結婚移民のなかでも、離婚を経験した母子世帯の移民女性を対象とする。彼女らは日本を生活の拠点としながら、どのようなライフコースをたど

り、定住に向かうのだろうか。

第3節　分析の視点

3.1　移民と「居場所」の構築

　本章では、上記の問いを明らかにするために、日常生活を送るうえでの拠り所となる「居場所」構築（home-making）と移民の感情の動きに着目する。ニュージーランドに移住した中国人移民の「居場所」構築について調査したWang（2016）によれば、そもそも人々の移動と感情の動きは不可分なものであるという（Massumi 2002; Wang 2016から再引用）。移民は、故国の家族との別離やノスタルジー、喪失感を抱えながら旅立ち、新しい土地での新生活では異なる言語や文化規範、生活様式に出会い、自らの思考や人々との付き合い方を変え、試行錯誤するなかで、喜びや落ち込み、嫌悪感、不安な思いを抱く。そして移住後も、故国にいる家族との紐帯や文化実践を希求する。このように、移民の移住プロセスは、心の動きと交差的であるという（Wang 2016）。しかし時間的経過とともに、中国に対する「居場所」の感情が失われるにつれ、移住先であるニュージーランドのほうに、より「居場所」の感覚をもつようになることが指摘されている。

　ここでいう「居場所」とは、ホスト社会において居住のための土地や物質的な住まい（housing）のような固定的で静的なものというより、家族の親密さ（intimacy）や安全性（security）、人々との交流（interaction）や関係性（relation）、所属意識（sense of belonging）などの感情的で動的なプロセスであるという（Gorman-Murray and Dowling 2007; Wang 2016）。Blunt and Dowling（2006: 199）は、「居場所」を単に「物理的」か「感情的」かのどちらかだと考えるのではなく、その両者の関係性を捉える空間イメージだと述べている。

　離婚した移民女性の「居場所」はどこにあるのだろうか。フェミニスト的アプローチでは、安心感をもたらすはずの家や家族は、必ずしも女性にとって「居場所」とはならず（Rous 1993=2001; Blunt and Dowing 2006; 大野 2022）、特に、ホスト社会の夫をもつ結婚移民女性の場合、非対称な権力関係に置かれや

第Ⅱ部　日本における高学歴中国人移民女性のライフコース

すいという。家族形成によって「安らぎ」や「安全」が得られるわけではなく、暴力性も問われてきた。

　以下では、離婚した結婚移民はどのように「居場所」を構築し、定住したのかを、感情の動きとともに検討していく。

第4節　研究手法

4.1 調査概要 ──調査協力者、インタビュー調査

　本研究では中国人女性2名の協力を得た。この2人は結婚移民として日本で子どもをもうけた後、親権をとり離婚しているため、結婚移民の非標準的なライフコースを形成していると言える。

　黎さん（仮名）とは、筆者が参与観察を行った横浜の外国人住民の支援団体を通じ、2021年に知り合い、協力を依頼した。支援団体の中国人スタッフも同席し、約2時間程度の半構造化インタビューを実施した。またもう1名の張さん（仮名）は、筆者が中国人研究者を通して協力を依頼し、約4時間の半構造化インタビューを実施した。なお聞き取りには、調査協力者の同意を事前に得ている。主な質問項目は結婚から来日までのプロセス、日本での結婚生活、離婚後の仕事、子育て、高齢期の展望、居住地域における社会関係などである。

　なお調査協力者の夫は日本国籍の男性であるが、いずれも中国にルーツをもつ移民であった。黎さんの夫は母親が中国人であり、日本生まれ育ちの移民2世である。一方、張さんの夫は上海に生まれ育ち、労働を目的に移住した移民1世であった。張さんとの結婚時すでに帰化しており、日本国籍者だった。

　Charsley（2012）は、このような結婚を狭義の意味で、Transnational marriage（越境的結婚）としている。先行して移住した男性がすでにその国の国籍を取得した後、エスニック・コミュニティ内部の出身国をつなぐトランスナショナル（越境的）なネットワークにより、出身国で配偶者と出会い結婚する。その後、移住先の国へ共に移動し、夫婦として定住するという越境的な結婚移住の流れが発生しているという。このように「越境的結婚」は、文化的・民族的ルーツの共通性と、国境を「越える」行為に、より力点を置いた表現と言える。この

ように本章における結婚とは、国籍は異なるが、もともとの出身国や民族的なルーツは同じである2人の結婚である。本稿では、このような結婚により移住した女性を結婚移民とする。

表11.1　調査協力者の属性

		出身地	生年	最終学歴	来日	離婚	居住地	家族構成	在留資格
1	黎さん	温州	1970年代	幼児師範学校	2004年	2011年	横浜	息子2人（10代、小中学生）	永住
2	張さん	上海	1960年代	中等師範学校	1998年	2016年	長崎	息子2人（20代、大学生）	永住

　なお、調査協力者のプライバシー保護のため、氏名はすべて仮名であり、考察に関わらない部分は省略したり一部変更したりしている。黎さんの場合、主に通訳を介した中国語で聞き取りを行い、事前に希望を確認し録音は行わず、許可を得たうえでメモを取りながら行った。分析の際、必要に応じて、同席した中国人スタッフに内容を確認した。張さんは、主に日本語で聞き取りを行い、許可を得たうえで、録音を行った。以下では当時の会話や発話を最大限再現できるように心がけ、記述している。

4.2　ライフヒストリーについて

　日本のフィリピン人結婚移民女性の離婚と子育てを、ミクロな水準から考察したSuzuki（2017）は、結婚移住後の生活だけではなく、移住前のフィリピンでの出来事や歴史社会的背景も含め、移住と離婚動機を分析している。結婚移民女性の生（ライフ）におけるさまざまな決断が、移住前の構造的要因と無関係ではなく、移住後も引き続き影響していることを明らかにした。またWang（2016: 144）によれば、「居場所」構築を明らかにするためには、移民の現在の姿だけではなく、過去の出来事にも視野を広げることが重要であるという。その人自身のさまざまな記憶や個人的な経験が、現在の生き方を形成しているという視点で考えるために、ライフヒストリーのアプローチが有効であると指摘している。

　本研究でも時間的パースペクティブを重視し、移動する主体のライフイベン

第Ⅱ部　日本における高学歴中国人移民女性のライフコース

トやさまざまな出来事に接続される社会関係を明らかにすることを試みる。その際、移住プロセスにまつわる歴史的背景にも触れながら、「行為の主観的動機や体験の意味付け」（谷 2008）を重視するものとする。

第5節　中国から日本へ ——結婚移民女性のライフヒストリー

5.1　黎さん —— 「親の期待に応えようとしたことが不幸の始まり」

　黎さんは、1970年代後半に、浙江省温州市で生まれた。歴史的に海外移民を多く輩出し、「華僑の里」（鄭 2010）として知られている。また「中国のエルサレム」（中生 2019）とも呼ばれ、中国国内でキリスト教徒が多いことでも知られている。黎さんも、敬虔なキリスト教徒の家に生まれ、日本人の夫とは親族を通じて知り合い、結婚した。結婚後、夫の実家である横浜に移住した。横浜には19世紀末の開港以降、交易の拡大とともに中国人が増加し、居留地には現在の横浜中華街の原型が築かれた。関東大震災や戦争を経て、世代を重ねながら、現在も中華街には「老華僑」と「新華僑」が共に暮らし、中国文化の特徴を色濃く残している（陳 2019: 198）。

5.1.1　心に刻まれた来日の葛藤

　黎さんの家族は芸術家を輩出する家系であり、デザイン系の会社を経営する裕福な家庭だったという。広告や看板のデザインと製作を行う会社では、日本製の機械を導入したこともあり、若い頃から日常生活のなかに日本の存在を意識したという。

　高校卒業後に幼児師範学校で幼児園教師の資格をとり、幼児園で2〜3年働いた後、家業を手伝うため仕事を辞めている。昼間は家族の会社を手伝い、夜には喫茶店でピアノ演奏のアルバイトをする生活を送るようになった。仕事は楽しく、この生活を続けたいと考えていたが、20代後半になって、両親から「『結婚しなさい』という無言のプレッシャーのようなもの」を感じ取っていたという。それは「なんとなく、空気、というか」のようなあいまいで、捉えどころのないものだった。直接的に結婚を急かす言葉を言われたことはなかった

第11章　中国人結婚移民女性の離婚経験と「居場所」の再構築

のだが、この空気を感じ「30歳近くになっても結婚しない娘だったから、親の面子がたたないのだろう。願いをかなえないといけない」と考えるようになった。

黎さんによれば、元夫の父親が中国人女性と結婚し、温州を訪れるようになり、夫も一緒に旅行していた時に、黎さんの叔母の教会関係の知り合いから、元夫を紹介されたという。交際が始まると、元夫は「中国人や中国的なものが嫌い」だという態度を示すことが多く、黎さんは自分自身が否定され尊重されていないように感じていた。特に日常的に、「中国語は嫌いだ」と伝えられ、「夫には自分の言語や文化への理解がなかった」と語った。また黎さんは日本への積極的な移住動機はなかったため、「結婚しても日本に行きたくない」ことや、当初から「子どもは欲しくない」と夫に伝えていた。それにもかかわらず、予期せず妊娠してしまったことが、大きなショックだったという。妊娠がわかったため、不本意ながら出会いから半年後に結婚することになった。

しかしその後も、日本へ行く意思はないことを繰り返し夫に伝えていたが、「それでは結婚する意味がない」「（自分は）早く日本に帰りたい、『汚い』中国で（自分の）赤ちゃんを産んでほしくない」と黎さんに告げ、強制的に日本に連れて行かれることになった。黎さんは、最後の抵抗として、飛行機に搭乗ができなくなる期間（8か月）までやり過ごそうとしたが、夫からの強いプレッシャーに負け、来日するに至った。その日は黎さんにとって、「心に刻まれた、忘れようとしても忘れられない」ほど、悔しくて悲しい記憶だと話し、来日した年月日を正確にそらんじていた。

黎さんの親世代にとっては、女性が結婚することは自明のことであり、黎さんにもそれをごく自然に要求していたと考えられる。また既述のとおり、国境を越える結婚移動について、先進国男性と結婚する途上国出身の女性は、上昇婚である（Constable 2004）と解釈されているが、黎さんの場合は、移住による経済的上昇、自己実現や将来への希望があるわけではなかった。むしろ中国にとどまりたい気持ちが強かったが、結婚前から夫に従わざるを得ない非対称な力関係が強く影響した。今では「親の期待に応えようとしたことが不幸の始まり」と話し、後悔していた。

295

第Ⅱ部　日本における高学歴中国人移民女性のライフコース

5.1.2　家族を続ける苦しみから逃れ

　来日後は横浜にて義両親との同居が始まったが、次第に夫は酒を飲むと、黎さんに対し暴力を振るうようになった。来日直後だったため、黎さんは「日本語を完全に理解していたわけではなかった」と前置きしながらも、強烈な苦痛の記憶として残っているという。

　　　夫に大きな、高い声で怒られながら、（黎さんには）「日本に親戚も知り合いも友達もいないんだから、逃げられないだろう。俺の言うことを聞け」と言われ、妊娠中だったのに、血が出るほど殴られても、義父母は守ってくれなかった。体調が悪く横になっていると、夫から「豚のように横になるな」と怒られ、「うちの母さんは体調が悪くても、頑張って動いているし、仕事もしている」と言いがかりをつけられ、厳しく叱られた。

　この時の経験は黎さんの心に深い傷を残している。同居していた義父と中国人である義母は、黎さんを守らず、夫の肩をもったため、家庭内で孤独を深めていった。常に働くことを望んでいたが、2人の子どもを立て続けに妊娠・出産したことで、「本当はやりたくなかった」という専業主婦をせざるを得なかった。離婚を決めたが、手続きの大変さも相まって精神的に不安定になり、精神科に通院し治療を受けたという。黎さんの結婚生活は、エスニック・アイデンティティの蔑視や人格否定がされた空間のなかで、夫からの暴力による支配下にあったと言える。

　このような家庭で過ごしながら、偶然のきっかけにより家の近所に教会があることを知り、自ら教会を見つけだして通うことにしたという。教会に通いだした黎さんの生活はどのように変化したのだろうか。教会では台湾出身の牧師や大連出身の若い中国人女性がおり、中国語で日常生活の悩みを分かち合った。さらにその教会で知り合った日本人から、外国人住民を対象とした日本語教室を教えてもらい、週1回通うことになった。

　日本語教室では、さらに多くの中国人女性や日本語ボランティアと会い、言語学習からさらに踏み込み、日々の暮しの出来事や悩み、家族の問題を話し合

第11章　中国人結婚移民女性の離婚経験と「居場所」の再構築

うようになった。この日本語教室で黎さんは夫のDVについて打ち明け、離婚に向けて動き出すことを決めたという。特に親しくなった上海出身の女性は、区役所での手続きや母子寮への入寮などを親身になって助けてくれて、現在も親しい間柄であるという。黎さんにとって、信頼できる「日本のお姉さん」のような存在であるという。日本語教室の中国人結婚移民の友人と日本人支援者に出会ったことで、2011年に離婚を決意し、シングルマザーとして2人の子どもとの3人の生活を開始した。

　黎さんは、日本語教室に通ったことを「わたしの人生のスタート」だと誇らしげに語った。「人生のスタート」となった日本語教室のほかにも、そのきっかけとなった教会と、キリスト教の信仰は大きな精神的な拠り所となった。『宗教年鑑』（文化庁 2023: 42-43）によると、神奈川県はキリスト教系信者数が全国で最も多く、宗教団体数は全国第4位である。そのため必然的に黎さんの生活圏のなかにも教会が存在していたと推測できる。黎さんの出身である温州では、現在も多くのキリスト教徒が暮らしており、教会に通うことがごく日常的に行われている。黎さんは、来日後の生活の変化と夫からの支配の只中において、温州で暮していた時と同じように、日々の暮らしのなかに、教会における祈りの実践と精神的安らぎが切実に希求されたのではないだろうか。

　さらに教会では、外国人住民の支援を行う日本人女性と出会い、草の根の支援団体につながっていった。教会は、精神的な安らぎを得る空間というだけではなく、日々の暮らしのなかで生じる問題を、新たなネットワークにつなげる役割も果たしたと言える。黎さんは扶助ネットワークのなかで問題を解決しながら、母子生活の困難を克服していった。

5.1.3　日本でひとり親として生きる ——仕事・病気・子ども

　離婚後、子どもと住むために繁華街の賃貸アパートの1室を借りた。しかし夫からの養育費の支払いはなく、経済的に困窮してしまった。結婚移住後は専業主婦をしていたため、日本の労働市場で職を探し就職することは容易ではなかったという。離婚後に働く際には、自分の能力が生かせることは二の次で、まずは子どものために働くことを優先した。黎さんは清掃業や中華料理店のホールスタッフ、スーパーのレジ打ち担当と、多くのパート労働を経験している。

297

就業にあたっては中華街で働く中国人女性や台湾人女性の知り合いが援助してくれたという。このように離婚後に始めた仕事と家事に追われている状況のなか、夫のDVによる精神的な影響は離婚後も続き、現在も通院が続いている。精神的な疲労が積み重なり、やむを得ず欠勤してしまうこともあり、数年前からは生活保護も受給している。

　生活に余裕がないなかで、息子が10代前半になったが、これまで学校や学びに対しては積極的に関わってこなかったという。元気に通学している姿を見ることで安心し、「(子どもの) 成績には関心がなかった。学校のことについては聞かなかったし、(細かいことは) 言ってこなかった」と話した。ただ日本では親が子どもの宿題を確認し、時には教えなければいけない場面が多いことから、「中国人の自分は、子どもの勉強をみることができない」ため、そんな母親に対し、子どもたちは辛辣な言葉を投げかけることがあると話した。その言葉を聞くと「私は母親失格だ」と精神的にひどく落ち込み、深夜に支援者の女性に電話し相談することもあるという。息子たちは、日常的に「自分は中国人じゃない」とはっきり話しているといい、中国語を話さず、中国人としてのアイデンティティをもっていないと考えている。そのような子どもをみると、帰国するとしたら子育てが終わった後だと考えているが、実際にはその見通しは立っていない。

　これまで論じてきたように、黎さんの場合、来日前からの夫による中国の文化とエスニック・アイデンティティの否定や精神的支配に苦しみ、さらに2人の子どもの妊娠・出産が続いたことで「本当はやりたくなかった」という専業主婦をせざるを得ない状況に置かれていた。日本での就業は離婚後に初めて実現したが、母親業の負担は重く、ケアワークを主軸とした生き方を送らざるを得ず、非正規パート労働を転々とすることとなった。一方、教会や日本語教室、中華街での仕事とさまざまな社会関係が広がるにつれ、多くの同胞女性と日本人女性からの援助や公的な経済援助を受けながら、離婚後の生活を再構築させていた。

5.2　張さん ── 「1人で何をすればいいか本当にわからなかった」

　張さんは1960年代に上海で生まれ、31歳の時に結婚により長崎県に移住した。長崎は歴史的に中国との交易が盛んに行われ、近現代に入ると長崎には日

第11章　中国人結婚移民女性の離婚経験と「居場所」の再構築

本最古の中国人コミュニティが成立している（陳 2019: 193）。特に上海と長崎は数世紀にわたり人の移動が活発に行われ、近現代以降は長崎から上海へ多くの人が移住し「日本人街」が形成された（榎本 2009）。その後、1923年に上海と長崎間に直行航路が開設されると、地理的距離の近さにより、人の往来がさらに増加した（横山 2017）。このような歴史的な移動経路の発展を背景に、張さんの前夫もまた上海から仕事のために長崎に移住した。結婚後には張さんも移住し、長崎市郊外で暮らすことになったが、夫婦関係の悪化により離婚した。

5.2.1　居心地のよい上海と「寂しい」長崎

　張さんは、いわゆる「知識人」の家庭に生まれ、父はエンジニアであり、母は大学教員であった。教職を志し師範大学を卒業した後、小学校で教員をつとめ、忙しい日々を過ごした。また20代半ばで母親を亡くしたが、母親が張さんのために用意していた潤沢な遺産を受け取ることができ、父と兄と同居している住居で経済的な不安を抱えることなく、上海で仕事を続けていた。当時日本に移住する希望はまったくなく、むしろ親族のなかにはアメリカやカナダに移住した人が多かったため、アメリカへの移住を考えていたという。実際にアメリカにいる叔母に、「アメリカに行きたい」という希望を伝えたことがあり、叔母は張さんの「結婚相手」の男性を決め、お見合いの準備を進めていたという。しかしその連絡をもらった時には、張さんは前夫との結婚が決まりすでに移住した後だったため、そのお見合いの連絡に応えることはできず、「惜しいことをした」と語った。前夫とは、上海の知り合いから紹介され、短い交際期間を経て結婚したが、「お互いをあまり知らないうちに」、1998年に結婚することになったのだという。

　結婚後、長崎市郊外の町へ移住し、夫との生活が始まった。移住当初は長崎に慣れることが難しかったという。まったく知らない土地で、家族や友人がいない孤独な環境だったことに加え、深夜までにぎやかな上海で生まれ育った張さんにとって、夜は辺りが静寂に包まれるため、「寂しい感じ」を募らせずにいられなかったという。また夫とは当初から価値観の相違が大きく、張さんが読んでいた育児書や書籍を「役に立たない」と見下して取り上げたことに傷つき、心理的距離を埋めることができなかった。地理的距離の近さから自然と上

299

第Ⅱ部　日本における高学歴中国人移民女性のライフコース

海の実家へと足が向き、結婚直後から長男が小学校に入るまでの約10年間は、長崎よりも上海のほうに長く暮らしていたという。時には1年のうち10か月を過ごした年もあったほどで、上海から帰国した際に持ち帰った段ボールの荷物を解く暇もなく、次の上海行きを準備していたこともあったという。

　張さんもまた上海での暮らしが充実し、経済的に不自由のない生活を送っており、いわゆる「上昇婚」を期待して結婚移住したわけではなかった。張さんの語りでは上海での充実した暮らしぶりや実現していたかもしれないアメリカ移住の物語が語られたが、それとは対照的に、夫との出会いや交際の様子については詳しく語られず、結婚の動機については深くうかがい知ることはできなかった。

　また中国からの海外移民について、21世紀以降では国外移住の目的国はアメリカとカナダが1位と2位を占めていた。「新移民」の移住先は主にアメリカなどの英語圏諸国が上位を占める傾向にあり、上位5か国のうち3か国は英語圏であった。なお日本は3位で近隣諸国では最も多かった（載 2017: 71）。北米や日本への移動は、第二次世界大戦などで一時中断された時期を除いて、継続的に生じており、親族ネットワークや仲介業者の斡旋等により移動が連鎖的に起こっていた。また1980年代後半から、張さんが日本へ移住した1990年代後半まで、上海人にとって日本は人気の移住先であり、結婚移住だけではなく、留学や労働移住も含め、多くの人々が出国したという。特に1990年代から日本人との結婚は急増し、上海で登録された国際結婚のうち、3分の1が日本国籍者だった時期もあったほどであった（賽漢卓娜 2011: 81）。

5.2.2　離婚を決める

　子どもが成長するにつれ次第に日本での生活が長くなると、必然的に夫と共に過ごす時間が長くなった。夫との経済的感覚のずれや投資の失敗による借金問題に直面することになった。まず日本への結婚移住後、張さんは仕事をせず専業主婦として家事の一切を行い、夫が収入と家計の管理を担当していた。40歳になった時、自動車免許をとろうと自動車学校に通おうとした張さんに対し、夫はその動機を疑ったという。夫は張さんに対し、「遊び歩くために車の免許がほしいのだろう。誰がそんなことのために金を出してやるのか」と、家計か

第11章　中国人結婚移民女性の離婚経験と「居場所」の再構築

ら一切の学費の捻出を認めなかったという。これに対し張さんは「これまで完璧に家事をこなして、妻としての役割を果たしてきたのに、友達と遊びに行くことも許されないのか」と憤慨し、長崎で友達になった中国人女性に頼み込んで借金をし、学費を工面したという。

　さらに夫が投資に失敗した結果、莫大な借金を抱えてしまい家庭生活が立ちいかないようになっていくと、徐々に夫は子どもの世話を放棄するようになり家族関係が悪化していったという。夫は張さんが調理をする際に家電の使用を禁じたり、相談もなく電子レンジや冷蔵庫を売ろうとしたりした。さらに張さんに言いがかりをつけ、警察沙汰を起こしたこともあったという。夫婦は喧嘩を繰り返すようになり夫の言動から身の危険を感じるまでになったことから、張さんは離婚の意思を固め、近くに住んでいた中国人女性の協力を得ながら、彼女の家に荷物を運び出し、一時的なシェルターとして身を寄せていたという。

　離婚手続きは市役所に行き一人で手続きをした。離婚による精神的なショックが大きいなか、市役所では日本語を使わなければならなかったが、中国人市民の対応を中国語で担当する日本人職員がおり、母語である中国語で話すことで「親戚に会ったみたいだった」と安心したという。「その時は本当に感動したし安心もした。1人で何をすればいいか本当にわからかったのね」と語った。さらに家庭裁判所では夫と子どもの親権を争った。裁判では「夫は義務を全然果たしていない。だから親権をとる権利ない。何もない」と強く主張し、夫が親権をもつことはふさわしくないと自らを弁護した。裁判が長期化することを避けるために、養育費や慰謝料は受け取らないことで合意した。その後長崎で知り合った上海出身の移民女性から、母子世帯のための給付制度について教えてもらい申請した。

　張さんは働きながら子どもを育て、公的な経済援助とこれまでの貯金、さらに上海の実家からの金銭的援助を得たことで、長崎市内の中心部に子どもと住むための賃貸アパートを借りることができ、経済的に困窮することはなかったという。離婚後も日本に残った理由を以下のように語った。

　（子どもたちとの）生活がまた新しく始まったから、これまで暮らした長崎でも、全部いろいろ準備しないと、もっと難しくなる。〔県外とか別の場所に行くこと

301

第Ⅱ部　日本における高学歴中国人移民女性のライフコース

は考えましたか？〕環境が全然わからない場所だと、生活はもっと難しくなると思った。上海に帰っても、上海の環境はわかるけれど、生活は厳しい。お金がいっぱいかかる。日本では申請したら、（子育てにそこまで）お金がかからないとわかった。子どもにお金がかからないから、生活ができる。中国はそんな支援はなく、子どもに全部かかるから。

　新しい環境で子どもとともに一から生活を立て直すことに大きな不安があったことや、日本では母子世帯へのさまざまな援助や子ども手当があったこと[2]が理由だったという。

5.2.3　次世代と将来を見据えて

　仕事に関して、張さんは自動車免許を取得していたことで、仕事探しは順調だった。パート社員として、飲食店に勤め、現在に至るまで15年以上勤務している。また最近では中国語圏からの観光客が増えてきたため、通訳を任せられることがあり、やりがいはあるという。正社員への昇任を何度も打診されてきたが、これまで子育てを優先し、大きな責任と時間的拘束が伴う正社員の業務は対応できないと考えてきた。

　離婚後、張さんは上海での小学校教員という経歴を生かして、長崎における中国ルーツの子どもたちの継承語教育の重要な一端を担っていた。長崎の中華街には「老華僑」の子弟のための民族学校の流れをくんだ継承語教室があり、長年老新華僑の子どもたちに中国語を教えたという。

　ただ2人の息子に対しては、中国語や文化の継承について熱心だったわけではなかったという。しかし進路選択や就業において、息子たちはそれぞれ中国との関わりをもつこととなった。長男は仕事で上海に駐在し、次男は大学で中国語を専攻した。

　また学校教育に対しては教科学習について直接指導することはなく、すべて子どもの意思と自主性に任せてきた。一方、学習塾や部活動の送迎をいとわず、忙しい仕事の合間をやりくりし、学校外の学びを支えてきた。息子たちは県内有数の進学校にすすみ、国立大学に合格した。

第11章　中国人結婚移民女性の離婚経験と「居場所」の再構築

　子どもが「こっち（の学校）が受けたい、あれが受けたい」と言えば、私、全部応援する。連れて行って（あげた）。「ここに行きたい」とか（あれば）、全部連れて行く。お金出してあげる。（子どもに対して）「あれ駄目、あれ駄目」は言わない、絶対言わない。

　張さんは子どもと自分自身の関係性について、「（自分は）子どもからの連絡をもらうのを待つだけ（「被通知（知らせを受けるだけ）」）」だと何度も語り、子どもに対し絶対的な信頼を寄せており、そのような母親であったことを誇らしく思っているようであった。

　現在老齢期に差しかかった張さんは、上海への完全な帰国は考えていないという。現在上海市は中国有数の経済都市となり、スマートフォンの急速な普及や最新のAI技術による情報収集など最先端のグローバル都市でもある（工藤2022）。日本に移住して以降、上海が急激な経済発展を遂げたことにより、現在の日本での家計や資産の状況では、すでに上海では生活が厳しくなってしまったという現状を嘆いてもいた。数年前の帰国の際には、同世代で資産を築いた友人夫婦との圧倒的な経済格差を目の当たりにし、自らも上海に残れば、あるいは友人と同様に経済的上昇の可能性があったかもしれないと考えるようにもなった。しかし現実は、上海で暮らすための十分な資産を形成していないため、張さんは「今（上海に）帰っても大変だ、上海にはもう帰れない」と語り、生活拠点を移すことはないと考えている。また上海では近年日常生活にもIT技術が浸透し、公的な手続きや個人生活の隅々までスマートフォンでの電子申請が求められている（工藤 2022）。これに対し張さんは、不慣れな高齢者である自分が対応するには限界があるとも語り、経済面とデジタル化の比較において上海よりも長崎での生活が自分には合っていると考えている。

　一方で上海市民の証明である身分証は、今後も更新し保持していく意思を持っている。上海では公共交通機関の利用・予約には必ず身分証の確認があり、日常生活を送るうえで欠かせないものである（工藤 2022）。身分証の更新は、張さんが今後も上海での定期的な一時帰国を見据えていることを意味する。長崎で在留資格「永住」を持って生き続けることと上海人であることとは、張さんにとって矛盾なく両立しうるということを示している。

303

第Ⅱ部　日本における高学歴中国人移民女性のライフコース

張さんは故郷とは大きく異なる環境での暮らしになじめず、夫との関係性が悪化したことで離婚した。黎さんと共通の経験として、結婚していた時は専業主婦であったが、離婚後は同胞女性や支援者の日本人女性の助けを得ながら、非正規のパート労働を始めたことが挙げられる。ただし張さんのワークの場面では正規職への道が開かれていたが、母親業との天秤にかけられた結果、子どもへのケアワークのほうがより重視され、正規職は選択されなかった。また来日前の職業をいかして継承語教育と関わりながら、長崎を生活拠点として離婚後の生活を再構築した。

第6節　中国人結婚移民の「居場所」の再構築

6.1　結婚移住プロセスと感情的側面

まず黎さんと張さんの2人は、結婚前の中国での暮らしが充実しており、国外移住や結婚に積極的な動機を持ち合わせていなかった。交際期間はあったが、そもそも結婚や子どもをもつこと、また国外移住を強く望んでいないにもかかわらず、夫による移住と居住地の決定を優先され、故郷を離れる喪失感、新生活への不安、夫への反発・不満や不信感を抱きながらの移住となった。2人の日本での結婚生活では、夫への信頼はなく、望んでいない専業主婦をせざるを得なかったため、家庭においても社会的にも孤立した。

移住後、安心をもたらすはずの家族や家庭環境は、身体的・精神的・経済的暴力の空間となった。夫は身体的な暴力だけではなく、言葉によるモラルハラスメント、経済的な支配下に置こうとするさまざまなDV行為を行った。夫との婚姻関係は、たしかに安定的な在留資格や経済的な保護をもたらしたが、「安心」や「安らぎ」をもたらす「居場所」ではなかった。2人は夫との非対称な権力関係が存在する家父長制的な家庭で孤立し傷つき、夫の行為に対する悲しみや強い怒りを表明し、主体的に離婚を選択することとなった。

結婚移住は、労働移住や留学とは異なり単独の決断とはなりにくく、夫婦間の権力関係が明らかに影響する。調査協力者の2人は、自らの希望や感情と相反していても、夫の意向により移住を決断しなければならない局面を経験した。

304

第11章　中国人結婚移民女性の離婚経験と「居場所」の再構築

人の移住と感情の局面についてはどちらも「互いに共鳴し合う」（Massumi 2002: 1; Wang 2016: 132から再引用）ほど、わかりやすく結びついているとされるが、結婚移民の移住の場合はそれほど単純なものではなく、より複雑な感情の機微や力関係が反映されると言える。結婚移住前からのライフヒストリーを読み解くことで、移住前の喪失感や夫への反発・不満、不信感は、移住後の夫婦や家族関係におけるわだかまりを生じさせ、物理的な家と夫との関係性は「居場所」とはならなかったことが明らかになった。つまり家父長制的な力関係のもとでは移住プロセスと感情の複雑な結びつきは強固に変化せず、支配と心理的な距離が継続したことで、離婚の決断に至ったことが明らかになった。

6.2　「居場所」の再構築

　では離婚後、どのように「居場所」を再構築したのか。まずシングルマザーとして、子どもとの生活拠点を日本に定め、住居を借り物理的な「居場所」を得た。子育ての不安や葛藤、無力感、不安定な仕事に対する焦り、低賃金の非正規労働への不満を抱えつつも、離婚は夫の支配からの解放であり、新たな生活への希望や期待を意味していた。また自ら離婚裁判に立ち、親権を勝ち取った自信にも満ちていた。このように移民女性の移民プロセスは、さまざまなライフイベントの経験と、ワークとケアワークの実践の延長上にあった。そしてそのプロセスは感情の動きと交差的に展開されたと言える。

　また教会や日本語教室、支援組織、市役所、エスニック・コミュニティ組織に積極的に参加することで得られた、在日中国人女性や地域の女性による支援や日常的な交流は、大きな役割を果たしていた。まさに疑似家族的な親密さと、安心できる環境や信頼の置ける関係性が築かれた。2人を支える社会関係として、多くの女性の存在があったことは特筆に値する。中国人移民のホスト社会における「居場所」の構築のためには、その社会の多数派の住民（本章の場合は日本人）との交流が指標になる（Wang 2016）とされるが、2人の語りから明らかになったのは、離婚した移民女性の「居場所」の構築においては日本人支援者よりも、エスニック・コミュニティ内部の社会関係と相互扶助の重要性であった。そして教会コミュニティと日本語教室への参加、中華街におけるワークの紹介から、離婚の決断と離婚後の生活の精神的な支えまで、女性が果たし

305

ていた。日本人女性の支援者もまたホスト社会における支援機関や経済的支援策につなげ、子育てというケアワークの精神的支援の役割を担っていた。女性たちの連帯の実践が、離婚した移民女性の「居場所」を下支えしていたと言えるだろう。また中国人女性によって2人のために調整され設けられた、一時的な住まいである母子寮／シェルターは、まさに物質的かつ感情的な「居場所」の空間イメージを表している。言い換えれば、「物質的」な家／部屋の提供とともに、結婚移民の不安や恐怖という感情を中国人女性が掬い上げ、プライベートな空間で個人を保護し、安全・保護されているという安心感（感情）によって構築されていた「居場所」であった。結婚移民の場合、母国の親族にすぐに頼ることができないため、このような空間はことさら重要である。離婚した結婚移民は、この再構築された「居場所」を足掛かりに、新しい生活を開始していった。

　そして離婚後に、故郷である中国の文化や家族とのつながりが再認識・強化されることになった。横浜と長崎はかつて「老華僑」が集住し、現在の在日中国人社会を築き上げてきた土地であった。中華街で働き口を得たり、中国ルーツの子どものための継承語教育に関わり、エスニック・コミュニティの移民女性同士の共助が行われながら、中国の家族関係や文化実践の関わり方が再度見直されて紐帯が強められていった。その過程では、シングルマザーとしての悩みを抱えながらも、母国とつながりながら、黎さんにとっては夫の家族に否定されたアイデンティティを同胞女性との関わりのなかで回復させる機会となった。また張さんにとってはかつてのキャリアを生かす機会となり、移住先のエスニック・コミュニティ内部への貢献や自己実現が果たされる機会となったのである。Wang（2016）でも指摘された移住後も出身国の文化と分かちがたく結びついている中国系移民と同様の姿を見出すことができた。

　一方将来的に母国である中国への帰還は想定されていなかった。2人の場合、子どもの成長段階や子ども自身がルーツをどのように認識しているか、母親としてケア役割をどの程度担うかによって異なっていたと言える。黎さんの場合、10代前半の子どもがおり、教育課程の途中でもあることから、経済的かつ精神的にも子どもを保護・ケアし、今後も母親役割を担うことが求められている。また黎さんによれば、子どもたちは中国にルーツをもつことに対し否定的な感

第11章　中国人結婚移民女性の離婚経験と「居場所」の再構築

情をもっていることから、日本での生活が強く動機づけられ、母国への帰還は想定されていなかった。一方、張さんの場合は子どもがすでに成人を迎えており、保護者としてのケア役割を終え、経済的な心配は少なくなっている。さらに子どもたちは就職や留学という人生の重大な局面で、ルーツのある中国を選択しており、自らのルーツに対し肯定的であったと言える。ただ母親役割の負担が減り子どもたちがルーツに肯定的であるが、実際には経済的問題により帰還はかなわないと考え、生活拠点を日本に据えながら頻繁な往来を想定していた。

　このように2人のライフヒストリーを通して、離婚した中国人結婚移民は、離婚後に複雑な感情を抱えながら孤立するというより、むしろエスニック・コミュニティ内部と支援者との社会関係を結び、ワークとケアワークを行いながら移住先社会に「居場所」を再構築し、生活の拠点を定めていくということが明らかになった。また母国との往来が想定されていることは、国境を越え複数の「居場所」をもつことも示唆しているといえるだろう。

第7節　おわりに

　本章では、離婚した移民女性のホスト社会での定住と「居場所」の再構築を考察した。結婚移住前からの移住ストーリーをみたことにより、日本への結婚移住前のワークとライフの充実から、結婚移住は人生の選択肢にはなかったうえに、結婚前からすでに夫によるアイデンティティの否定や非対称な力関係があったという「前史」に触れることができた。その「前史」は結婚後の夫婦関係にも影を落とし離婚にいたるわけだが、離婚後も帰国せずに日本を生活拠点としてワークや家庭内でのケアワークを行っていく。

　2人の女性は中国では高学歴でありながら、日本では家庭でのケア役割を優先し、不本意なかたちで専業主婦となった。今回の調査ではキャリア形成については明らかにできなかったが、日本での大学や大学院進学はなされなかったことや言語的障壁に加え、そもそも家族形成の要因によっても、日本社会で学歴や職業経歴をいかせるようなワークへの就業は実現しなかった。また離婚後

307

第Ⅱ部　日本における高学歴中国人移民女性のライフコース

も母親であり稼得者でもある役割遂行のため、自らのキャリアを考えることよりも、非正規雇用で働くことを甘んじて引き受けざるを得なかった。このような専業主婦と家族優先の日々は一方では、中国語による中国人女性コミュニティ内での結びつきを得たり、地域社会の日本人支援者との出会いの場につながった。これらは女性たちの連帯によって下支えされ、「居場所」の再構築には大きな役割を果たしたとみることもできるだろう。

　そして生活拠点の再建のプロセスにおいて複数の「居場所」が再構築されていった。中国人女性の友人により用意された離婚前後に滞在した母子寮／シェルターは物理的な意味でも感情面でも、一時的な「居場所」となった。子どもと暮らすアパートの一室は物理的な意味での「居場所」となり、生活拠点の再建のプロセスにおいて複数の「居場所」が再構築されていった。さらにエスニック・アイデンティティを維持し母国の親族との紐帯を持ち続け、高齢期に差し掛かり母国を離れて四半世紀以上が経過してもなお身分証を保持したいと望むことは、現在も母国を「居場所（home country）」として認識しているといえるだろう。このように離婚した結婚移民は、さまざまな位相のなかで複数の「居場所」が再構築し、定住に向かうことが明らかになった。

付記
　本研究は、JSPS科研費 JP 21K01879 の助成を受けた。

謝辞
　2名の協力者及び協力団体のみなさまへ厚く感謝申し上げます。また黎さんのインタビューでは孫菱韓氏（支援団体スタッフ、当時）に、張さんのインタビューでは賽漢卓娜氏（長崎大学）に中国語の通訳としてご協力いただきました。そして本文中の中国語表記と発音表記は李亜姣氏（宇都宮大学）にご指南いただきました。記して感謝申し上げます。

注
(1) なお結婚移民は、結婚後「日本人の配偶者等」という在留資格をもつが、婚姻期間中に別の在留資格（たとえば「永住」）を取得しなければ、離婚後に合法的滞在ができないことから、離婚をためらわせる理由となっているという（南野 2016）。ただし離婚後に日本国籍の実子の親権を得ることができれば、「定住者」の資格が取得でき、就労の職種や居住年数に制限がない安定的な資格をもつこともできる。

308

第11章 中国人結婚移民女性の離婚経験と「居場所」の再構築

(2) 日本ではひとり親世帯に対し、各自治体が生活支援事業や経済的支援を行っている。長崎市における経済的支援として、個人の申請により、児童扶養手当や医療費補助を受けることができる。(長崎市子育て応援サイト, 2024年8月30日取得, https://ekao-ng.jp/know/treatment-medical/)

参考文献・資料

Blunt, A. and Dowling, R. 2006 *Home*, Abingdon: Routledge.

文化庁, 2023,『宗教年鑑 令和5年版』.

Charsley, K., (Ed.), 2012, *Transnational Marriage: New Perspectives from Europe and Beyond (1st ed.)*, Routledge, (https://doi.org/10.4324/9780203111772).

陳天璽, 2019,「長崎から横浜へ・横浜中華街の変貌――広東系老華僑から福建系新華僑へ」『長崎大学多文化社会研究』4: 193-216.

Constable, N., 2004, A Tale of Two Marriages: International Matchmaking and Gendered Mobility, In: Constable, N. (Ed.), *Cross-Border Marriages: Gender and Mobility in Transnational Asia*, Philadelphia: University of Pennsylvania Press, 166-186, (https://doi.org/10.9783/9780812200645.166).

Fresnoza-Flot, A. and Ricordeau, G., 2017, Introduction: International marriage of Southeast Asian women through the lens of citizenship, Fresnoza-Flot, A. and Ricordeau, G., (Eds.), *International Marriages and Marital Citizenship: Southeast Asian Women on the Move*, Routledge, 2-21, (https://doi.org/10.4324/9781315446363).

榎本泰子, 2009,『上海――多国籍都市の百年』中央公論新社.

Gorman-Murray, A. and Dowling, R., 2007, Home, *M/C Journal: A Journal of Media and Culture* 10(4), (http://journal.media-culture.org.au/0708/01editorial.php).

郝洪芳, 2021,『東アジアの紹介型国際結婚――グローバルな家族と越境する親密性』明石書店.

厚生労働省, 2022,『人口動態調査 確定数 婚姻［上巻］夫妻の国籍別にみた年次別婚姻件数・百分率』.

Kofman, E. 2004, 'Family-related migration; a critical review of European Studies', Journal of Ethnic and Migration Studies, 30(2), 243-262.

工藤哲, 2022,『上海――特派員が見た「デジタル都市」の最前線』平凡社.

Li, C.H. and Yang, W., 2019, Happiness of female immigrants in cross-border marriages in Taiwan, *Journal of Ethnic and Migration Studies*, 46(14), 2956-2976, (https://doi.org/10.1080/1369183X.2019.1585015).

南野奈津子, 2016,「移住外国人女性における国際離婚と子育てに関する研究」『法政大学大学院大学院紀要』76: 61-75, (https://doi.org/10.15002/00012805).

Massumi, B., 2002, *Parables of the Virtual: Movement, Affect, Sensation*, Durham, NC: Duke University Press.

丸川知雄, 2004,「温州産業集積の進化プロセス」『三田学会雑誌』96(4): 521(59)-541(79).

奈倉京子, 2021,「中国人の海外移住にともなう家族・ジェンダー観の変容――移住する男性の妻・嫁から自ら移住する妻・母への着目」坂部晶子編著『中国の家族とジェンダー――社会主義的近代化から転形期における女性のライフコース』明石書店, 184-204.

中生勝美, 2019,「中国キリスト教の研究状況と課題」『法・政治・社会学』11: 31-49.

Palriwala, R. and Uberoi, P. (Eds.), 2008, Marriage, migration and gender, (Vols. 1-5), SAGE Publications India Pvt Ltd, (https://doi.org/10.4135/9788132100324).

Quah, S.E.L., 2019, Transnational divorces in Singapore: experiences of low-income divorced marriage migrant women, *Journal of Ethnic and Migration Studies*, 46(14): 3040-3058, (https://doi.org/10.1080/1369183X.2019.1585023).

Roces, G, 1993, Feminism & Geography: The Limits of Geographical Knowledge, Polity Press. （吉田容子ほか訳, 2001, 『フェミニズムと地理学——地理学的知の限界』地人書房.）

Suzuki, N., 2017, Postcolonial desires, partial citizenship, and transnational 'un-mothers': Contexts and lives of Filipina marriage migrants in Japan, Fresnoza-Flot A. and Ricordeau G. (Eds.), *International marriages and marital citizenship: Southeast Asian Women on the Move*, 122-139, (https://doi.org/10.4324/9781315446363).

大野恵理, 2017, 「国際離婚後のひとり親フィリピン女性の子育て実践——「定住者」資格とジェンダー役割に着目して」『移民政策研究』13: 79-94.

大野恵理, 2022, 『「外国人嫁」の国際社会学——「定住」概念を問い直す』有信堂.

賽漢卓娜, 2011, 『国際移動時代の国際結婚——日本の農村に嫁いだ中国人女性』勁草書房.

賽漢卓娜, 2017, 「歴史の町・長崎から見た多文化『共創』——長崎の唐通事・老華僑・新華僑を中心に」『国際人流』367: 18-23.

賽漢卓娜, 2021, 「日本における高学歴結婚移民女性の仕事と家事・育児——専業主婦、パートタイム労働、フルタイム労働の中国人女性の場合」坂部晶子編著『中国の家族とジェンダー——社会主義的近代化から転形期における女性のライフコース』明石書店, 205-231.

高谷幸・大曲由起子・樋口直人・鍛治致・稲葉奈々子, 2015, 「2010年国勢調査にみる在日外国人女性の結婚と仕事・住居」岡山大学大学院文化科学研究科『文化共生学研究』14: 89-107.

谷富夫編, 2008, 『新版 ライフヒストリーを学ぶ人のために』世界思想社.

鄭楽静, 2010, 「戦前期の温州人出稼ぎ労働者——在日温州人の『前史』として」『文明構造論：京都大学大学院人間・環境学研究科現代文明論講座文明構造論分野論集』6: 107-130.

鄭楊, 2021, 「三重の期待−中国都市家族における母親規範のロジック」坂部晶子編著『中国の家族とジェンダー——社会主義的近代化から転形期における女性のライフコース』明石書店, 77-114.

Tuen, Y.C, 2021, Discretionary maternal citizenship state hegemony and resistance of single marriage migrant mothers from mainland China to Hong Kong, *Citizenship Studies*, 25(7): 936-954.

Yali, C., 2022, "Gender, Power and Subjectivity: Divorce of Chinese Migrant Women within a Transnational Marriage in Switzerland," *Revue européenne des migrations internationales* [Online], vol. 38 - n°3 et 4, (https://doi.org/10.4000/remi.21455).

横山宏章, 2017, 『上海の日本人街・虹口——もう一つの長崎』彩流社.

Wang, B., 2016, Emotions and home-making: Performing cosmopolitan sociability among first generation new Chinese migrants in New Zealand. *Asian and Pacific Migration Journal*, 25(2): 130-147, (https://doi.org/10.1177/0117196816639058).

終　章

高学歴中国人移民女性の生き方
──交差するアイデンティティのなかで

松下 奈美子・賽漢卓娜

第1節　はじめに

　本書では、高学歴中国人移民女性がホスト社会で直面するさまざまな困難や
ジレンマのなかでどのように自分らしく生きていくのかということをさまざま
な角度から検討を行ってきた。

　グローバルエリートの国際移動の議論において、ジェンダーの視点はしばし
ば見過ごされやすい。学歴や知識、技術などグローバルスタンダードな社会資
本を豊富にもつ人材の移動は一般的に移動障壁が低く、ホスト社会からも望ま
しい移民として位置づけられているため、移動によって生じる問題に焦点が当
てられにくい。

　グローバルエリートはホスト国で困る状況になりにくいだろう、かりにその
ような状況に陥ったとしても自分自身の能力や、資格、知識、潤沢な人的ネッ
トワークを駆使して問題を自力で解決できるだろうと一般的に認識されやすい。
だからこそ、多くの国の政策上の積極的な受け入れ対象となっている。

　一方で、ホスト社会の支援やサポート対象の焦点は、グローバルエリートと
は対の存在に当てられやすい。社会資本も人的資本もあまり持たず、低所得、
低学歴、低技能、さらにシングル女性への公的支援の必要性は叫ばれるのに対
し、高学歴移民女性が求める支援、特に本人の専門性を活かした職を得るため
の支援は少ないのが現状である。高学歴の特に有配偶者外国人女性という存在

311

は、ホスト社会において問題がない存在、あるいは、羨望の存在として認識されることで、彼女たちが直面する問題が不可視化されている。

ここで今いちど、本書の問題意識と、目的を振り返ろう。本書の大きな問題意識として、以下の3点を提示した。

はじめに、日本政府は公式には移民政策はとらないと明言していながらも、実態としては1年以上日本に在留する外国人を長年受け入れている実態がある。日本政府は定住外国人、在留外国人などと表現し、移民とは認めていないが、国連や、国際移住機関は、1年以上居住国を変更した者を長期移民と定義している。この定義に基づけば、日本は世界でも有数の移民受け入れ国となる。すでに300万人以上の外国人が日本で生活しているという現実をもとに、本書では日本へ移住した中国人高学歴女性の日本社会での生き方に焦点を当ててきた。

次に、日本政府が積極的に高度人材の受け入れ政策を推し進めている点である。1983年に中曽根政権のもとで始まった留学生10万人計画は、その後も発展的に継続し、第二次安部政権下で留学生30万人計画が達成され、現在は留学生40万人計画へと続いている。留学生の多くは学位取得後も日本で就職することを希望するが、実際に就職できる留学生は5割に届かない。博士号取得者の就職難は日本に限らず多くの国で指摘されているが、留学先の国で修士号や博士号を取得した高度人材がホスト社会で本人の望むキャリアを形成できているのかという問題である。学歴や資格と労働市場におけるミスマッチ、すなわち過剰学歴や資格過剰と就労については欧米を中心に研究が進んでいるが、本書では新卒一括採用、総合職採用、長期雇用を特徴とする日本型雇用制度のもとで高学歴中国人移民女性が本人の望むジョブを獲得、継続し、キャリアを形成することの難しさについて検討を行う。

上記の延長線上にある重要な問題として、高学歴女性が直面する出産育児とキャリアの追求、自己実現とのバランスがある。大学院修了、あるいは学位取得後には就職活動があるが、博士課程まで進んだ女性の場合、就職のタイミングが20代後半から30代になっている。そのタイミングで妊娠や出産が重なると、男性よりも女性はキャリア形成の重要な時期に肉体的、時間的な制約を受けることになり、さらにそれが外国人の場合は制約がより大きなものになる。高度人材やその予備軍としての留学生の積極的な受け入れの議論に関心や焦点

終　章　高学歴中国人移民女性の生き方

が当てられがちであるが、受け入れ後の定住、そして日本での就職、そして結婚、妊娠、出産を含めた長期キャリアの形成については十分な議論がなされていない。

　これらの問題意識を背景に、本書では、以下の目的で検証を行った。第一に、日本における移民の動向をマクロな視点からの俯瞰、第二に、中国人高学歴人材の国際移動を通時的に把握、第三に高学歴女性のキャリアの追求とケアワーク、特に子育てという家族ケアについての検討、第四にコーホート別、学歴別にみたキャリアの格差や家族ケアとの因果関係についての検討である。

第2節　本書で何が明らかになったのか

　日本社会における移民統合についてOECD諸国との比較をもとに検討した結果、経済的統合な統合は進んでいるものの社会統合がいまだ不十分であることを示した。本書の重要なテーマでもある学歴については、OECD諸国の高学歴の一般傾向と日本は逆で、高学歴の外国人比率は日本人よりもやや低い（第1章）。ただし第6章で示す日本の国勢調査結果では日本人のほうが高学歴率は高い結果となっている。

　在留外国人を国籍や在留資格別に見てみると、そこにはいくつかの特徴が浮き彫りとなった。日本の労働市場では外国人の二極化が進み、高度人材は正規雇用の可能性が高く、また中国籍者は多国籍者よりも正規雇用比率は高かったものの、日本人配偶者を持つ女性は外国人配偶者を持つ女性よりも正規雇用の比率が低かった。中国人に関しては、他国籍者よりも相対的に学歴が高く、また正規雇用比率も高かった。日本における外国人の就労形態は国籍・性別・年代による違いが大きい（第2章）。

　第1章と第2章からは日本で外国人が高い学歴を獲得することの難しさや、日本人配偶者を持つ外国人女性が日本で正規雇用の職を獲得することの難しさがうかがえる。外国人であり女性であることが労働市場における二重の障壁となっているが、さらに高学歴という第三の要素が加わると正規雇用、専門職への道筋がより困難となるケースがある。一般的に学歴は労働市場参入の際の障

313

壁を下げる効果をもつと考えられているが、高学歴であることが日本での求職活動の際に不利に働く学歴の逆機能性については後述する。

　本書の主要な考察対象である高学歴中国人女性の日本での就労について論じる前に、彼女たちの日本への移動について簡単に触れておく。高学歴中国人女性の国際移動とホスト社会におけるキャリアを考察するうえで、時間（時代、世代、期間）と場所（移動先）は重要な点である。1970年代後半以降、中国政府は改革開放政策を推し進め、積極的に人材を海外留学へと送り出した。改革開放政策が始まって間もない1980年代から90年代前半までの中国人留学生は国家によって選抜された極めて少数のエリートであり、次世代の国家建設を担う人材として将来を嘱望され、世界各地へと送り出された（第3章）。

　しかし、この初期の留学生派遣政策は国家主導であったため、留学先の国や大学を留学生自身が選択することはできず、たとえ自身の希望に沿わなかった行き先だったとしても、指定された国、地域、大学に移動して、留学生活を送るしかなかった。卒業後、日本で就職しようとした場合、首都圏や大都市圏に留学し日本での生活基盤を構築できた留学生と比較すると、地方都市に留学した学生は自身のキャリア形成のための機会や選択肢は限られる。日本での生活基盤や人的ネットワークをいつ、どこで構築するのかは、高学歴中国人移民女性に限った問題ではなくすべての外国人に共通の問題である。しかし、結婚、出産、子育てとキャリアの形成という点で、高学歴女性にとってはより切実な問題となる点については後述する。

　女性にとってキャリアの追求と結婚、出産、育児の両立は普遍的な課題である。日本では1986年の男女雇用機会均等法に続き、1991年には育児・介護休業法の制定、短時間勤務制度の整備など、正規雇用で働く大卒以上の学歴をもつ女性がキャリアを中断せずに働き続けるための制度が徐々に整備されてきた。2015年から2019年の調査では第1子が1歳時点で就業継続している女性は5割を超えているが、1990年から1994年までに第1子を産んだ女性では、就業継続していた女性は2割であった。日本では子育て期の女性の就業率が国際的にみても低く、子育てやそれに付随する負担は女性が引き受けていた（第4章）。

　この背景には伝統的なジェンダー役割規範や、男性正社員を念頭に置いた日本型雇用制度がある。日本型雇用制度では、企業が基幹労働力としてみなすの

終　章　高学歴中国人移民女性の生き方

は総合職として採用した大卒の正規雇用者であり、職務、勤務地、勤務時間に制限のない働き方であった。その引き換えに長期（終身）雇用、安定雇用が保証されていた。近年は転勤のない地域限定正社員という雇用形態や時短勤務などの多様な働き方があるが、かつては基幹労働力になりえないのであれば、非正規雇用への転換あるいは退職を余儀なくされることは珍しくなかった。男性と同じように働くのか否かという二者択一的な働き方を求められた高学歴女性は自分自身のキャリアを優先させるのか、母としての役割を優先させるのかというジレンマと向き合うことになる。

　伝統的な性別役割規範と自己実現のバランスは時代や世代によって大きく異なる。中国では、1950年代から1980年までのいわゆる計画経済期、改革開放後の1980年代から2010年代の市場経済期では女性の就労に関する意識も異なっている。計画経済期には、政府による婦女解放のスローガンのもと、女性は男性と同様に強大な国家建設のための重要な労働者という役割を与えられていた。それに加え家事や育児などの再生産労働も担い、家庭内の性別役割分業は固定化されていた。改革開放政策以降は市場経済が導入されるようになり、経済効率性が重視されるようになると、福利厚生の手厚い国営企業は女性よりも男性を採用するようになり、女性が就職難に直面するようになる。同時期に、女子の進学率が上昇するにつれ、女性の就労意識に変化がみられるようになった。

　60後世代では一般的とされた、卒業、就職、結婚、妊娠、出産、育児の順で進み、その順序は不可逆だと考えられてきた「標準的なライフコース」に従う必要はないのではないかと考える世代が90後である。出産、子育てによってキャリアを諦めるのではなく、どのタイミングで出産し、いつ就職するのか、誰が育児をするのかは自分のキャリアプランを構成するピースの1つであり、その順序は柔軟に入れ替えが可能、つまり出産や育児もコントロール可能なものであり、自己決定の範疇にあると考える。私的領域と公的領域のバランス、自己実現の追求と社会的役割のバランスを自分自身でいかに均衡させるかという意識へと変化していく（第5章）。

　中国では1950年の新体制以降、文化大革命の時代も含め、男女平等のイデオロギーや女性の社会参加を国家が直接的に介入したことで、都市部から農村

315

部に至るまで女性は「家庭の人」から「社会の人」へと変化した。たとえ母親であったとしても働くことが肯定的に受け止められ、専業主婦であることは否定的にみなされるようになった。

しかし、同時代の日本社会では働く女性、働く母、妻と専業主婦のイメージ、受け止められ方は中国と大きく異なっていた。「家庭の人」であることが否定的に受け止められず、良き妻、良き母として称賛される一方、「社会の人」として特に正規雇用で働く女性は、夫や子どもの世話をないがしろにしていると否定的に見られることが少なくなかった。特に日本に移動した高学歴中国人女性たちのなかには、大学院で博士号を取得して非常に高い専門的知識や技術をもっていても、専業主婦や非正規雇用で働くことを選択せざるを得なかった女性たちもいた（第6章）。

第1章で示された「移民統合指標2023」の調査結果では、日本にいる外国人は日本人よりも高学歴比率がやや低いと出ていたが、日本の国勢調査では、日本にいる中国人女性は30代、40代、50代のいずれの世代でも日本人女性の大卒比率を上回っていた。しかし、この高学歴者比率は日本での就労には結びついていない。特に配偶者が日本人男性の場合、フルタイムで働いている中国人高学歴女性は少ない。就労意欲も高く学歴も高いにもかかわらず、就労していないあるいは、非正規雇用などで就労している背景には、学歴過剰とパイプラインの漏れがある。求職活動において高学歴が不利に作用する点、ライフステージの各節目におけるキャリアの接続、継続がうまくいかないのはなぜなのか。

働く女性のキャリア継続が中断される大きな要因の1つが出産、子育てである。親自身が学業達成の恩恵を受けている、あるいは学業、学歴に価値を見出している場合、自身の子どもに積極的に教育投資を行う。とりわけ日本を含め東アジアでは子どもの教育、しかも最長で子どもの大学入学まで親が積極的に関与することがめずらしくない。乳幼児期のケアにとどまらず、習い事、受験のための自宅学習、塾への送迎などが10年以上にわたって継続する。さらに高学歴中国人移民女性の場合、母親の母語である中国語の学習も加わる。とりわけ育児期においては、ホスト社会の女性以上に子育てのサポート資源が欠乏することになる。その結果、子どもの教育に積極的に関与する場合、親、特に正規雇用で働く母親のキャリアとのトレードオフになりやすい。（第7章）。

終　章　高学歴中国人移民女性の生き方

　子どもにとってより良い教育環境を整備するための教育投資には多大な時間と費用が必要となる。祖父母の協力が得られない場合、夫婦のみでこのコストを捻出しなければならない。日本で暮らす中国人夫婦でも夫婦間の負担は均衡せず、妻に子育ての負担が偏重していた。この負担偏重を均衡させるための交渉力は妻の経済力にあり、妻の経済力が弱い場合は交渉力も弱くなり、結果として妻がキャリア中断、修正を余儀なくされる傾向にあった（第8章）。

　日本で子育てをする高学歴中国人移民女性はどのような資源、支援を活用しているのか。中国では伝統的に祖父母が積極的に育児にかかわる共同育児や、親族や近所の知人なども含め自身のもつ人的ネットワークを頼りに子育てを行う傾向がある。しかし日本に移動した中国人夫婦の場合、中国にいれば確保できた育児支援を十分に確保することができない。日本の国、自治体の育児支援制度はあるものの、非正規雇用や無職の女性よりも正規雇用で働く女性が優先される。特にコロナ禍で人との接触が厳しく制限された時期の子育ては子育ての担い手にかかる肉体的、精神的負担が増加した。この時に日本在住の中国人で近い属性を持つ母親同士のSNSやオンライングループで子育てに関する情報収集を行い、子育て支援のオンライン化が進んだ（第9章）。

　子育て期の母親は社会から孤立しやすい。特に出産前まで就労していた女性が産休、育休期間に入る、あるいは退職するとそれまでの社会的ネットワークから切り離される。妻が研究職のような専門職の場合、夫の勤務地と同じ地域で職を得られるとは限らず、別居生活を送ることを余儀なくされるケースも少なくない。そのような状況で出産、育児に直面すると女性の孤立感、負担感はより強まる。それがコロナ禍の外国人女性の場合、母国の両親の呼び寄せもできず、日本人の夫も普段は遠方に住み、週末しか会えないという状況では、頼れる資源が皆無に等しかった。母親としての役割を完璧に果たさなければならいと思うと、精神的にも肉体的にも極限まで追い込まれる。そうしたなかで産後うつを患い、自治体の公的支援を積極的に活用しながら回復した過程をもとに、精神的、肉体的なケアを必要とする外国人女性への公的支援の充実を明らかにした（第10章）。

　日本で離婚を経験した外国人移民女性にも公的支援や精神的な「居場所」の充実が必要である。国際結婚は移住女性にとって安定した居住資格をもたらす

317

一方で、夫婦間の権力関係の不均衡や家庭内での困難に直面し、離婚を決断せざるを得ない場合もある。特に子どもを引き取って離婚した場合には、母親と稼得者の二つの役割を同時に課せられることになる。出身国に戻って両親や親族の支援を受けることを選択しない場合、ホスト社会のさまざまな支援が重要になる。離婚後に地域コミュニティや支援団体とつながることで、新たな人間関係を築き、社会的、精神的居場所を確保することで、自分らしく生きる人生を再びスタートさせることができる（第11章）。

第3節　複雑な交差性のなかで生きる高学歴中国人移民女性

　高学歴であり、中国人であり、移民であり、女性であるという複数のアイデンティティを持ちそれらが複雑に交差する存在が本書の考察対象である。彼女たちは移動先の日本社会でさまざまな困難や障壁に直面し、それを打破し、乗り越えようと必死にもがき続ける。「個人」や「エスニックグループ内の自助」や努力で乗り越えたり打破できる困難や障壁もあれば、日本社会の構造的な問題で、移民側だけの努力ではどうにもならず挫折することもある。

　移民側の自助や努力ではいかんともしがたい構造的問題の1つが日本型雇用制度である。日本型雇用制度の特徴は、4年制の大卒人材の新卒の総合職採用を起点とし、企業の基幹労働力として育成するために、さまざまな職種、職務をローテーションさせる。総合職として正規に雇用された者は原則として勤務時間、勤務地、勤務内容が限定されない。その結果、長時間労働の常態化、数年おきの転勤が日本の大企業を中心に長年行われてきた。こうした働き方が子育てや家族ケアとの両立を困難にすることはすでに見てきた通りだが、もう1つの重要な点が日本企業の慣行である新卒一括採用であり、それにともなう学歴の逆機能性である。

　2007年10月の雇用対策法改正により、採用時における応募者の年齢制限は原則認められなくなったが、それまでは採用時に何歳以下という表記や、昭和〇年以降に生まれた者といった募集制限がごく一般的に行われていた。日本企業は新卒至上主義ともいえるほどに新卒採用に比重を置いていたため、大学4

終　章　高学歴中国人移民女性の生き方

年か修士2年のタイミングで正規雇用の内定を獲得できないと、その後正規雇用に就くことは困難であった。そのため、1990年代後半から2000年代初頭の氷河期には内定を獲得するために大学卒業を遅らせ、留年してまで新卒として求職活動を続ける学生も少なくなかった。また第二新卒という新しいカテゴリを生み出し、大学を卒業後3年間であれば職歴があっても新卒とみなす、として新卒者を採用することに多くの企業はこだわっていた。

　この職種や職務を限定せず、新卒総合職採用にこだわる日本型雇用で不利になるのは、教育機関を修了する時点の年齢が採用側の想定よりも高く、専門性の高い人材である。つまり大学院修了以上の学歴を有する人材や、すでに3年以上の職歴のある人材がそれに該当する。大学院以上の学歴、学位を有していることが応募条件となる職種は非常に限られる。大学や研究所、シンクタンクなど修士、博士の学位をもっていることが要求される、あるいは評価される職を獲得できるのは少数である。大多数の修士、博士課程修了者はどうなるのか。2007年以前は、特に文系の大学生、院生の間では修士課程を修了する24歳から25歳までが就職可能、あるいは公務員試験などの受験可能な年齢上限だというのが共通認識であり、それ以上の年齢になると大手企業に正規職で雇用されることは非常に困難であった。

　出身国や日本以外の国で大学を卒業後、あるいは就職後に日本に留学し、大学院に進学した場合、日本人学生よりも年齢が高いことが多く、企業の採用条件に合致せず、かつては応募の機会さえも与えられなかった人も多くいたと思われる。正規雇用の職を得ることは極めて困難でも、多くの人は生計を維持するために何らかの手段で収入を確保しなければならず、非正規雇用や年齢、学歴不問の求人に応募せざるを得ない。自分自身の専門性を活かせる職や自分の思い描くキャリアのための職とはかけ離れた職に就くことの挫折感、大学院に進学したことで喪失した機会や社会から排除される経験、あるいは不本意な就職活動によって得た職場での、「あの人実はもう30歳超えてて大学院まで出ているらしいよ、しかも博士号とか持ってるんだって」といった周囲の好奇の視線は、本人の自尊心を傷つけるものであり、ある意味で学歴の逆差別ともいえよう。

　さらに、日本企業は外国人に対し、日本の企業文化、慣習を全面的に受容し、

319

それらに同化することを要求する。トランスナショナルな移動を経た労働者の視野や経験を活かすのではなく、日本企業の論理で細分化された職務内容に拘束され、また新卒採用との年齢ギャップから生じる心地悪さなど、高学歴移民労働者の生産性を大いに制限してしまうことにもなる。

第4節 ┃ 日本におけるパイプラインの漏れはなぜ発生するのか

　働く女性のキャリア継続が中断される大きな要因の1つが結婚、出産、子育てであることはすでに述べた。結婚や出産、子育てというライフステージの節目節目で職種や雇用形態を変更したり、離職するとその後元の職種に正規雇用として復職することは容易ではないとされてきた。

　親自身が高学歴の場合、子どもに積極的な教育投資を行う傾向が明らかになっている。第3章でも触れたが、子どもの教育のために母親と子どもが海外移住するケースもある。韓国を筆頭に、日本も中国も教育熱は高く、子どもの教育に親が積極的かつ長期間にわたり関与する傾向にある。

　育児休暇は最大で2年とされているが、そこで職場に正規雇用として復帰するか否かは、自分の子どもに将来的にどのような教育を受けさせるかという中長期的な計画と関連する。端的に言えばどの時点で子どもに受験させるのかということである。高学歴の親は自分が受けてきた教育、自分が獲得した学歴と同等かできればそれ以上の教育、学歴を与えたいと考える。つまり自分の子どもが自分の学歴よりも下降することを回避しようとする（吉川 2006）。子どもの教育と自分のキャリアの両方を最優先できればよいが現実的には難しく、その二つはトレードオフの関係にある。

　特に昨今は受験熱が高まり、小学校受験の場合は3歳頃から幼児教室に通い、中学校受験であれば小学校3，4年頃から塾に通い始める。特に小学校、中学校受験は子どもが一人でできることが限られているため、親ないし大人の関与が不可欠であり、いわゆる家族ケア、子育てとされる範疇を大きく超えた子どもの受験のための献身的なサポートが必要となる。塾や習いごとへの送迎や、塾に行くまでの日中時間帯の自宅学習などは一部外注できないこともないが、

やはり親が担わなければならない部分が大きい。夫婦ともに正規雇用で残業や出張が多い働き方では、親子の二人三脚と言われる小学校、中学校受験に対応することは難しく、必然的に夫婦のどちらかが働き方や職種を変えるかあるいは退職して子どもの教育に専念する場合が少なくない。そしてしばしば母親がその役を担うことになりやすい。父親は子どもに必要な教育費を稼ぐ役割を担い、母親は費用以外の部分のサポートを担うという役割分担が行われる。

　子どもの教育が終わって復職しようとしても、子どもの教育に費やした時間は履歴書上では空白の時間とみなされ、その期間が長くなればなるほど正規雇用への道は困難になる。専業主婦ではなく、非正規雇用で何らかの就労を継続していたとしても、その職歴は正規雇用と同等の職歴とは評価されにくい。

　日本では「この道一筋何十年（の職人）」という言葉が表すように、昔から業種、産業問わず一貫したキャリアが好まれ、良しとされてきた。途中で道を違える人、道を行ったり来たりする人に対し、社会は否定的な評価をくだすきらいがあった。そして、いつの間にか日本社会では「自己責任」という言葉が世間を席巻し、自由意思による自らの行為に対する結果や責任は自分で引き受けるのが当然であるという風潮が広まった。乳幼児の育児や老親の介護のように、やむを得ない、避けられない家族ケアと違って、自分の子どもの将来のためにより良い教育を受けさせたいという自発的動機に基づく離職や転職によって引き起こされる結果は本人が受け入れるべきだという意見も散見される。このような社会で生きることを人は幸福だと感じられるだろうか。

第5節　今後の課題と展望

　本書では、高学歴中国人移民女性の生き方について検討を加えてきた。高学歴女性のキャリアに関する研究は日本人女性に焦点が当てられがちで、高学歴の移民女性の存在や、キャリアに関する問題は見落とされがちだったというのが本書の出発点である。

　現在、日本は推計よりもハイペースで少子高齢化が進み、積極的に高度外国人材や留学生の受け入れを進めている。しかし、受け入れ後の定住、そして日

本での就職、そしてキャリアの形成については十分な議論がなされていない。こうした状況のなか、高学歴移民女性が日本で直面してきたキャリアの問題を移民問題として一括りにしてはならない。それは問題を矮小化してしまい、問題の本質を誤認してしまう危険がある。この問題は日本社会全体に突き付けられた課題だと認識すべきである。

　1980年代初期の国費留学生のように留学先を中国政府から指定されて選択の余地がないなかで日本に移動したような例を除けば、日本に移動してきた高学歴人材の多くは複数の移動先の候補のなかから日本を選んで来ている。彼ら・彼女らが日本で生きること、日本で働き、日本で子どもを産み育てていくことが幸福だと感じることで外国人の日本社会への統合へとつながり、ひいては社会全体の幸福へとつながっていくのではないか。

　育児がチャイルドペナルティと言われたり、子どもにより良い教育を受けさせようと思えば膨大な教育コストがかかり、子どもの教育と自分自身のキャリアがトレードオフの関係にあり、正規雇用のルートからいったん外れると周縁労働に滞留せざるを得ない社会で、子どもを産み育てたいと思うだろうか。子どもと自分にとってより良い環境、より幸福な生き方を求めて日本から他国への移動を考える人も出てくるのではないか。

　働き方改革、子育て無償化、授業料無償化、就学支援制度、高度人材ポイント制度、留学生40万人計画、育成就労制度、博士人材活躍プラン、不妊治療の保険適用など、あらゆる方面からいろいろな支援策、制度改革が次々に打ち出されるが、それらが各々独立していては日本社会全体の課題解決にはつながらない。それぞれが有機的に連結し環状構造となることで、好循環が生み出されるのではないだろうか。

参考文献・資料

吉川徹, 2006,『学歴と格差・不平等——成熟する日本型学歴社会』東京大学出版会.
濱口桂一郎, 2009,『新しい労働社会——雇用システムの再構築へ』岩波書店.
濱口桂一郎, 2022,『ジョブ型雇用社会とは何か——正社員体制の矛盾と転機』岩波書店.

あとがき

　振り返ってみると、編者の私の長かった留学人生は、ちょうど日本の就職氷河期と重なった。キャンパスライフは私の性に合って、来日後には数多くの学友ができた。来日当初はまだバブル経済が崩壊して間もない頃であり、日本人の大先輩のファッションには新鮮なバブルの名残りが感じられたし、中国人留学生の大先輩は、バブル時の豪華ぶりも聞かせてくれた。その大先輩たちはいずれも文系で、博士後期課程にすでに数えて10年前後もいた。日本の博士号の取得はとても難しいとさんざん聞かされた。先輩たちはその後、それぞれ日本と中国で教鞭をとるようになった。そのあとも、キャンパスや社会で数え切れない学友と出会ったが、彼ら・彼女らの長い博士号取得までの道のりがあっても就職は明らかに難しいものであった。それだけではなく、大学生の就職難も肌で感じ、私が当時生活していた中部地域へのリーマンショックによる打撃も体感した。

　特に博士課程に進学した女子留学生の悩んでいる姿が自分とも重なり、深く印象に刻まれていた。博士号を取得できなかった悔しさ、博士課程に在学期間の長期化で結婚出産できないことへの恐怖、などなど。時間が経つにつれて、私自身の中国人結婚移民研究の延長線で、非常勤講師同士の集まり、地域の新華僑のイベント、継承語教室、職場などでさらに多くの高学歴移民女性と巡り合った。話が盛り上がったあと、一抹の寂しさを浮かべながら、日本で自分の進学やキャリアの挫折について語ってくれ、気が付くと数時間も過ぎていたこともめずらしくなかった。今度ぜひじっくり聞かせてと約束したことも何度もある。しかし、意外と日本社会はこういった女性の存在に気づかない。また、中国社会でも、「活躍できていない」高学歴女性に冷ややかな視線がある。

323

こうした問題意識が論文執筆の契機となって、論文発表を重ねてきた。その後、科研費を得て（基盤研究Ｃ「高学歴移民女性の移住過程におけるワークとケアワークに関する研究」、2021～2024年度、課題番号：21K01879）、私の所属する長崎大学や同大学ダイバシティー推進センターの海外派遣支援も受けた。

　この研究は、若手研究者の田嫄氏（途中帰国就職）と大野恵理氏とともにスタートしたが、新型コロナウイルスは一向に終息せず、調査の実施は本当に難しかった。それでも、私の海外派遣中（2021年度）も、なんとか手持ちの調査結果や先行研究などをオンライン研究会で互いに勉強し合い、モチベーションを保とうとした。一部のメンバーとやっと再会できたのは、2023年3月に入ってからであった。久しぶりに上京し、隔世の感を覚えながら、ささやかな研究会を実施した。それから、対面の学会が増え、このような研究をしていると話していると、「面白そうな研究」「大学院で教えた中国人女子大学院生はその後どうなるかすごく気になる」などの周囲の興味関心はとても励みになった。研究仲間と話しているうちに、最終成果は本の形にしようと野心が大きくなり、それを目標にした。本の構成を練り、もっと多くのメンバーに参加してもらうことの必要性を認識した。長年の研究仲間や、共感して参加して下さった方、メールで直接に誘った方、研究仲間から紹介して下さる方、皆さんは快諾して下さった。さあ、本の出版を目指そう、と2023年度に決心して、そこからは一直線に出版作業を進めた。複数回のオンライン研究会で互いの研究をすり合わせて、2024年11月30日に日本東北学院大学で開催された比較家族史学会でシンポジウム「高学歴移民女性の移住過程におけるワークとケアワーク」を開催した。その際、上林千恵子先生、李善姫先生、平井晶子先生の各諸氏からはコメンテータとして貴重なご示唆をいただき、フロアからも重要な意見をいただいた。

　移民研究や家族社会学分野の重鎮もしくはベテランの研究者、近藤敦氏、西村純子氏、松下奈美子氏、鄭楊氏、施立平氏は、しっかりとした礎を作って下さった。その礎の上、斬新さと希望にあふれる若手研究者はのびやかに躍動した。李雯雯氏、孫詩彧氏、田嫄氏、劉楠氏、大野恵理氏の各諸氏の研究にとても触発された。メンバー同士は協力し合い、多忙ななかで議論を深化させてきた。研究会や学会の合間、東京・仙台・名古屋・三重のカフェや研究室での歓

あとがき

談や思考のぶつけ合い、深夜までの相談、ピンチの時の支え合いは、何よりも非常に濃密で楽しい時間であり、心が温まる時間でもあった。本プロジェクトに参加し、執筆いただいたすべての関係者の方々に御礼申し上げたい。本書は、このプロジェクトによる直接の成果となる。また、日本社会を生きる移民と向き合い、かかわり、理解し合ううえで、何らかの指標や助けになる部分があれば幸いである。

　何よりも、本書で時間を割いてくださり、貴重な人生の経験を語って下さった調査協力者たちに御礼申し上げたい。あなた方の語りは、われわれの社会を豊かにしている。

　迷ったときに道案内をして下さった師匠の今津孝次郎先生（名古屋大学名誉教授・星槎大学大学院教育学研究科特任教授・教育社会学）、文章を丁寧に推敲して下さった葉柳和則先生（長崎大学多文化社会学研究科教授・文化社会学）、そして各著者の執筆に当たって助言をいただいた皆さまにも心より感謝を込めたい。また、私もそうだったが、著者の皆さんの家族の協力も欠かせないものだった。

　長崎大学多文化社会学研究科の読書会で各章を輪読した研究員や大学院生、留学生の皆さんのあいだでは活発な議論が繰り返され、それはたいへんよいヒントになった。この場を借りて感謝申し上げたい。

　なお、本書は諸般の事情で、執筆完了から刊行まで、かなり時間がかかっている。出版を引き受けいただいた明石書店取締役編集部長の安田伸氏は、編集作業も担当して下さった。多大なご苦労をいただいた安田氏に深く感謝申し上げたい。安田氏の支えがなければ、本書は到底出版までたどり着かなかったと思う。

　モンゴル学研究者であった父ヒシクトクトフは、このプロジェクトの期間中に他界した。私に近くにいるときは食後の散歩のなかで、そして離れているときは通話アプリを通じて研究や人生の多くの示唆を与えてくれた。父は海外で学ぶのを支え、本書まで導いてくれた。本書は、特に父に捧げたい。

　2025年2月24日

　　　　　　　　　　　　　　　　　　　　　　　　春びらきの長崎にて

　　　　　　　　　　　　　　　　　　　　　　　　　　賽漢卓娜

◎編著者・著者紹介

賽漢卓娜（さいはんじゅな）──編著者、まえがき・序章・第6章・終章・あとがき
長崎大学多文化社会学研究科 教授。博士（教育学）。専攻：移民研究、家族社会学。
主な著作：『国際移動時代の国際結婚──日本の農村に嫁いだ中国人女性』（勁草書房、2011年）、「高学歴既婚移民女性のフルタイムへの挑戦」（『比較家族史研究』第34号、2020年）、「『主婦化』される高学歴移民女性」（『中国21』第54号、2021年）、『中国の家族とジェンダー──社会主義的近代化から転換期における女性のライフコース』（共著、明石書店、2021年）、「COVID-19疫情下日本新华侨的共助和公助──以在日移民团体调查为例」（『日本人文社会研究』第1辑、2023年）。

近藤 敦（こんどう あつし）──第1章
名城大学法学部 教授。博士（法学）。専攻：憲法学、国際人権法学、移民政策。
主な著作：『「外国人」の参政権』（明石書店、1996年）、『政権交代と議院内閣制』（法律文化社、1997年）、『新版 外国人参政権と国籍』（明石書店、2001年）、『外国人の人権と市民権』（明石書店、2001年）、『多文化共生と人権』（明石書店、2019年）、『人権法〔第2版〕』（日本評論社、2020年）、『移民の人権』（明石書店、2021年）、『国際人権法と憲法』（明石書店、2023年）。

李 雯雯（り うぇんうぇん）──第2章
立教大学社会学部現代文化学科 助教。博士（社会学）。専攻：家族社会学。
主な著作：「育児負担感に対する祖父母育児支援の緩和機能──性別と実義親による違い──」（『家族社会学研究』36(2): 139-150、2024年）、「異質な近代化──EASS 2016による日本と中国の配偶者選択の分析」（『立命館産業社会論集』58(3): 123-134、2022年）、Li, W. and J. Tsutsui, "Gender Differences in Intergenerational Relationships in Contemporary Urban China," *Japanese Journal of Family Sociology*, 33(2): 157-170, 2021.

松下 奈美子（まつした なみこ）──第3章・終章
鈴鹿大学国際地域学部 教授。博士（社会学）。専攻：移民政策研究、国際労働研究。
主な著作：『クラスター化する高度人材の国際労働移動──ポジション競争を勝ち抜く集団』（日本評論社、2024年）、松下奈美子・是川夕（2023）「中国：大きく変化する国際移動のパターン」（田辺国昭・是川夕編『国際労働移動ネットワークの中の日本──誰が日本を目指すのか』第8章、日本評論社、2023年）、「若年中国上位大学出身者の国際労働移動に関する意識調査──日本への移動を規定する要因に着目して」（『移民政策研究』11: 95-113、2019年）。

西村 純子（にしむら じゅんこ）──第4章

お茶の水女子大学基幹研究院 教授。博士（社会学）。専攻：家族社会学。

主な著作：『ポスト育児期の女性と働き方──ワーク・ファミリー・バランスとストレス』（慶應義塾大学出版会、2009年）、『子育てと仕事の社会学──女性の働きかたは変わったか』（弘文堂、2014年）、*Motherhood and Work in Contemporary Japan*（Routledge, 2016年）、『社会学で考えるライフ＆キャリア』（共編著、中央経済社、2023年）。

鄭 楊（てい よう）──第5章

中国哈爾浜（ハルビン）師範大学東語学院 教授。博士（文学）。専攻：家族社会学、ジェンダー社会学、日中文化比較。

主な著作：『転換期を生きる中国都市部家族の育児と女性たち』（大阪公立大学共同出版会、2019年）、『21世紀的日本家庭──何去何从』（翻訳、社会科学文献出版社、2021年）、「育児と仕事の競合──中国における『専業ママ』の母親規範を問い直す」平井晶子・中島満大・中里英樹・森本一彦・落合恵美子編『〈わたし〉から始まる社会学──家族とジェンダーから歴史、そして世界へ』（有斐閣、2023年）。

施 利平（し りーぴん）──第7章

明治大学情報コミュニケーション学部 教授。博士（人間科学）。専攻：家族社会学、中国研究。

主な著作：『戦後日本の親族関係：核家族化と双系化の検証』（勁草書房、2012年）、『現代中国家族の多面性』（共著、弘文堂、2013年）、『家族のなかの世代間関係──子育て・教育・介護・相続』（共編著、日本経済評論社、2021年）、『中国の一人娘は出産とどう向き合うのか──一人っ子政策／結婚／世代間交渉』（青弓社、2024年）。

孫 詩彧（そん しいく）──第8章

国際日本文化研究センター 助教。博士（教育学）。専攻：家族社会学、ジェンダー社会学。

主な著作：『家事育児の分担にみる夫と妻の権力関係──共働き家庭のペアデータ分析』（明石書店、2022年）、『ジェンダーレンズで世界観察』（ビジネス実用社、2025年）、「家事育児の分担に見る夫と妻の権力経験──育児期の共働き家庭の事例を用いて」（『家族社会学研究』31(2): 109-122、2019年）、訳著『ジェンダード・イノベーションの可能性』（小川眞里子他編著、明石書店、2024年）など。

田 嫄（でん げん）──第9章

中国山東師範大学外国語学院 准教授。博士（社会科学）。専攻：家族社会学、地域研究、通訳研究。

主な著作：『バランスの舞台裏──中国80後（バーリンホウ）の仕事と家事・育児の役割調整プロセス』（三学出版、2023年）、「中国男性のジェンダー意識とライフスタイルの選択──山東省における『80後』男性の稼得役割と家事・育児役割調整プロセス」（『家族関係学』39: 43-56、2020年）、「旅日中国家庭育儿支持资源使用分析」（『国際社会科学雑誌（中国語版）』40、2023年）。

劉 楠（りゅう なん）――第10章

山梨英和大学人間文化学部 専任講師。博士（社会科学）。専攻：家族社会学、ジェンダー研究。

主な著作：『キャリア・デザインと子育て――首都圏女性の調査から』（共著、お茶の水女子学術事業会、86-99、2016年）、「中国農村部の留守児童問題と中華全国婦女連合会の支援活動」（『日中社会学研究』26: 109-124、2018年）、『中国と日本における農村ジェンダー研究――1950・60年代の農村社会の変化と女性』（共著、晃洋書房、36-51、2024年）。

大野 恵理（おおの えり）――第11章

獨協大学外国語学部 専任講師。博士（文学）。専攻：国際社会学、移民研究、ジェンダー研究。

主な著作：『「外国人嫁」の国際社会学――「定住」概念を問い直す』（有信堂、2022年）、「国際離婚後のひとり親フィリピン女性の子育て実践――『定住者』資格とジェンダー役割に着目して」（『移民政策研究』13: 79-94、2021年）、「結婚移民のローカルな『居場所』――マルチ・エスニックな職場と地域社会」（『移民研究年報』30: 9-22、2024年）。

高学歴中国人移民女性のライフコース
—— 仕事・家族・ジェンダー規範

2025年3月31日　初版第1刷発行

　　　　　　　　　　編著者　　賽漢卓娜
　　　　　　　　　　発行者　　大江道雅
　　　　　　　　　　発行所　　株式会社　明石書店
　　　　　　　　　　　　　　　〒101-0021
　　　　　　　　　　　　　　　東京都千代田区外神田6-9-5
　　　　　　　　　　　　　　　TEL 03-5818-1171
　　　　　　　　　　　　　　　FAX 03-5818-1174
　　　　　　　　　　　　　　　https://www.akashi.co.jp/
　　　　　　　　　　　　　　　振替 00100-7-24505

装丁：金子 裕
組版：朝日メディアインターナショナル株式会社
印刷・製本：モリモト印刷株式会社

（定価はカバーに表示してあります）　　　　　　　　ISBN 978-4-7503-5920-5

COPY〈出版者著作権管理機構　委託出版物〉
　　　無断複製は著作権法上での例外を除き禁じられています。複製される場合は、そのつど事前に、出版者著作権管理機構（電話
　　　4-5088、FAX 03-5244-5089、e-mail: info@jcopy.or.jp)の許諾を得てください。

ジェンダード・イノベーションの可能性

小川眞里子、鶴田想人、弓削尚子 編著

■四六判／並製／424頁 ◎2700円

「ジェンダード・イノベーション」とは、男女のステレオタイプに陥ることなく性差を知的創造と技術革新に組み込んでいくことで、新たな開発や発見を実現するという概念である。世界的な大きな広がりをもって推進されつつあるジェンダード・イノベーションの本邦初の入門書。

● 内容構成 ●

序論「ジェンダード・イノベーション」とは
特別寄稿 ジェンダード・イノベーションの新展開

第Ⅰ部 ジェンダード・イノベーションへ向けて
「責任」としてのジェンダード・イノベーション／イノベーション論としてのGIとその多様性／RRIとジェンダード・イノベーション／生命科学分野におけるジェンダード・イノベーション／EUにおけるジェンダード・イノベーションの展開

第Ⅱ部 ジェンダード・イノベーションをひらく
アレクサと音姫／近代〈男性主導〉社会の転換点を前に／当事者研究と共同創造／自閉症とジェンダーの交差性／ジェンダー・イノベーションを駆動するデザインの力／フェムテックの倫理的課題とジェンダード・ソーシャル・イノベーションの提案

第Ⅲ部 ロンダ・シービンガー講演録

結婚移住女性のメンタルヘルス
異文化ストレスと適応過程の臨床心理学的研究
一條玲香著
◎3600円

東北の結婚移住女性たちの現状と日本の移民問題
不可視化と他者化の狭間で
李善姫著
◎3500円

東アジアの紹介型国際結婚
グローバルな家族と越境する親密性
郝洪芳著
◎2500円

「素顔の国際結婚」の今
世代をつなぐ国際家族のリアル
国際結婚を考える会JAIF編
◎2600円

ヨーロッパの中国系移民第2世代
コミュニティ・社会統合・アイデンティティ
山本須美子編
田嶋淳子、布川あゆみ、村上一基、王維著
◎4800円

中国系新移民の新たな移動と経験
中国社会研究叢書[1]
奈倉京子編著
◎3800円

中国人留学生の異文化適応と友人形成
原因帰属を解明し教育的介入の有効性を考える
小松翠著
◎3500円

移民社会学研究
実態分析と政策提言1987-2016
駒井洋著
◎9200円

〈価格は本体価格です〉

家事育児の分担にみる夫と妻の権力関係
共働き家庭のペアデータ分析

孫詩懿 著

■A5判／上製／208頁 ◎3500円

育児期における共働き家庭の役割分担はなぜ偏るのか。本書は、権力という観点を切り口に、子どもの誕生と成長を夫と妻が共に経験していくなかで、共働きカップルの家事育児分担・調整に何が起こるかを実証的に解明する。

●内容構成●

序　章　子どもを持つ共働き夫妻に何が起こっているのか

第1章　夫妻の役割分担研究の到達点と課題

第2章　未就学の第1子を持つ共働き家庭の役割分担

第3章　権力という観点と分析方法

第4章　子どもが生まれるまでの家事分担

第5章　子どもが生まれた後の役割分担とその変化

第6章　調整されなくなる夫妻の役割分担

終　章　平等な役割分担の調整可能性で捉え直す役割関係

女性研究者支援政策の国際比較
日本の現状と課題

河野銀子、小川眞里子編著　◎3400円

外国人専門職・技術職の雇用問題
職業キャリアの観点から

塚崎裕子著　◎5800円

日本の女性起業家のキャリア形成
69人のライフヒストリーが教えてくれたこと

李侖姫著　◎3400円

女性非正規雇用者の生活の質評価
ケイパビリティ・アプローチによる実証研究

山本咲子著　◎3600円

ジェンダー研究が拓く知の地平

東海ジェンダー研究所記念論集編集委員会編　◎4000円

ジェンダーと政治理論
インターセクショナルなフェミニズムの地平

メアリー・ホークスワース著
新井美佐子、左髙慎也、島袋海理、見崎恵子訳　◎3200円

ジェンダーに基づく暴力の連鎖を断ち切る
被害者／サバイバー中心ガバナンスによる包括的アプローチ

経済協力開発機構（OECD）編著
濱田久美子訳　◎3800円

「大恐慌の子どもたち」親世代のライフコース
20世紀を生きたアメリカ人の家族／ジェンダー・人間発達

リチャード・A・セッターステン・Jrほか著
岡林秀樹訳　◎5800円

〈価格は本体価格です〉

多文化共生と人権

諸外国の「移民」と日本の「外国人」

近藤敦 著

■A5判／並製／336頁 ◎2500円

EU各国や北米、豪州、韓国における移民統合政策との国際比較を行い、日本の法制度と人権条約等の国際的な人権規範との整合性を検討することで、日本の実態と課題を多角的な視点から整理。求められる「多文化共生法学」の地平を切り開き、多文化共生政策の実態と課題、展望を考察する。

◆内容構成◆

第1章　人権法における多文化共生
第2章　多文化共生社会とは何か
第3章　外国にルーツを持つ人に関する法制度
第4章　移民統合政策指数等における日本の課題
第5章　ヘイトスピーチ規制と差別禁止
第6章　労働参加——民間雇用と公務就任
第7章　社会保障の権利
第8章　保健医療の権利
第9章　多文化家族と家族呼び寄せ
第10章　教育の権利と義務
第11章　政治参加——参政権と住民投票
第12章　複数国籍
第13章　難民の権利——とりわけ難民申請者の裁判を受ける権利
第14章　無国籍者に対する収容・退去強制・仮放免の恣意性
第15章　多文化共生法学の課題と展望——言語政策とその先

国際人権法と憲法
近藤敦著
多文化共生時代の人権論
◎2500円

移民の人権
近藤敦著
外国人から市民へ
◎2400円

「多文化共生」言説を問い直す
山本直子著
日系ブラジル人第二世代・支援の功罪・主体的な社会編入
◎4200円

人の移動とエスニシティ
中坂恵美子・池田賢市編著
越境する他者と共生する社会に向けて
◎2200円

自治体がひらく日本の移民政策【第2版】
毛受敏浩編著
地域からはじまる「移民ジレンマ」からの脱却
◎2400円

日本型多文化教育とは何か
松尾知明著
「日本人性」を問い直す学びのデザイン
◎2600円

ニューカマーの世代交代
樋口直人・稲葉奈々子編著
日本における移民2世の時代
◎3600円

日本の「非正規移民」
加藤丈太郎著
「不法性」はいかにつくられ、維持されるか
◎3600円

〈価格は本体価格です〉

日本の移住労働者

OECD労働移民政策レビュー：日本

経済協力開発機構（OECD）編著

是川夕、江場日菜子 訳

■A5判／上製／288頁　◎3600円

日本特有の状況における労働移民政策の役割はどうあるべきか。高齢化が労働力人口に及ぼす影響に対応するため、ここ数年で海外からの人材採用のガバナンスに大きな政策変更を導入した日本の労働移民政策とその有効性を検証し、今後の方向性を明らかにする。

●内容構成●

第1章　日本の労働移住制度に関する評価の概要と主な提言

第2章　労働移住の背景

第3章　日本への労働移住

第4章　労働移住の政策枠組み

第5章　高技能移民と留学生の獲得と定着

第6章　訓練と技能に基づく労働移住

図表でみる移民統合 OECD/EU インディケータ（2018年版）

経済協力開発機構（OECD）、欧州連合（EU）編著
斎藤里美、三浦綾希子、藤浪海監訳
◎6800円

日本の移民統合　全国調査から見る現況と障壁

永吉希久子編
◎2800円

移民政策のフロンティア　日本の歩みと課題を問い直す

移民政策学会設立10周年記念論集刊行委員会編
◎2500円

移民研究年報　移民・移住に係わる諸問題についての研究誌【年1回刊】

日本移民学会編集委員会編
◎3000円

移民政策研究　移民政策の研究・提言に取り組む研究誌【年1回刊】

移民政策学会編
◎2800円～3400円

変容する移民コミュニティ　時間空間階層

移民・ディアスポラ研究9
駒井洋監修　小林真生編著
◎2800円

多様な学びの場をつくる　外国につながる学習者たちの教育から考える

移民・ディアスポラ研究12
駒井洋監修　田巻松雄、吉富志津代編著
◎3200円

入管の解体と移民庁の創設　出入国在留管理から多文化共生への転換

移民・ディアスポラ研究10
駒井洋監修　加藤丈太郎編著
◎3200円

〈価格は本体価格です〉

中国の家族とジェンダー

社会主義的近代化から転形期における女性のライフコース

坂部晶子 編著

■A5判／上製／260頁 ◎4000円

中国の政治イデオロギーとの関連をとおした家族研究の学説史から、中国の主流社会の農村・都市部女性の生、また少数民族や国際移住当事者など様々な中国女性の生の変容を考察した、現代中国の家族研究、ジェンダー研究論集。

●内容構成●

序章 社会主義的近代化とジェンダーからみた中国女性のライフコース研究［坂部晶子］

第Ⅰ部 中国社会における多様なジェンダー経験
転形期中国における家族のイデオロギー化と左翼右翼の闘争［呉小英］／三重の期待［戴慧］／家族の紐帯と権力ゲーム［杜平］

第Ⅱ部 周辺部における女性の生
浙江省義烏市における回族女性のジェンダー役割に関する語りと実践［李之揚］／シーサンパンナ・タイ族の養取慣行からみる「不妊」とジェンダー［磯部美里］／ジェンダーから見た朝鮮族女性における国際結婚の研究［全信子］

第Ⅲ部 移住とジェンダーの変化
中国人の海外移住にともなう家族・ジェンダー観の変容［奈倉京子］／日本における高学歴結婚移民女性の仕事と家事・育児［賽漢卓娜］／国際結婚移住と親密性の変容［郝洪芳］

日本社会の移民第二世代

エスニシティ間比較でとらえる「ニューカマー」の子どもたちの今

清水睦美、児島明、角替弘規、額賀美紗子、三浦綾希子、坪田光平 著

■四六判／上製／704頁 ◎5900円

語りからみえる、移民社会としての日本の過去・現在・未来。170名の移民第二世代の子どもたち。大人になったかれらは今、何を想い、語るのか――構想から8年間に及ぶ、渾身の調査研究の集大成。

●内容構成●

序章 移民第二世代研究を考える

第Ⅰ部 移民第二世代のエスニック・アイデンティティ
イントロダクション／想像のエスニシティと親族コミュニティとの狭間で／「帰国の物語」のもとでの模索／白系という表明の消失／二国の狭間で揺れ動く

第Ⅱ部 移民第二世代の学校経験
イントロダクション／同化のなかの疎外感／困難経験の異同と階層性／同化・差異化による回避とその陥穽／個人化した対処と自発的周辺化の背景

第Ⅲ部 移民第二世代のジェンダー
イントロダクション／親子の協和的関係の維持／農村家族の教育期待と第二世代の進路形成／ジェンダー規範の世代間再構築

第Ⅳ部 移民第二世代のトランスナショナリズム
イントロダクション／構築される社会空間／国境を越えるキャリア志向／国を越える家族関係の創造

終章 移民親子の文化変容が照らし出す日本の教育課題
補章 量的データからみた移民第二世代

〈価格は本体価格です〉